L'homme qui a mis fin à la guerre

Hollis Godfrey

Writat

Cette édition parue en 2024

ISBN : 9789359944609

Publié par
Writat
email : info@writat.com

Contenu

CHAPITRE I

Le secrétaire à la Guerre a terminé sa déclaration. "C'est tout ce qu'il y a à dire, messieurs, concernant la construction des nouveaux transports."

J'avais fermé mon cahier et je me levais quand Ordway, le secrétaire particulier, entra.

« Puis-je donner aux correspondants cette lettre bizarre qui est arrivée ce matin ? » Il a demandé. Son chef hocha la tête avec indulgence et quitta la pièce. J'ai ouvert mon cahier dans l'expectative.

"C'est une affaire très sérieuse et une excellente nouvelle", a fait remarquer Ordway d'une manière faussement grandiose. "C'est une déclaration de guerre contre le monde civilisé dans l'intérêt de la paix." Il se jeta dans une posture oratoire et commença :

> « Aux États-Unis d'Amérique et à toutes les autres nations : salut ! »
>
> « Alors que la guerre a dévasté la terre depuis trop longtemps et que le temps est maintenant venu pour la paix, moi, l'homme destiné à mettre fin à toute guerre, je vous déclare par la présente que vous devez, chacun et tous, désarmer ; que vos troupes seront dissoutes, vos marines coulées ou tournées vers des fins pacifiques, vos fortifications démantelées. Dans un an à compter de cette date, j'autoriserai le désarmement et pas plus. À la fin de cette période, si aucune attention n'a été accordée à mon injonction, je détruirai, en succession rapide, tous les cuirassés du monde. Par les événements des deux prochains mois , vous saurez que mes paroles sont des paroles de vérité.
>
> « Donné sous mon seing et cachet ce premier juin 19…
>
> "Signé-
>
> « L'HOMME QUI METTRA FIN À TOUTE GUERRE. »

Ordway s'interrompit et une clameur rieuse s'éleva.

"La plus grosse manivelle à ce jour." "Où a-t-il été envoyé par la poste ?" "Je pensais que tu avais dit que tu avais quelque chose de vraiment bien cette fois." « Pensez-vous qu'il l'a envoyé dans un autre pays que les États-Unis ?

Ordway a levé la main pour une audience et a répondu à la dernière question. « La lettre a été postée depuis Londres et envoyée vers d'autres pays. J'ai lu la missive à l'un des attachés anglais lorsqu'elle est arrivée, et il a vérifié l'affaire. Cet avis a été envoyé à toutes les chancelleries étrangères, ainsi qu'aux départements de la guerre et de la marine. Cela a été fait d'une manière tellement globale que j'ai pensé que vous pourriez de toute façon l'utiliser pour une chronique.

"Mais est-ce une idée si stupide ?" » a demandé Reid, l'un des correspondants les plus âgés. "Un homme ne pourrait-il pas construire un sous-marin dans lequel il pourrait se déchaîner et détruire cuirassé après cuirassé, comme l'a fait le capitaine Nemo du vieux Jules Verne ?"

"Pas aujourd'hui", dit Ordway avec insistance. « Le nouveau blindage des dernières années, avec ses filets lance-torpilles permanents, a stoppé tout cela. La seule façon de détruire un cuirassé moderne est de l'éperonner ou d'utiliser un autre cuirassé. La journée du torpilleur et du sous-marin s'est terminée presque comme elle avait commencé.

« Eh bien, » dit Reid d'un ton argumentatif, « pourquoi un homme ne pourrait-il pas avoir un cuirassé ? N'importe lequel des cinq cents hommes vivant aujourd'hui pourrait se le permettre.

"Aucun cuirassé ne pourrait être construit par un simple citoyen sans qu'une nation le sache et l'arrête", a déclaré Ordway avec sérieux. « Il faut des mois, voire des années, pour en construire un. Cela nécessite des constructeurs navals qualifiés, des centaines d'ouvriers et des milliers de tonnes de matériel qui doivent être achetés sur les marchés du monde. »

« Voyons le papier sur lequel c'est écrit », dis-je.

Pendant que je tenais le message, Reid regarda par-dessus mon épaule et lut pendant un moment. Puis, se retournant, il s'écria : « Venez ici, les garçons, et regardez ça d'un peu plus près. C'est un vieux parchemin, tout comme celui de certaines de ces bulles papales dans les vitrines de la bibliothèque.

Tandis qu'il parlait, un souvenir soudain me traversa l'esprit. « Quelqu'un a-t-il un microscope par ici ? » Ai-je demandé rapidement.

« Il y a une lunette de lecture », dit Ordway, et ouvrant un tiroir, il m'en tendit une. J'ai apporté le papier à la fenêtre ensoleillée et j'ai commencé à l'examiner de près avec l'objectif. Les autres me regardaient avec curiosité. Finalement, je secouai la tête. "Cela ne sert à rien", m'exclamai-je. «Je pensais avoir une idée, mais ça n'a pas fonctionné. Il y a cependant une bonne histoire, sans rien de plus. Tiens, Ordway », et j'ai rendu la lettre.

Les autres correspondants s'éloignèrent, cherchant de nouveaux champs de copie, mais je m'attardai un moment pendant que John King, mon camarade de classe à Columbia et mon bon ami, s'avançait pour dire au revoir à Ordway. En observant son visage mélancolique et ridé et sa forme émaciée, je me demandais si la richesse ne lui était pas arrivée trop tard.

"Au revoir, Ordway", dit John. «C'est la dernière fois que vous me verrez. J'en ai fini avec le train-train quotidien à six heures ce soir.

« Je suis désolé d'entendre cela d'une certaine manière, King, » dit Ordway gravement. «L'année dernière, lorsque vous êtes allé à l'étranger, j'ai senti que vous dévaliez la pente et je m'attendais, quand j'ai appris que vous aviez gagné l'argent de votre oncle, à ce que vous vous retiriez. Qu'est-ce que tu vas faire?"

"Oh! Je voyagerai encore un peu », répondit John. "Il y a certaines choses que je veux faire avant d'en finir avec cette vieille terre, si je veux m'en sortir."

"Tout ira bien", répondit Ordway. «J'aimerais seulement avoir ta chance. Voilà ma cloche maintenant. Vous voyez comment il est attaché comme un esclave aux roues du char, etc. Mais bonne chance quand même et au revoir.

Il serra amicalement John dans ses bras et, alors qu'il se détournait, il jeta l'énorme drap plié, qu'il tenait toujours, dans la poubelle. « Je suppose que nous ne déposerons pas cela avec les documents de l'État », a-t-il déclaré en riant. "Au revoir et bonne chance encore une fois."

Nous nous séparâmes et John et moi commençâmes dans le couloir. Nous n'avions fait que quelques pas lorsque, m'écriant : « Voilà, j'ai laissé mon bâton », je me retournai vivement, récupérai la lettre de sa place dans la corbeille et ressortis avec ma canne. Nous avons marché en silence sur la large avenue jusqu'à ce que, juste avant d'atteindre mon bureau, je me retourne brusquement.

«Entrez ici», dis-je en entraînant John dans un café. Nous nous sommes assis à l'une des petites tables. « Vous aviez l'habitude de rédiger des articles sur le Smithsonian et des articles scientifiques pour votre article, n'est-ce pas ? J'ai demandé.

John était assis, regardant le vide. Il n'a prêté aucune attention à ma question et je l'ai répétée deux fois avant de se retourner nerveusement en secouant la tête et de demander sèchement : « Qu'est-ce qu'il y a ?

J'ai répété la question une fois de plus.

"Oui," dit-il distraitement.

« Eh bien, qui connaissez-vous qui possède du radium ? »

Il réfléchit un instant et dit lentement : « Eh bien, les gens du Smithsonian en ont un peu, bien sûr, et il y en a dans une demi-douzaine d'endroits dans la ville.

"Mais chez qui pourrions-nous en obtenir le plus facilement ?" J'ai demandé.

"Oh! Je sais," répondit-il. « Dorothy Haldane en a. Elle est ici à Washington et travaille avec une partie du radium de son frère, et elle est avec sa cousine Mme Hartnell.

« Qui est Dorothy Haldane ? Y a-t-il un lien avec Tom Haldane qui était juste devant nous, le type qui est entré au laboratoire de physique de Columbia et qui fait maintenant des recherches privées ?

"Sa sœur. Il s'agit de Barnard AM et de son assistante de recherche.

« Un bas-bleu ordinaire », dis-je avec une certaine aversion, car la chercheuse érudite ne m'a jamais attiré.

"Oh, non," dit John. "Pas du tout. C'est l'une des filles les plus jolies et les plus gentilles que j'aie jamais connues.

« Avez-vous des impressions sur vos remarques, John ? » Dis-je avec espoir.

"Bien sûr que non", répondit-il avec une certaine irritation. « Il n'y aura plus jamais de sensation. Depuis la mort d'Anna, il ne peut plus y en avoir. Mais je sais que tu aimeras Dorothy. Pourquoi veux-tu son radium ?

"Il y a juste une chance que j'aie un scoop, et si vous m'emmenez là-haut ce soir, je vous laisserai entrer."

« Je vais vous y emmener », dit John, « mais vous pouvez avoir votre scoop pour vous tout seul. Car le dernier mot que j'écrirai sera imprimé avant notre appel.

Cet après-midi-là, un changement inattendu de cabinet se produisit. Pendant des heures, j'ai interviewé, écrit, téléphoné et télégraphié, arrivant dans ma chambre à huit heures et demie, pour trouver John prêt à partir sans moi. Il avait écrit l'histoire de l'homme qui devait arrêter toute guerre, pour ensuite voir celle-ci être tuée par une nouvelle plus importante. Son expérience avait été celle de tous les hommes du bureau du secrétaire, un sort commun dans le tumulte de la vie des journaux. Je n'avais jamais vu John plus distrait que cette nuit-là, et nous marchâmes jusqu'à chez les Hartnell dans un silence complet.

Je m'attendais tellement, malgré les assurances de John, à trouver un type d'étudiant penché et à lunettes à l'intérieur de la porte des Hartnell , que la jeune fille qui s'est levée à mon entrée m'a provoqué un choc soudain d'étonnement et de plaisir. Elle était le type d'Américaine la plus ensoleillée et la plus délicate par laquelle on pouvait rencontrer le pays. Son visage mobile était éclairé par une vie éclatante et un intérêt pour le monde qui l'entourait. Sa belle forme ferme ne portait aucune trace de vie scolastique. Son rire était comme de l'eau ondulante. Ses yeux contenaient la beauté profonde et fine d'une nuit d'été. Avec elle se trouvait un sudiste sombre et clair qui m'a été présenté sous le nom de Richard Regnier . Les discussions allèrent de-ci de-là jusqu'à ce que John aborde ma recherche du radium.

« De quoi avez-vous besoin de radium, M. Orrington ? » dit Miss Haldane.

J'ai hésité un instant et John est intervenu. « N'aie pas peur de Regnier , Jim. Ce n'est pas un journaliste. C'est un réformateur comme moi. Nous sommes co-membres de la Ligue contre la tuberculose, de la Ligue civique et de la Peace Society. Maintenant, quoi de neuf ? Vous ne me l'avez pas encore dit.

Ainsi pressé, je racontai l'histoire de la matinée et rapportai le lourd parchemin que j'avais récupéré dans la corbeille. Régnier resta immobile pendant tout le récit, même si Dorothy intervint une douzaine de fois avec des questions pointues.

« C'est pour cela que je veux du radium », dis-je pour terminer.

"Mais qu'est-ce que le radium a à voir avec cette lettre ?" demanda John.

"Juste ça," répondis-je. « Comme vous l'avez peut-être vu, j'ai tenu cette lettre à la lumière sous une lunette de lecture, qui faisait office de verre brûlant, pendant quelques minutes. Je cherchais une encre invisible, pouvant être mise en évidence par chauffage. Je n'en ai pas trouvé, mais en me détournant, le papier est entré un instant dans l'ombre et j'ai aperçu une légère lueur semblable à la lueur phosphorescente de l'eau. L'année dernière, j'ai rencontré un vieux scientifique, Von Meyren , qui m'a raconté qu'il avait découvert que certaines encres utilisées autrefois pour les parchemins contenaient une substance qui devient phosphorescente lorsqu'elle est exposée au radium. Il reçut une seconde lettre de cette manière, sous un message qu'un pape envoyait à un roi de France. Vous voyez, le parchemin était et est toujours cher et difficile à obtenir. Ils utilisaient le même morceau encore et encore, éliminant les vieilles encres en les grattant ou en les dissolvant. D'une manière ou d'une autre, le radium a fait ressortir les éléments qui avaient apparemment été retirés. Quand Reid a parlé de « Bulles papales », cela m'a donné une idée. Il est à peine possible que l'homme qui a écrit la lettre ait déjà écrit quelque chose sur ce morceau de parchemin et l'ait ensuite effacé.

J'ai pensé que j'essaierais le radium si j'en avais l'occasion. Il ne contient peut-être rien, mais cela ne fera aucun mal, n'est-ce pas, Miss Haldane ?

"Oh, non", dit Miss Haldane. « J'ai un peu de radium de mon frère ici même. Je vais le déposer et nous y exposerons la lettre.

Un instant plus tard, elle revint, cette fois avec sa cousine Mme Hartnell. « Maintenant, nous allons assombrir la pièce », dit-elle en tendant une petite mallette en plomb avec couvercle à charnière, « et essayer ce faiseur de miracles. Mais vous ne devez pas bouger de chez vous. Si vous gênez les rayons, vous risquez d'être gravement brûlé.

Nous étions regroupés en demi-cercle devant une table nue sur laquelle était déposée la lettre ouverte dans un porte-lettre, face au coffret de plomb. On me donna la place d'honneur, juste devant, et Miss Haldane posa sa chaise à côté de la mienne. Avec précaution, elle ouvrit la porte à charnière située devant le porte-radium, se dirigea vers l'interrupteur, éteignit la lumière électrique et vint s'asseoir à côté de moi.

Nous attendions dans un silence parfait, les yeux rivés sur l'obscurité devant nous. J'entendais sa respiration régulière, je sentais le frôlement de sa jupe alors qu'elle se penchait en avant, et j'oubliais tout le reste : le bruit de la ville au dehors, le public à l'intérieur, tous deux disparurent de ma conscience. Il n'y avait qu'un vaste océan de noirceur, et elle et moi, liés par une chaîne qui se resserrait rapidement, étions de plus en plus rapprochés. L'animal de compagnie du vieux Von Meyren qui dit : « Amour ! Pah ! Qu'est-ce sinon un excès d'électrons positifs chez un certain homme, qui le pousse vers les électrons négatifs chez une certaine femme ? » n'arrêtait pas de résonner à mes oreilles, tandis que je le réfutais avec indignation. Cela persistait encore et encore , et avec lui l'idée que les ondes du radium étaient la chaîne qui nous liait.

J'avais complètement oublié la lettre quand soudain j'entendis un léger ralentissement dans la respiration régulière à côté de moi, et une main douce et chaude, levée rapidement, effleura la mienne pendant un moment alors qu'elle se levait. Le frisson aigu m'a fait reprendre conscience. J'ai regardé devant moi, et là, scintillant dans la lumière, une seule courbe est sortie de l'obscurité, puis une ligne droite, puis est apparu un grand U. Une à une les lettres se sont remplies, des mots entiers sont apparus : « États-Unis » d'abord, « Juillet » deuxième, et un seul « I » majuscule ensuite. Mot après mot apparaissait. Demi-lignes transformées en phrases. Je pouvais entendre derrière moi un souffle rapide, presque sanglotant, qui pénétrait à moitié mon esprit, mais se penchait en avant à côté de Miss Haldane. Enfin, d'une voix claire et basse, elle commença à lire : « Moi, l'homme qui mettra fin à toute guerre, déclare par la présente que je détruirai un cuirassé américain au cours de la première semaine du 19 juillet, un cuirassé anglais au cours de la première semaine du 19 juillet. la deuxième semaine du 19 juillet —, un cuirassé français pendant la troisième semaine du 19 juillet —, un cuirassé allemand pendant la quatrième semaine du 19 juillet —. Je suivrai cette destruction en coulant, dans un ordre régulier, un cuirassé de chacune des autres grandes puissances. Que le Seigneur ait pitié des âmes de ceux qui souffrent pour la cause de la paix !

Elle s'est arrêtée et nous avons attendu, observant le signal lumineux pendant ce qui semblait des heures, des minutes. Rien d'autre n'est apparu, même si l'éclat des mots du deuxième message n'a pas diminué. Enfin, Miss Haldane se leva et, d'un mouvement rapide, alluma les lumières et ferma le couvercle. La lettre a retrouvé son ancienne apparence. Je me suis assis en clignant des yeux. Régnier restait immobile. John tenait son visage dans ses mains. Mme Hartnell était assise, les yeux fermés.

"Le crois-tu?" J'ai demandé rapidement à Miss Haldane.

Elle hocha gravement la tête. «C'est ce qu'il a l'intention de faire», a-t-elle déclaré. "Il l'a d'abord écrit de cette façon, puis il l'a effacé et l'a rendu général par la suite."

«Je n'y crois pas», dit sèchement Mme Hartnell. "C'est impossible."

"Cela ne semble certainement pas probable", dit John en levant enfin la tête. Régnier seul ne parlait pas.

Pendant un moment, nous restâmes silencieux, chacun occupé par les pensées que le message avait suscitées en lui. Enfin je me levai avec effort. "Bonne nuit, Miss Haldane," dis-je, "je vous remercie pour votre aide."

"Je suis très heureuse que vous m'ayez apporté la lettre", dit-elle simplement, "je retourne à New York demain, je ne peux donc pas vous demander de me rendre visite ici, mais si vous êtes à New York, ne le ferez-vous pas?" venez me voir et donnez-moi de vos nouvelles de ce péril menaçant ?

«Je ne serai que trop heureux de le faire», répondis-je, le cœur bondissant. J'avais atteint la porte lorsque Miss Haldane m'a appelé. « Oh, M. Orrington, seriez-vous prêt à me laisser la lettre ? Je voudrais le montrer à mon frère. Je te l'enverrai quand tu le souhaites.

« Vous pouvez certainement l'avoir », répondis-je en lui tendant le parchemin.

Régnier a quitté la maison avec John et moi. Nous marchâmes en silence jusqu'au coin où Régnier bifurquait. Alors que nous nous séparions, il hésita un instant.

"Vous aviez étrangement raison dans votre hypothèse, M. Orrington," dit-il lentement. "Je suis très heureux d'avoir assisté à un événement aussi curieux."

« Pédé, type Régnier », dit John d'un ton songeur, tandis que nous regardions la forme se retirer. « Un scientifique intelligent et un brave garçon, mais bizarre. J'espère qu'il n'aura jamais Dorothy Haldane. Elle ne serait pas heureuse avec lui.

Mon cœur se serra comme du plomb. "Pensez-vous qu'il y a de grandes chances qu'il le fasse?" Ai-je demandé avec anxiété.

"À vrai dire, " répondit lentement John, "je ne sais pas." Nous étions arrivés à cette heure-là à la porte de l'hôtel de John. « Je ne vais pas vous demander de dormir ce soir, Jim, » dit-il, « je suis complètement épuisé et épuisé. En plus, je dois partir tôt le matin. Alors bonne nuit et au revoir tous les deux.

Il fit une pause et je vis les muscles de son visage se contracter et ses mains se serrer nerveusement. Il poursuivit précipitamment : « Ne m'oublie pas pendant mon absence, vieil homme, d'accord ? Vous vous souvenez de notre soirée de remise des diplômes lorsque nous avons remonté Riverside et parlé du grand avenir qui nous attendait ? De tout ce à quoi je tenais alors, il ne reste plus qu'un seul, à part toi. De toute la santé et la vigueur que j'avais alors, il ne me reste qu'un lambeau. De toute façon, je ne te verrai pas avant deux ans. Il n'y a plus personne pour m'écrire. Ne m'oublie pas. Écrivez-moi de temps en temps, faites attention à Barings, d'accord ?

Avec une telle intensité de supplication sont venus les derniers mots que j'ai été secoué malgré moi. "T'ecrire? Je suppose que je le ferai », ai-je pleuré. "Ne t'inquiète pas pour ça." Nous nous sommes pris la main et nous nous sommes séparés.

CHAPITRE II

"Cela ne sert à rien, Orrington, il n'y a rien dedans", dit le rédacteur en chef d'un ton décisif. « Nous ne pouvons pas publier un conte de fées comme celui-là. Nous devons au moins nous en tenir aux probabilités. Qu'a dit le secrétaire à la Guerre lorsque vous le lui avez dit ?

"Oh, il a dit que c'était simplement le phénomène insensé d'un fou", répondis-je assez sombrement, car j'avais mis tout mon cœur sur ce scoop, et j'étais de plus en plus convaincu que c'était vrai, plus j'étais repoussé. J'ai continué avec une lueur d'espoir. "J'aimerais que vous voyiez Radium faire ressortir la deuxième lettre, qui était sous la première."

« Mon cher, dit le chef avec un peu d'impatience, je vous crois sur parole, et vous pourriez très bien utiliser cette histoire d'une autre manière, mais ce n'est pas une nouvelle. Des flottes entières ne peuvent pas être coulées par un seul homme. C'est n'importe quoi." Il plaça ses lunettes sur son nez d'un geste vigoureux et ramassa un nouveau paquet d'exemplaires.

Sans un mot, je m'évanouis dans le grand bureau où, assis à un bureau vide près de la fenêtre, j'allumai ma pipe et me perdais dans mes pensées. Ce n'étaient pas des pensées très agréables, car j'avais été repoussé de toutes parts à cause de mon enthousiasme, depuis que j'avais entrepris la tâche chimérique de persuader les États-Unis qu'un de leurs cuirassés était en danger. Mon propre chef, le correspondant à Washington, le ministère de la Guerre, le président et maintenant le rédacteur en chef du bureau de New York où j'avais été soudainement appelé, tous ont ri de mon histoire. Dorothy Haldane, seule, y avait cru. Ensemble, nous avions vu le message sortir des ténèbres. Nous étions convaincus de sa véracité. De cette seule réunion était né le sentiment que, lorsque Dorothy acceptait, l'opinion du reste du monde s'estompait au profit d'un compte mineur. Encore et encore, son nom filait dans la navette de mes pensées. Dorothy était ma dernière pensée alors que je m'allongeais la nuit. Dorothy fut ma première pensée à l'aube.

J'avais une heure à attendre avant de pouvoir joindre un homme qu'on m'avait demandé d'interroger, et je restais assis à attendre et à rêver. C'était le mardi de la semaine fatale, la première semaine de juillet. Soudain, la porte du bureau du chef s'est ouverte et j'ai entendu mon nom. « Orrington ! Orrington ! Je me levai d'un bond et me précipitai à l'intérieur. Le chef était assis, le combiné contre l'oreille. « Fermez cette porte ! » il a commandé. «Voici Orrington maintenant. Dis-lui ce que tu m'as dit.

J'ai pris le téléphone à son geste et j'ai écouté.

"Orrington?"

"Oui." (L'homme à l'autre bout du fil était le chef de notre bureau de Washington.)

« Il y a peut-être quelque chose dans votre histoire. Le ministère de la Guerre vient de m'appeler. L'Alaska a disparu quelque part entre Newport News et Bar Harbor. Ils lui ont parlé par radio hier matin et n'ont pas pu entrer en communication avec elle depuis. Elle a deux systèmes sans fil à bord et n'a pas perdu de communication étroite depuis trois ans. Ils ont envoyé quatre coupe-revenus fouiller la côte, mais rien n'a été vu. Finalement, le secrétaire a pensé à vous et au message de l'homme qui avait l'intention d'arrêter toute guerre. Avez-vous découvert quelque chose ?

"Non."

« Eh bien, prenez vos commandes depuis New York maintenant. Ils vous ont demandé pour ça. Je ne pense pas que les autres journaux l'aient encore.

Je me redressai avec un frisson de joie et me tournai vers le chef. Il m'a regardé attentivement. « Mieux vaut ne rien écrire avant d'avoir quelque chose de plus. La mission vous appartient. Sortez et trouvez l'Alaska ou ce qui lui est arrivé. Je vous donne carte blanche.

A peine ses derniers mots étaient-ils sortis de sa bouche que je me suis jeté sur mon chapeau et que je me suis précipité dans les escaliers avec une généreuse commande d'argent de poche à la main. Un instant à la caisse , et j'étais dans la rue. De haut en bas , je cherchais un taxi ou une automobile. J'étais à destination du front de mer. Pour une fois, il n'y avait même pas un tramway dans ma direction. Je me mis en route précipitamment, courant à moitié dans ma vitesse. Alors que je me précipitais, j'ai entendu mon nom : « M. Orrington ! La voix m'aurait appelé des kilomètres. C'était Dorothy Haldane, assise dans un gros moteur bleu. Son chauffeur s'est arrêté à côté de moi et elle a ouvert la porte.

"Laissez-moi vous emmener où que vous alliez et dites-moi si vous avez entendu parler de cette lettre."

Je n'eus pas besoin d'une seconde invitation, je donnai l'adresse du quai au chauffeur et me tournai pour répondre à Dorothy. Alors que je lui annonçais la nouvelle, elle se pencha vers le chauffeur.

« Retournez à l'endroit où nous avons laissé la vedette de M. Haldane », dit-elle en se tournant vers moi. « Je viens de laisser Tom à son lancement, qui devait l'emmener vers la Flèche Noire. Ils attendaient quelques provisions au quai, et ils y sont peut-être encore. Il sera ravi de vous emmener et le Black Arrow est l'un des yachts à moteur les plus rapides de la baie. Allez-vous faire votre recherche sur elle ? Si tu le veux, je viendrai avec toi. Je ne suis resté à terre aujourd'hui que pour faire quelques courses qui peuvent attendre.

Quand les dieux se lient d'amitié avec un homme, qui est-il pour dire non ? À travers les marchés chauds et sales, nous avons couru et avons atteint le quai, juste au moment où la vedette du Black Arrow quittait le rivage. Un appel clair et un coup d'ombrelle de Dorothy le ramenèrent, tandis qu'un sourire ahuri passa sur le visage de Tom Haldane alors qu'il nous voyait l'attendre. "Pourquoi, Jim!" il a commencé.

"Ne t'arrête pas pour parler maintenant", dit Dorothy. « Emmenez-nous à la Flèche Noire aussi vite que possible. »

En un instant nous avions dégagé les quais et passions de la saleté et des odeurs de la ville aux eaux claires de la baie. Au fur et à mesure, Dorothy a expliqué la situation à Tom, qui a accepté le plan avec joie. Une fois sur le mince yacht élancé, il parla.

« Maintenant, Jim, c'est vous qui commandez. Où allons-nous?"

« Tout au long de la côte, ai-je dit, et nous allons mégaphoner à chaque pêcheur et à chaque yacht. Ce sont les hommes sur les montagnes russes qui le sauront, si quelqu'un le sait.

Aussi rapide que son nom, la Flèche Noire s'est frayé un chemin à travers la mer en été. La plus agréable de toutes les missions est de s'asseoir sur sa terrasse et de regarder Dorothy Haldane pendant qu'elle parle et spécule sur le problème qui nous attend. Un seul homme aurait-il pu couler un cuirassé aussi puissant ? Y avait-il une possibilité qu'un seul homme puisse faire la guerre au monde ? Tom s'est approché de nous au milieu de la discussion et a écouté.

"C'est bizarre, ça devrait être abordé maintenant", a-t-il dit. « Ce n'est que l'hiver dernier que quelqu'un parlait de quelque chose comme ça chez nous, un dimanche soir. Qui était-ce, Dorothy ?

Un air soudain d'inquiétude apparut sur son visage. Elle commença à parler puis s'interrompit. "Oh! Je m'en souviens à peine.

Tom a persisté. « Voyons voir, il y avait une foule de gars là-bas, et, chose étrange aussi, John King et Dick Regnier . Le même couple qui était avec toi l'autre soir.

« Régnier !» Ce nom m'a traversé comme une balle. La respiration courte, rapide et troublée de quelqu'un derrière moi le soir où nous avons lu la lettre ! "Peut-il être!" J'éclatai.

Dorothy n'a pas fait semblant de m'avoir mal compris. "Non," dit-elle fermement. «Dick était venu me voir hier soir. Ça ne pouvait pas être lui.

La côte s'était précipitée devant nous au fur et à mesure que nous parlions, et maintenant les chalets d'été et les plages de baignade cédaient la place à de plus longues étendues de sable nu et de criques boisées. Je me levai et attendis avec impatience.

« Autant commencer par ici », ai-je dit, et nous avons commencé une enquête systématique. Catboat et sloop virant de bord sur un bateau de plaisance, vagabond à vapeur remontant lourdement la côte, l' un après l'autre, nous nous sommes approchés et avons posé les mêmes questions. « Avez-vous vu un cuirassé aujourd'hui ou hier ? Avez-vous vu ou entendu quelque chose d'inhabituel ? »

Les réponses revenaient dans toutes les veines. Dénis brusques, enquêtes ironiques, sorties prétendument humoristiques, répliques courtoises, tous avaient le même mot. Aucun cuirassé vu. Rien d'inhabituel vu ou entendu. Le matin était déjà midi, avant que nous soyons partis en quête. L'après-midi avançait vers la nuit, au fur et à mesure qu'elle avançait. Au fil des heures, je protestais contre le fait que mes hôtes cèdent leur yacht à mon service, mais en vain. Ils étaient aussi fermement résolus que moi à poursuivre la quête jusqu'au bout.

Vers cinq heures, alors que nous étions à six ou sept milles de la côte, eut lieu le premier succès. Nous hélons une goélette dont la vigie répond négativement à nos questions. Alors que nous passions lentement, nous avons entendu un grêle soudain, tandis qu'un homme maigre, le capitaine, se précipitait sur le côté.

« Vous cherchez quelque chose d'inhabituel, n'est-ce pas ? il cria. "J'ai vu une chose, un catboat s'attaquant à un fou sorti d'un coup."

"Où?" J'ai crié.

« Il y a environ dix milles en arrière, je pense », fut la réponse.

Il n'en savait pas plus, et l'échange terminé, je me tournai vers Dorothy.

« Devrions-nous analyser cet indice ? » J'ai demandé.

Elle hocha la tête de manière décisive. "Bien sûr", dit-elle. « C'est le seul que nous ayons. Envoyez la Flèche vers la côte, voulez-vous, Tom, sur une longue distance ?

Une fois de plus, le moteur reprenait sa vitesse de course, tandis que le bateau fonçait sur le rivage. Au fur et à mesure de notre entrée, nous avons modifié les questions et demandé aux quelques bateaux rencontrés s'ils avaient

récupéré un homme. Enfin , nous avons vu un catboat sortir d'une petite
baie et nous nous sommes dirigés vers lui. Un homme et un garçon étaient
assis à l'arrière. Alors que je criais à nouveau ma question, l'homme sursauta.

"Oui, nous en avons acheté un."

"Où est-il?" J'ai crié.

"Chez moi, mais il est fou", répondit l'homme.

"Pouvons-nous y entrer avec le yacht?"

"Non, mais je peux vous accueillir", répondit-il, et ce n'était qu'un instant de
travail pour descendre un bateau des bossoirs. Alors que je m'éloignais, Tom
et Dorothy se précipitèrent.

"Nous y allons aussi", cria Tom.

La chaloupe nous conduisit rapidement jusqu'au catboat et, à mesure que
nous approchions, j'étudiai les visages de l'homme et du garçon. C'étaient des
gens simples, d'une intelligence manifestement limitée. A peine avions-nous
accosté que je commençai mes questions, et une étrange histoire me répondit.
Dépouillé de sa langue vernaculaire et de ses répétitions, ce fut le récit
finalement arraché à l'homme et au garçon, alors que nous naviguions vers le
rivage.

Ils étaient partis tôt le matin et avaient pêché avec un certain succès. Dans
l'après-midi, ils avaient vu un knockabout courir librement devant le vent,
avec toutes sortes d'actions étranges. La voile déployée, elle tourna et se
cabra, partit et vérifia, pivota et tourna. Il n'y avait aucun signe de vie à bord
qu'ils pouvaient constater, et ils décidèrent que le bateau avait perdu ses
occupants ou qu'il avait été poussé au large avec sa voile hissée. En montant
à bord, à leur grande surprise, ils trouvèrent un homme, apparemment un
pêcheur solitaire, allongé inconscient dans les draps arrière. Lui jeter de l'eau
dessus l'a réveillé. Il s'assit et regarda autour de lui, mais avec des yeux
aveugles. Ses lèvres tremblèrent et il commença à parler à voix basse. «
Disparu, disparu, disparu. Rien de réel, rien de réel. Il se releva et se mit à
marcher droit devant lui, mais il heurta le côté et tomba. Son murmure s'est
maintenant transformé en un fort gémissement. « Disparu, disparu, disparu.
Rien de réel, rien de réel. Il essaya de nouveau de marcher, mais cette fois ils
l'attrapèrent, le ligotèrent et le portèrent jusqu'au rivage, jusqu'à leur maison,
où il se coucha assez tranquillement, avec un gémissement incessant. «
Disparu, disparu, disparu. Rien de réel, rien de réel », montant et descendant
comme les vagues sur le rivage.

L'histoire s'était étendue jusqu'au bout, et alors que nous ramions vers le
rivage, quittant le catboat et la vedette au mouillage où se trouvait le

knockabout, la nuit tombait rapidement. Une lumière brillait dans une maison basse sur la falaise.

«C'est ma maison», dit l'homme alors que nous nous précipitions vers elle. Une femme au visage aimable nous a accueillis à la porte.

"Ma femme, ce sont des gens qui recherchent le fou", a déclaré notre ami.

"Il dort profondément", fut la réponse, "mais vous pouvez entrer et le voir, si vous le souhaitez."

Mon cœur s'est levé. La deuxième étape de ma quête était en vue.

"Tom," dis-je doucement, "viens avec moi. Miss Haldane, resterez-vous ici ?

Dorothée hocha la tête. Tom et moi avons suivi la femme alors qu'elle traversait un passage étroit. Ouvrant une porte grossière, elle entra. Devant le lit, elle s'arrêta net et leva les mains. « Pour le bien de la terre », s'écria-t-elle. "Il est parti!"

Disparu! Le mot résonnait lamentablement dans mon cerveau.

« Attendez que je reçoive une lampe », dit la femme, et elle crépita nerveusement.

A la lumière déclinante, on distinguait le lit en désordre, la fenêtre ouverte et une chaise renversée. Une lueur apparut dans le couloir et la femme revint précipitamment, suivie de Dorothy. Aucune autre information n'a pu être glanée. De toute évidence, l'homme perdu s'était levé, complètement habillé et sorti par la fenêtre basse ouverte. La femme de la maison était dans une grande détresse, pleurant et se balançant. « Le pauvre fou, perdu dans ces bois. Il était aussi inoffensif que tout. Je pensais qu'il allait bien.

Dorothy s'assit à côté d'elle et, pour l'apaiser, commença une série de questions calmes. « Combien de temps l'as-tu laissé ? »

"Une heure ou plus." Elle faisait la vaisselle du dîner. Dorothy se tourna vers le mari.

"Quelles routes y a-t-il à partir d'ici?"

« Un seul pour un kilomètre et demi. Cela vient de l'avant de la maison.

La femme intervint. « S'il avait pris ça, je l'aurais vu. Il serait passé par ma fenêtre. Il a dû aller sur le rivage ou dans les bois.

« Cela ne sert à rien d'attendre. Il ne fait que s'éloigner de nous », s'écria Tom. "Regardons autour de la maison."

Notre ami pêcheur avait deux lanternes et une lampe à pétrole. Avec ceux-ci, nous avons commencé la recherche. Le sable et les rochers autour de la maison ne laissaient aucune trace d'empreintes de pas, et nous nous évanouissions en cercles de plus en plus larges, nous rencontrant et nous appelant en vain. Une demi-heure d'exploration nous a laissé là où nous avions commencé. Nous n'avions rien trouvé. En nous retournant, nous avons rencontré Dorothy à la porte.

« J'avais peur que vous ne trouviez rien », dit-elle. « Je viens de découvrir qu'il a dit une chose à côté de la phrase qu'il répétait continuellement. Un jour, il a dit : « La mer, la mer, la mer horrible ». Je crois qu'il est allé au rivage.

Ensemble, nous sommes allés dans cette direction. Tom et le pêcheur ont pris un chemin, Dorothy et moi l'autre. Tandis que nous nous hâtions, la lueur de la lanterne projetait des cercles de lumière brumeuse sur l'eau noire et sur le rivage. Dorothy, en pleine réflexion, marchait un peu en avance, et, malgré moi, mes pensées se détournaient de l'homme que je cherchais et de la course pour laquelle je le cherchais , et je regardais toute la joue ronde ombragée d'un arbre volant. qui s'échappait du voile étroit, et à la silhouette dressée, tantôt penchée pour regarder devant elle, tantôt se levant et avançant dans une profonde réflexion. Le même frisson qui m'avait retenu la première nuit revint, cet appel contraignant, cette chaîne qui se resserrait. Je me suis perdu dans une exaltation rêveuse.

Soudain, Dorothy s'arrêta. "Ça ne sert à rien d'aller plus loin."

Docilement, je me suis retourné et nous sommes revenus sur nos pas. Juste en contrebas de la maison, nous rencontrons Tom et le pêcheur, revenus d'une recherche également infructueuse. Nous regardions tous les quatre la mer, là où reposait la Flèche Noire, ses lumières étant le seul relief gemme des eaux sombres, sauf là où son projecteur traçait devant elle un chemin élargi d'argent changeant. Tout à coup, j'ai vu Dorothy relever la tête avec un souffle rapide.

"S'il est sur le rivage, je sais comment nous pouvons le retrouver, quel que soit son départ."

CHAPITRE III

Nous attendions avec impatience ses prochains mots.

« Le projecteur de la Flèche le fera. Nous pouvons faire avancer la vedette le long de la côte deux fois plus vite qu'un homme ne peut marcher ou courir, et faire jouer le projecteur du yacht sur le rivage au fur et à mesure.

Malgré sa simplicité, c'était le seul plan qui promettait le succès, et il ne fallut que peu de temps pour le mettre en œuvre. Le pêcheur s'est porté volontaire comme pilote, et pendant que Tom remontait dans la chaloupe pour donner des instructions au capitaine, nous attendions dans l'obscurité de la petite baie, tenant nos phares comme des balises. La nuit, sans une seule étoile, mais sombre montrait le clapotis des vagues et les pins soupirants qui formaient le fond de notre petit amphithéâtre rocheux . Tom n'avait pas parcouru la moitié de la distance jusqu'au yacht, lorsque nous entendîmes son appel, et le projecteur pivota à angle droit, dirigeant la chaloupe qui s'éloignait du rivage dans une bande de lumière. Nous les avons observés jusqu'à ce qu'ils atteignent l'ombre du côté. Il y a eu un bref intervalle avant que nous apercevions la vedette revenir sur le chemin argenté, mais, alors qu'elle s'approchait de nous, à notre grande surprise, nous avons constaté que Tom n'était pas là. A sa place vint le premier officier, qui toucha sa casquette et dit : « M. Haldane restera sur le yacht et fera fonctionner le projecteur, et m'a demandé de diriger la mise à l'eau.

Ce ne fut que l'affaire d'un moment pour embarquer, et le bateau sortit de la crique en direction du nord, du côté convenu avec Tom. À la proue se tenait l'officier à la barre, le pilote-pêcheur à ses côtés. L'ingénieur se penchait sur son petit moteur au centre , et à l'arrière, Dorothy et moi étions assis, scrutant l'espace de lumière sur le rivage, où jouait le projecteur. Courageusement, la petite vedette a trouvé son chemin, avec pour seul bruit le léger souffle-chug de son moteur. Je ne pouvais pas me débarrasser d'un sentiment d'irréalité. Nous nous déplacions constamment dans la lumière, alors que tout le reste était dans l'ombre. Devant nous se trouvait le rivage, éclairé comme par un rayonnement fantomatique, de chaque côté il y avait l'obscurité, une telle obscurité que nous pouvions à peine distinguer la ligne du ciel composée de falaises et d'arbres sur le ciel. Nous ne parlions ni ne bougeions, et les matelots en avant rompaient à peine par un mouvement le silence dont le bruit unique s'élevait au-dessus de la monotonie des vagues. Le vert foncé des pins et des cèdres, le vert plus clair des chênes broussailleux, le gris jaune des dunes de sable, la douce chaleur brune des rochers massifs, le blanc ondulant là où les vagues éclaboussantes se brisaient sur les galets scintillants du rivage, les souches déchiquetées et les érables élevés - tous étaient éthérés par la lumière argentée et changeante. C'était une nuit d'enchantement au cours de laquelle, tiré par un génie de mes tâches poussiéreuses, j'avais été placé à côté d'une reine des fées pour contempler les merveilles de la magie orientale. Kilomètre après kilomètre parcouru sans résultat. Un jour, nous avons braqué notre lampe sur un pêcheur surpris qui soulevait ses casiers à homards de son bateau. De temps en temps , nous le jetons sur la véranda d'un chalet d'été ou sur les marches de la cuisine d'une ferme. Là où nous trouvions des hommes, nous demandions l'objet de nos recherches, mais ce fut en vain, et finalement je regardai Dorothy d'un air interrogateur.

"Il n'aurait pas pu aller aussi loin."

Elle secoua la tête. «Non», dit-elle avec regret. « Autant se retourner. Mais nous le retrouverons sur l'autre rive. Je suis sûr qu'il est allé à la mer. Elle a donné un ordre bas à l'officier au volant. Il leva trois fois une lanterne, et le projecteur s'arrêta et fit demi-tour.

De retour au sol, nous sommes passés, plus rapidement cette fois qu'en montant. De retour à l'anse d'où nous étions partis, nous sommes allés, et de là nous avons repris notre route vers le sud le long de la côte. Nous avions parcouru environ trois milles, lorsque le pêcheur se retourna brusquement. "Il y a quelqu'un là-bas, sur la falaise."

Nous avons balayé le projecteur et, sur une petite colline, à cinquante mètres à peine de nous, se dessinait un homme, les mains tendues vers le ciel, et une expression de doute et d'agonie terribles sur le visage. Ses lèvres remuèrent et un cri gémissant en sortit. Rapidement, l'ingénieur actionna le levier et le bruit du moteur cessa. Du silence, rendu encore plus manifeste par l'arrêt du seul son habituel, sortit le gémissement. « Disparu, disparu, disparu. Rien de réel, rien de réel ! L'homme n'a prêté aucune attention à la lumière ni à notre bateau. Il a regardé au-delà de nous, vers l'océan, d'un regard aveugle.

"Tiens le projecteur là-bas!" J'ai appelé à voix basse.

L'officier leva sa lanterne à deux reprises et le projecteur s'arrêta avec l'homme au centre de son champ.

L'OFFICIER A LEVÉ SA LANTERNE DEUX FOIS

« Continuez », dis-je, et la chaloupe s'avança lentement dans l'obscurité. D'un ton précipité, j'ai expliqué mes projets à Dorothy. Le pêcheur et moi débarquions le plus tôt possible, remontions par derrière et le prenions. Cela a été fait rapidement et facilement. La chaloupe fut rapprochée du rivage, où le pêcheur et moi pouvions entrer, et tandis que nous nous faufilions tranquillement derrière l'homme, nous pûmes voir qu'il n'avait pas bougé. Ses mains étaient toujours levées vers le haut. Ses lèvres poussaient toujours le même gémissement. À ma grande surprise, il n'a opposé aucune résistance et est venu tranquillement et paisiblement à bord de la vedette et du yacht, où ils l'ont mis au lit. Pendant tout ce temps, il n'a jamais cessé de se plaindre. Nous avons cherché un signe ou une lettre qui pourrait montrer son identité, mais nous n'avons rien trouvé. Pourtant, nous avions gagné la deuxième étape. Vint ensuite la question : « Connaissait-il quelque chose de l'Alaska ? C'était la dernière chose dont nous avions discuté avant de nous coucher, mais ce n'était pas la dernière chose dans mes pensées en m'endormant.

Je me suis réveillé le lendemain matin au milieu des bruits familiers du port de New York et je suis monté sur le pont pour trouver Tom et Dorothy déjà là. Notre visiteur était sain et sauf. Il dormait encore profondément.

Les journaux étaient montés à bord et nous constatâmes que la disparition du cuirassé était désormais connue, mais qu'il n'y avait pas encore de nouvelles. Dans l'excitation, l'histoire du message de l'homme avait été complètement oubliée. Tous les journaux cherchaient, mais aucun n'en avait la moindre idée. Le Département de la Marine n'a pu donner aucune information, bien qu'assiégé par des centaines de parents et amis des hommes à bord. Il n'y avait aucune idée de l'identité de l'homme fou. Aucun journal n'a signalé la disparition d'un homme. J'ai réfléchi à la question pendant que nous prenions le petit-déjeuner. Finalement, Tom parla.

"Quelle est la prochaine étape, Jim?"

«Pour ouvrir la bouche à cet homme ici», répondis-je. « Je crois qu'il sait quelque chose ; qu'un choc soudain l'a rendu fou, et notre prochaine étape est de le rendre sain d'esprit à nouveau.

"Comment feras-tu cela?" » demanda Dorothée.

«Je ne sais pas vraiment», répondis-je avec hésitation. «Mais je pense que je ferais mieux d'essayer un médecin. Je veux un spécialiste brillant et ingénieux.

"Je connais exactement l'homme", a déclaré Tom. « Forrester ; il se fait un nom rapidement. Vous le connaissez, Dorothy ?

Dorothée hocha la tête. «Je ne pense pas que l'on puisse trouver un homme meilleur», dit-elle, et c'est ainsi que la prochaine étape fut décidée.

Notre homme se réveilla sans changement par rapport à la nuit précédente et avec le même cri sortant toujours de ses lèvres. Tom est allé à terre, a téléphoné au Dr Forrester et a fait en sorte que des préposés transportent le malheureux vers un hôpital privé. Nous avons précédé la voiture qu'on avait envoyée chercher, dans l'automobile de Tom.

Nous avions attendu peut-être cinq minutes dans le bureau du Dr Forrester lorsqu'il entra. Clair, avec une bouche rasée de près et des yeux scrutateurs, il semblait être l'homme idéal pour résoudre notre problème, s'il pouvait être résolu. Je lui ai brièvement expliqué l'état. Il s'agissait d'un homme inconnu, sans aucune idée de son identité, qui, croyions-nous, possédait certaines informations dont nous avions besoin, des informations de la plus haute importance publique. Notre désir était de le ramener à une santé mentale normale et de connaître son histoire. Mon histoire terminée, Forrester regarda Tom d'un air interrogateur.

"Tout va bien, Docteur, tout va bien," dit Tom d'un ton décisif. « Je suis juste derrière ce truc, et tout est parfaitement clair. Ma sœur et moi étions avec M. Orrington lorsqu'il a trouvé l'homme.

Forrester se leva tandis que Tom prononçait les derniers mots. «C'est tout ce qui est nécessaire. Je serai très heureux de faire ce que je peux. Si vous voulez bien m'excuser maintenant, je pense que le patient est arrivé. Si vous voulez bien attendre, je procéderai à un examen préliminaire et je vous informerai immédiatement du résultat.

Pendant une demi-heure, nous avons attendu anxieusement le verdict. Le Dr Forrester pourrait-il trouver le ressort manquant qui enroulerait le rideau de ce cerveau et lui permettrait de transmettre les informations qui pourraient signifier tant pour moi ? Finalement la porte s'ouvrit et il entra. Nous avons bondi. Il secoua la tête.

« Une affaire des plus éprouvantes et des plus déroutantes. Il ne semble y avoir eu absolument aucune lésion cérébrale pouvant être reconnue. Aucune des causes ordinaires ne semble avoir de part dans cette cause. Je ne peux rien pour toi aujourd'hui. J'essaierai successivement tous les moyens que nous connaissons et je vous ferai rapport jour après jour.

Je me sentais déconcerté et sérieusement perplexe. Il était essentiel que je reçoive l'histoire dès que l'homme se rétablissait, s'il se rétablissait effectivement. Il était également essentiel que je sois libre de rechercher de nouveaux indices. Dorothy a vu mon anxiété.

« Qu'y a-t-il, M. Orrington ? elle a interrogé.

"Je me demandais simplement comment je pouvais être à deux endroits en même temps - ici à attendre et sur la côte à chercher", répondis-je.

«Je peux régler ça», dit-elle. "Je vais passer une semaine à observer dans le laboratoire de recherche de Tom et je serai à portée d'un téléphone toutes les minutes."

Je m'y suis opposé en vain. Dorothy régla les choses comme elle les avait réglées auparavant. Tom et moi devions descendre la côte à bord du Black Arrow et revenir chaque nuit à New York. Elle devait rester en ville.

J'ai rapporté mes découvertes au journal, et le chef a quand même dit : « Attendez ! N'écrivez rien avant d'en avoir plus. Continuez jusqu'à ce que vous ayez quelque chose.

Matin après matin, nous avons téléphoné à l'hôpital et n'avons constaté aucun changement. Jour après jour, nous passons la Flèche Noire à parcourir la côte, ou en automobile à longer les côtes. Nous passions soirée après soirée dans la bibliothèque des Haldanes , en discussions et consultations sans fin.

Le pays était chaque jour de plus en plus alarmé. Des rumeurs de guerre, de flottes étrangères venant attaquer nos côtes, remplissaient les journaux. Les rumeurs selon lesquelles l'Alaska avait été envoyé dans le Pacifique et avait été aperçu dans des ports sud-américains, qu'il avait été aperçu dans les eaux européennes, qu'il avait heurté une épave et que, gravement handicapé, arrivait lentement, étaient monnaie courante. Chaque histoire racontée sur Terre s'est avérée fausse et chaque jour avait une nouvelle histoire. Le gouvernement n'en savait pas plus que quiconque et avait été contraint à un silence de sphinx en guise de légitime défense . Ils avaient employé, ainsi que les journaux, tous les moyens connus pour obtenir des nouvelles du cuirassé, mais en vain.

L'Alaska avait disparu lundi ou mardi de la première semaine de juillet. Mardi, nous avions retrouvé l'homme qui regardait toujours d'un œil aveugle le mur nu de la chambre d'hôpital, poussant toujours le même cri. Dans six jours il ne l'avait varié que deux fois, et ces deux fois il répétait ses paroles dans la chaumière : « La mer, la mer affreuse. »

Expérience après expérience avait été tentée en vain. Deux consultations avec les meilleurs aliénistes de la ville n'avaient pas donné plus de lumière au Dr Forrester . Six jours de recherches sur la côte ne nous ont donné aucun indice. Lundi soir, nous sommes arrivés au quai vers six heures et avons trouvé Dorothy qui nous attendait dans l'automobile. Alors que nous remontions la ville , elle nous expliqua rapidement le plan de la soirée.

« Aujourd'hui, ils ont essayé un courant à haute fréquence sur le patient », a déclaré Dorothy, « et cela a semblé avoir le premier effet. Il arrêta sa plainte, s'endormit et se réveilla silencieux pour la première fois. Il n'est revenu à son ancien état que trois heures plus tard. Ils vont réessayer dès que nous y arriverons.

Dans l'un des bureaux du Dr Forrester se trouvait l'appareil à haute fréquence. L'homme était assis devant lui, les yeux fixés devant lui, ses lèvres remuant avec son cri gémissant. Le médecin déplaça le terminal en forme de coupe au-dessus de sa tête, ajusta les négatifs, puis fit un signe de tête à l'infirmière qui se trouvait à l'interrupteur. Le moteur augmentait lentement en son et en vitesse. Un sifflement bas et sifflant tira la décharge vibrante. Cinq minutes se sont écoulées pendant que nous regardions attentivement l'homme assis sur la chaise, cinq de plus, et encore cinq de plus. Ses mots venaient lentement, avec somnolence maintenant. Les syllabes dures et conflictuelles devinrent un bourdonnement sourd. Il s'est endormi, respirant régulièrement, et l'infirmière a éteint l'interrupteur.

"Ce sommeil régulier est un grand gain", a déclaré Forrester. "Il va probablement se réveiller bientôt."

En silence, nous attendions. L'horloge sonnait bruyamment. Je me mis aussitôt à mon occupation constante, celle d'observer Dorothy. Elle s'assit à côté de Tom, son visage impatient tourné intensément vers l'homme, si intensément qu'il semblerait qu'elle doive obtenir le secret de sa forme endormie. J'avais observé son visage expressif pendant peut-être une demi-heure, Forrester était sorti et revenu, quand l'homme s'est réveillé somnolent, a porté la main à ses yeux, les a frottés, a bâillé et a levé les yeux.

« Où… où suis-je ? dit-il en trébuchant. "Où est le bateau?" il continua.

Forrester l'a apaisé. « Tout va bien », dit-il. "Tu as eu un accident, mais tu vas bien à nouveau."

L'homme retomba avec résignation. "Eh bien..." commença-t-il, puis une vague de souvenir traversa son visage, un air d'horreur. Nous nous sommes penchés instinctivement, nous accrochant à ses paroles.

"Où est le navire?" il pleure. « Qu'est-il arrivé à l'Alaska ? Je l'ai vue disparaître. Pour l'amour de Dieu, dites-moi que je n'ai pas… » La rougeur de son visage s'accentua , sa respiration devint difficile et le médecin qui l'observait, s'approchant de son bras nu, y appuya une ou deux fois quelque chose de caché dans sa main. "Oh!" » dit l'homme en rétrécissant. "Quoi..." et puis, sans un autre mot, il perdit connaissance.

J'ai bondi d'excitation. « Vous n'auriez pas pu… » commençai-je, mais Forrester m'arrêta.

«Je l'ai laissé dire que tout était sécuritaire. Attendez trois heures et il ira probablement bien. Il sourit avec une certaine exaltation. « La haute fréquence l'a fait. D'une manière ou d'une autre, il semble réarranger les parties désordonnées par le flux électrique.

« Pourquoi pensez-vous que le courant haute fréquence a fait le travail alors que toutes les autres méthodes ont échoué ? » » demanda Tom alors que nous descendions les escaliers.

Forrester se tira le menton d'un air abstrait. «Je ne sais pas vraiment», répondit-il franchement. « L'action est presque comme si une matière électrique chez le patient avait été secouée par un choc électrique, et lorsque la haute fréquence a pris le contrôle, elle a remis les choses en forme. J'ai réajusté les pièces, pour ainsi dire. Je ne crois pas du tout que le choc de voir le cuirassé couler ait fait tout le mal. Il y avait autre chose, quelque chose de décidément hors du commun, qui se mêlait à cette affaire.

Pendant que nous attendions, j'ai téléphoné au bureau et j'ai trouvé le chef toujours là.

« La victoire est en vue », dis-je. "Enregistrez autant de colonnes que possible."

"Vous pouvez avoir tout ce que vous voulez", a répondu le téléphone.

J'ai demandé un bureau et j'ai commencé à écrire. J'ai esquissé la scène au Département de la Guerre, cité l'intégralité du message de l'homme qui essayait d'arrêter toute guerre, passé brièvement en revue ce que l'on savait du navire et de sa disparition, et raconté nos recherches le long de la côte et la découverte. de l'homme à l'étage. Heure après heure, j'écrivais, et aucun appel n'arrivait. Dorothy et Tom étaient assis en train de lire. Finalement , j'ai ramené mon histoire au point où je souhaitais introduire l'histoire de l'homme. Là, je me suis arrêté et, avec une plume inutilisée, je me suis assis et j'ai observé la belle tête sous la lumière ombragée. Si seulement un homme pouvait s'asseoir et voir cette « photo d'une femme en train de lire » tous les soirs ! Je me suis retrouvé à évaluer le coût de la vie avec plus de zèle que jamais. Un coup retentit dans mes pensées.

"Le malade s'est réveillé", dit l'infirmière, "et le médecin voudrait que vous veniez."

En silence, nous traversâmes les couloirs nus et montâmes les larges escaliers. Lorsque nous sommes entrés, le médecin s'est assis à côté de l'homme sur l'étroit lit de fer. J'ai regardé le visage avec impatience. Il brillait avec une intelligence normale. Nous avions encore une fois conquis.

"Je viens de dire à M. Joslinn que vous l'aviez trouvé et qu'il était ici", a déclaré Forrester. "Maintenant, il est prêt à parler."

Dorothy le salua et commença la conversation, tandis que j'écrivais fébrilement tandis que Joslinn parlait d'un ton bas et régulier. Oui, il était allé pêcher. Il avait laissé un petit stand de tir, où il était descendu seul lundi, et avait éliminé le knockabout. La raison pour laquelle personne n'était au courant de sa disparition était qu'il n'y avait personne pour s'en soucier. Il n'avait pas de famille et s'était retiré des affaires, faisait de petits voyages de temps en temps, alors sa logeuse et ses amis le considéraient simplement comme absent . Je me suis irrité au moment où il a mis du temps à en venir au fait. S'il y parvenait seulement, sa longue description de ses actes faisait partie de l'histoire. Puis vint la crise :

«J'étais à dix ou douze milles du rivage, juste au coucher du soleil», a déclaré Joslinn , «quand j'ai vu un cuirassé qui remontait la côte. C'était le seul navire en vue, et il passa à une courte distance de moi, si près que je sentis le reste de son sillage. Je n'ai jamais vu de plus beau spectacle que ce bateau alors qu'il avançait. Il fit une pause.

"Allez, continuez", dis-je anxieusement.

«Je savais que c'était l'Alaska», reprit-il, «parce que je l'avais vue allongée pendant des semaines sous mon immeuble à Riverside Drive. Je l'ai regardée alors qu'elle continuait à triompher. C'était l'heure des couleurs du soir. De l'autre côté de l'eau retentit le son du clairon, que j'avais entendu si souvent alors que j'étais suspendu au parapet de la Drive à la tombée de la nuit. La garde maritime et l'équipage se tenaient rassemblés et faisaient face à l'arrière. Le drapeau tomba d'un centimètre flottant, et au moment de sa chute, l'orchestre s'écrasa dans toute la tension de la bannière étoilée . Je me tenais tête nue et mes yeux se remplissaient alors que le grand navire avançait fièrement. Au moment où la dernière note de « Oh long may it wave » m'est venue, comme une bulle de savon éclatée, comme un léger nuage dispersé par le vent, elle a disparu sans un bruit ! Je n'entendais même pas le bruit d'un caillou dans l'eau.

"Voulez-vous dire, s'écria Tom tout étonné, que tous ces milliers de tonnes d'acier blindé, ces gros canons dans leurs immenses tourelles, cette masse effrayante de métal, ont disparu sans un bruit ?"

"Absolument sans un bruit", répondit gravement Joslinn . « L'Alaska a disparu avec moins de commotion qu'un anneau de fumée de tabac dans l'air. Cela a complètement détruit toute croyance en la réalité de quoi que ce soit dans ce monde !

Perplexité, perplexité totale, est le seul mot qui puisse exprimer l'apparence de notre petit groupe, alors que nous nous trouvions dans la pièce nue. Même Forrester a temporairement oublié son attitude professionnelle devant l'intérêt captivant de l'histoire. Mais un soupir de Joslinn le rappela.

"C'est bien assez, M. Joslinn ", dit-il précipitamment, et, à son signe de congédiement, nous nous tournâmes et descendîmes les escaliers.

"Rien de réel, avec vengeance", remarqua Tom alors que nous descendions. « Je ne peux pas imaginer un spectacle plus surnaturel que cette disparition silencieuse. J'aurais dit mirage s'il n'avait pas entendu la musique et si le vaisseau n'avait pas réellement disparu. Attendez, si c'est l'œuvre de l'homme, est-il possible qu'il ait découvert une nouvelle substance qui, placée dans l'acier blindé, provoque sa désintégration ? S'il mettait la main sur de telles choses, il pourrait les transformer en acier blindé pendant sa fabrication, et après un certain temps, tout pourrait s'effondrer.

Tom avait fini de parler alors qu'il se tenait devant la porte de l'agréable bibliothèque du docteur.

Dorothy hocha la tête alors qu'il fermait. « Ce n'est pas une mauvaise idée, Tom. Si quelque chose pouvait être trouvé qui ferait s'effondrer l'acier en poussière, comme une boule de souffle s'effondre, cela pourrait bien sûr être chronométré. Mais tout cela me stupéfie. Je veux avoir suffisamment de temps pour y réfléchir.

"Et je dois me mettre au travail sur mon histoire", dis-je, essayant de me replonger dans le monde de la réalité, et je me précipitai vers mon bureau.

Mot pour mot, j'ai écrit l'histoire, j'ai brièvement dessiné l'histoire de la vie de Joslinn , j'ai parcouru rapidement le tout et, lorsque Dorothy est entrée, « Je sais comment je vais finir », je me suis exclamé. "Je vais prophétiser le naufrage d'un cuirassé britannique cette semaine."

Elle frappa dans ses mains. "Bien! bien!" elle a pleuré. "Vous ne pourriez pas faire mieux."

Les derniers mots de mon histoire furent la prophétie, et je me précipitai vers le téléphone. Il était 1 heure du matin, mais le chef lui-même a répondu. "Je serai là avec toute l'histoire dans une demi-heure", m'écriai-je avec exultation.

« L'a-t-il vue descendre ? demanda vivement le chef.

"Il l'a fait", répondis-je, et un long sifflement retentit dans les fils.

À travers les rues sombres et lumineuses, à travers le rugissement du haut de Broadway et le sombre silence du bas de Broadway, le moteur tournait et j'essayais de calmer mon cerveau pressé. L'excitation qui m'avait possédé chaque jour de la semaine était encore au-dessus de moi. L'horrible merveille du conte de Joslinn m'a possédé, jusqu'à ce que mon rythme tant désiré ne semble être qu'un accident mineur dans les grands événements du monde. J'ai pris l'ascenseur et franchi la porte d'un bond, jusqu'au bureau du chef. Il tendit la main avec impatience depuis sa chaise vers mon exemplaire. Il lisait page par page en silence, tandis que je les lui tendais et les passais de ses mains aux garçons qui allaient et venaient vers les tubes. J'entendais le fracas des presses et je pensais, assez étrangement, à Pendennis et Warrington debout dans Fleet Street et parlant du moteur le plus puissant du monde : la presse. Et après tout, c'était mon histoire qui éclairait le monde à travers ces grandes presses ci-dessous. J'avais résolu le mystère qui remplissait les journaux de l'Atlantique au Pacifique, voire plus, dont on parlait dans les clubs de Londres et de Tokyo , et mon histoire les traverserait tous. J'avais gagné. Deux fois seulement, je me suis arrêté pour remettre la copie au chef, une fois pour allumer ma pipe et une fois pour rechercher Joslinn . Je l'ai trouvé facilement dans l'annuaire et chez Bradstreet. C'était évidemment un homme d'une totale fiabilité.

La dernière page était passée dans le tube, et le chef se pencha en arrière et prit sa pipe d'un air méditatif.

"C'est la meilleure chose depuis quelques années, Orrington", a-t-il déclaré. « Je suppose que tu ferais mieux de prendre cela comme une mission permanente. La prophétie représentait une longue chance, mais je suppose que nous la saisirons. Maintenant, va te coucher.

J'ai dormi jusqu'à dix heures, mais une fois réveillé, j'ai lu mon histoire avec une énorme approbation dans mon premier journal et j'ai vu tout le monde la lire pendant que je descendais en ville. Mes oreilles étaient remplies de commentaires enthousiastes et j'examinais avec beaucoup de joie les commentaires peinés ou le silence total de nos contemporains. Ils ont particulièrement condamné ma prophétie. Arrivé au bureau, je m'arrêtai au premier étage pour prendre une édition tardive, sous un regard général que je m'efforçais de supporter modestement. À la porte de l'ascenseur, je me suis arrêté. « Dois-je marcher ou rouler ? Marcher, c'est, ai-je décidé. Je voulais m'arrêter dans le couloir devant le grand bureau pour revoir mon histoire. Alors que j'étais assis à la fenêtre du hall, j'ai baissé les yeux. Je pouvais voir une multitude devant notre babillard. Aucun des autres journaux n'avait de public. Tandis que je regardais, la foule s'est déchaînée. Un grand rugissement s'éleva et la masse bouillonna et se balança tandis qu'ils regardaient le bulletin au-dessous de moi, mais hors de ma vue. « Il se passe quelque chose », me suis-je dit en me précipitant vers le bureau. Les journalistes et les rédacteurs étaient tous regroupés dans un coin. En me voyant, un cri s'est élevé.

"Orrington, le cuirassé britannique Dreadnought, numéro 8, a disparu !"

CHAPITRE IV

La disparition du cuirassé Dreadnought numéro 8 de Sa Majesté britannique a rendu le monde fou. Deux grandes nations avaient subi de sévères coups et attendaient avec frémissement l'avenir. Le chef de mon journal me sourit plus amicalement que jamais, alors que j'entrais dans le bureau le troisième jour après la disparition complète du cuirassé britannique dans le canal.

« Vous feriez mieux de publier aujourd'hui votre prophétie sur le cuirassé français, » dit-il, « et ensuite de rester en dehors du bureau. Je ne veux pas que vous soyez en preuve. Nous avons trop de bonnes choses pour prendre des risques. Travaillez aussi dur que vous le souhaitez sur la mission, mais n'apparaissez pas publiquement.

J'acquiesçai de la tête.

« Au fait, poursuivit-il, combien de personnes extérieures à notre personnel connaissent la deuxième lettre ? »

« Sept », répondis-je. « Le président, le secrétaire à la Guerre, les deux Haldanes et leur cousine Mme Hartnell, Richard Regnier et John King. L'ancien secrétaire à la Marine le savait, mais il est mort. Ils sont tous tenus au secret et ont tous gardé cette histoire pour eux. »

«C'est tout», dit le chef, et je suis parti.

Cette nuit-là, j'envoyai une prédiction selon laquelle un cuirassé français coulerait d'ici une semaine, puis je passai les jours suivants à parcourir les registres navals des nations et à corréler la masse de données concernant les marines du monde, qui avaient été récupéré au bureau à ma demande. Je voulais obtenir toutes les informations possibles sur le sujet en cours.

Immergé dans des masses de données, aux prises avec théorie après théorie qui surgissaient pour être ensuite rejetées, j'ai passé la semaine. Fatigué de mon travail, un après-midi, j'ai quitté mon travail pour me rendre chez les Haldanes pour rendre compte des progrès réalisés. Tom et Dorothy étaient tous deux plongés dans une recherche que Tom poursuivait, mais ils avaient toujours le temps de discuter de la grande question.

«J'ai reçu hier une lettre de Dick Régnier », dit Dorothy dès les premiers mots terminés. « Il dit qu'il fait un travail qu'il voulait faire depuis longtemps. Il parle d'avoir vu John King à Cowes . John avait son nouveau yacht là-bas.

J'ai suivi chaque mot attentivement. "Rien du tout sur la perte de l'Alaska ou du Dreadnought Numéro 8 ?" Ai-je demandé de manière significative.

"Non", répondit Dorothy.

« Quand la lettre a-t-elle été envoyée ? J'ai demandé.

« Deux jours après le naufrage du navire britannique », répondit-elle. "Mais..." Elle s'arrêta lorsque Tom entra. Je ne poursuivis pas la conversation plus loin.

Alors que je partais, Tom m'a appelé. « J'ai essayé de la peinture phosphorescente, » dit-il, « et j'ai obtenu quelques résultats intéressants. Ne veux-tu pas venir au laboratoire demain matin vers trois heures ? Nous allons faire des tests entre minuit et cinq heures du matin, afin d'avoir le moins de courant et de vibrations que la ville puisse donner.

«Je serai heureux de venir», répondis-je instantanément. Aucune chance d'être près de Dorothy ne devait jamais être refusée.

Les derniers fêtards venaient juste de quitter la grande voie blanche, alors que je remontais la ville dans un dernier wagon de surface, qui ne contenait, à côté de moi, que quelques ouvriers ennuyeux et endormis. J'étais en avance et, alors que j'arrivais près de Riverside Drive, j'ai sauté de la voiture et j'ai marché vers le Drive et remonté au bord de la rivière. Au-dessous de moi, au clair de pleine lune, se trouvait une flotte américaine. Les flancs blancs et les hautes tourelles des navires se détachaient nettement sur l'autre rive. Ils semblaient personnifier la puissance de la nation qui reposait là, dans une immense impassibilité, n'ayant peur de rien, prête à tout. Pourtant, alors que je me souvenais des mots de Joslinn , « disparu comme une bulle de savon qui se brise », à propos de l'Alaska, j'ai frémi devant l'impuissance de ces forts flottants, aussi massifs soient-ils. J'ai regardé ma montre au clair de lune. Quart de trois. Je me tournai et me dirigeai vers le bâtiment en pierre grise sur les hauteurs, qui abritait le laboratoire de recherche.

J'ai trouvé Tom et Dorothy penchés sur une série d'instruments sous une grande lumière incandescente. Je les ai observés un moment en silence, puis, alors qu'ils se levaient de leur tâche, je les ai salués. Jamais Dorothy n'avait paru plus charmante que dans ce décor de murs nus et de tables sévères, d'instruments et de câbles encapuchonnés, de vitrines et d'étagères. La plupart des filles que j'avais vues à trois heures du matin, à la sortie d'une salle de bal, portaient de tristes lunettes, usées et échevelées . Dorothy, dans ses vêtements de travail soignés, était aussi fraîche qu'un matin d'été. Après son premier salut, elle se tourna de nouveau vers son travail, ajustant une vis de nivellement micrométrique.

"Que fais-tu?" Ai-je demandé paresseusement.

« Ajustement d'un réflectoscope pour détecter la présence d'ondes radioactives. Tom va juste demander à son assistant de tester le radium qu'il doit utiliser ce soir, et il a ici une demi-douzaine de réflectoscopes , » et elle agita la main en direction du banc devant elle, où étaient placées une demi-douzaine d'instruments similaires.

« Ils ressemblent beaucoup aux anciens électroscopes, mais en infiniment plus sensibles. Vous voyez cette feuille d'or, » elle montra deux minuscules rubans d'or qui pendaient mollement ensemble, « quand une onde provenant d'une source radioactive, comme le radium, arrive, ces rubans se séparent. Tous nos réflectoscopes sont déchargés maintenant, mais ils seront rechargés plus tard.

Pendant que nous parlions, Tom nous rejoignit. « J'ai envoyé Jones en bas chercher le radium dans le coffre-fort, Dorothy », dit-il, et nous restâmes tous les trois à regarder silencieusement les instruments devant nous. Par les fenêtres ouvertes, une brise fraîche entrait, et la douce nuit ne rendait qu'un léger bourdonnement, un minimum de ce bruit qui ne cesse jamais aux heures les plus calmes de la grande ville. Un clocher d'église retentit : Un, Deux, Trois, Quatre. Tom jeta un coup d'œil au chronomètre. "Juste ce qu'il faut", dit-il en se retournant. Un étrange silence emplit l'air. Une fois de plus, une force terrible semblait m'attirer vers Dorothy, mais mes yeux ne se détournaient jamais des réflectoscopes . Soudain, alors que je regardais, les rubans dorés prirent vie, se séparèrent et se séparèrent raidement.

"Bonté divine!" s'écria Tom. « Qu'est-ce que ça a fait ? Ils étaient parfaitement isolés. Qu'est-ce que ça a fait, Dorothy ? Ce doit être Jones qui apporte le radium.

Les yeux de Dorothy brillaient d'un intérêt excité. "Je ne pense pas que ce soit Jones", dit-elle avec empressement. « Je crois que je sais ce que c'était, mais quoi qu'il en soit, allons d'abord voir où est Jones. Il n'y a absolument rien d'autre dans le laboratoire qui aurait pu les charger, aussi isolés soient-ils.

En descendant les escaliers, vol après vol, quatre en tout, nous nous sommes rassemblés en troupe et avons trouvé Jones dans un bureau au premier étage, assis sur une chaise devant le coffre-fort et regardant avec tristesse la porte fermée. À la voix de Tom, il se leva.

« Professeur, j'ai encore oublié la combinaison. J'étais assis ici et j'essayais de m'en souvenir.

"Alors tu n'as pas du tout pris le radium du coffre-fort ?" cria Tom, avec une excitation folle.

"Non", répondit Jones, le regardant avec étonnement.

« Alors, comment ces réflectoscopes ont ils été chargés ? »

Jones a montré un intérêt soudain : « Ont-ils encore été inculpés ?

« Oui, ont-ils déjà été inculpés ? »

"Deux fois auparavant, et je voulais t'en parler, mais cela m'est sorti de l'esprit."

"Quand est-ce arrivé?" Dorothy intervint.

"J'ai noté tous les détails à l'étage", a déclaré Jones. "Mais qu'en est-il de la combinaison ?"

"Peu importe ça," cria Tom. "Laissez-moi voir vos données."

Nous montâmes rapidement, Jones, plus lent, nous suivant quelque peu derrière nous. Dans le laboratoire, l'assistant se tourna vers un bureau encombré et fouilla parmi une masse de papiers. Je voyais que Dorothy brûlait d'impatience que je ne comprenais pas. Jones tâtonnait, ramassant papier après papier, les scrutant aveuglément à travers ses lunettes à monture noire. Tom m'a saisi le bras et m'a accompagné dans la pièce avec impatience.

"Cet homme me rendra fou un jour ", s'est-il exclamé. « C'est l'enquêteur et l'observateur le plus précis que nous ayons jamais eu, mais il maintient son bureau dans un désordre indescriptible. Il a ces données quelque part, et quand il les trouvera, elles seront correctes, mais il lui faudra peut-être une heure pour les trouver. Là, remerciez le Seigneur ! a-t-il remarqué, alors que nous nous retournions, "Dorothy prend la main."

Puis vint l'ordre du chaos, la régularité de l'irrégularité. Papier par papier était lu, rejeté et placé à la place appropriée, sous le regard de Jones, nullement mécontent. À peine cinq minutes s'étaient écoulées, et le bureau avait pris un ordre étranger à sa nature. Dix minutes passèrent et Dorothy se retourna. « Ce n'est pas ici, M. Jones. Maintenant, réfléchis, où l'as-tu mis ?

Jones s'est saisi du problème épineux, s'y est penché, s'est débattu et en est sorti victorieux. «Je sais», dit-il. "Il se trouve au milieu de ce carnet en cuir noir, dans le troisième tiroir de droite."

Avant qu'il ait fini, le cahier était dans la main de Dorothy, il était ouvert et un papier flottait sur ses genoux. Elle le ramassa et lut : « 3 juillet 19—. Réflectoscopes chargés sans cause apparente à 15H45-30H ; 11 juillet 19—. Réflectoscopes chargés sans cause apparente entre 21h35 et 22H10 »

"Je le pensais, je le pensais", a déclaré Dorothy en sautant de sa chaise. « Tom, c'est aussi simple qu'un dé. Oh, Jim, c'est un grand pas en avant.

Tom avait l'air aussi perplexe que le pauvre Jones l'avait été devant le coffre-fort, ou comme il l'était maintenant. J'étais complètement perplexe. La seule chose qui m'a frappé avec force, c'est que Dorothy m'avait appelé par mon prénom. C'était sûrement un grand pas en avant, mais ce n'était évidemment pas le pas qu'elle voulait dire. Dorothy a vu notre perplexité et a continué avec insistance.

"Tu es stupide. J'aimerais savoir jusqu'où vous iriez dans ce monde sans les femmes pour découvrir les choses à votre place. Que s'est-il passé le 3 juillet dans l'après-midi, et que s'est-il passé dans la soirée, à notre époque, le 11 juillet ?

Tom et moi sommes restés immobiles, nous regardant avec perplexité. Soudain, j'ai vu une grande lumière.

"Eh bien, c'est à cette époque que l'Alaska et le Dreadnought Numéro 8 ont disparu !" J'ai crié, dans la plus grande excitation, "et tout à l'heure".

« Un cuirassé français a coulé », dit gravement Dorothy. « Et... » elle interrompit sa phrase par un bref sanglot, « les pauvres femmes et les enfants. »

Nous nous étions retournés instinctivement pour regarder les rubans d'or qui racontaient le naufrage du fier cuirassé et la mort de centaines de personnes, et j'ai incliné la tête comme lorsque l'ange de la mort s'approche de nous dans sa fuite. Un moment de silence, et Tom se tourna vers Jones.

« Si cela ne vous dérange pas, Jones, j'aimerais que vous ne disiez rien de tout cela, peu importe ce que vous voyez ou entendez. Nous n'en ferons pas davantage ce soir ; vous pouvez rentrer chez vous.

Avec le départ de Jones, nous avons commencé un autre conseil. Tom sortit sa pipe. "Dorothy, je sais que Jim et moi devons fumer à cause de ça, ça te dérange?" et sur sa parole nous remplissions nos pipes et invoquions le secours de ce grand secours des philosophes, le tabac. Dorothy était au bureau, les sourcils froncés par une profonde réflexion. Tom et moi étions assis sur un banc latéral contre le mur, face à elle. L'aube pointait par les larges fenêtres et la ville s'agitait pendant que nous parlions.

— Votre théorie sur la désintégration de l'acier des cuirassés était manifestement fausse, Tom, dit Dorothy. "L'onde qui chargeait les réflectoscopes était une onde clairement projetée depuis un endroit précis."

"Oui," dit Tom d'un ton pensif. "J'ai eu tort. L'homme qui essaie d'arrêter toute guerre doit disposer d'un générateur radioactif, d'un moyen de perturbation des ondes plus grand que tout ce que nous avons jusqu'à présent atteint. De même qu'un homme démarre une dynamo et utilise l'électricité qu'elle fournit pour effectuer un travail, ainsi cet homme démarre ce moteur de destruction inconnu et ses vagues détruisent le navire.

"Mais comment a-t-il pu faire disparaître un navire sans un bruit ?" J'ai demandé.

"Bien sûr, je n'en suis pas parfaitement sûre", répondit Dorothy. «Mais au moment où les réflectoscopes ont été chargés, j'ai pensé à une théorie possible. Sa force, si puissante qu'elle affecte nos réflectoscopes à des milliers de kilomètres, pourrait être capable de transformer le métal qui constitue un cuirassé en ses électrons, qui disparaîtraient sous forme de gaz intangible.

« Que sont les électrons ? » J'ai persisté. "J'en ai entendu parler, bien sûr, mais je ne suis pas sûr de savoir de quoi il s'agit."

«Ils constituent la plus petite division de la matière, les particules infiniment petites qui composent l'atome. Si un homme pouvait trouver un moyen de leur transmettre la matière, il est tout à fait possible qu'ils se dissipent alors sous forme de gaz. De toute façon, les vagues que l'homme envoie doivent être terriblement fortes. Une chose que je ne vois pas, cependant, c'est comment il pourrait décomposer la matière organique. Il pourrait peut-être briser tout ce qui est métallique, mais je ne vois pas comment il pourrait briser le bois – ou les êtres humains », conclut-elle avec un frisson.

"C'est en partie facile," dit Tom, avec une longue bouffée de sa pipe. « Absolument pas de bois depuis deux ans sur aucun cuirassé. Toutes les nations ont retiré le bois qu'elles avaient sur leurs nouveaux navires et y ont ajouté du métal. Je ne connais pas l'action sur l'homme ; il n'est pas indispensable de régler cela maintenant.

L'excitation du moment avait été si grande, le fait de se trouver au milieu de l'histoire avait été si poignant, que pour l'instant mon instinct de journaliste s'était perdu dans un frisson plus fort. Maintenant, il s'est soudainement réveillé.

« Super Scott ! » J'ai pleuré. « Je dois publier cela dans le journal immédiatement. Où est le téléphone ?

Sans un mot, Tom a montré le téléphone sur son propre bureau et je me suis précipité vers lui. J'ai appelé encore et encore , sans réponse. «Je ne peux pas accéder à Central», dis-je.

Tom regarda l'horloge. « C'est une succursale d'échange, mais il y a généralement déjà quelqu'un sur notre tableau d'échange. J'essaierai."

Cinq minutes encore plus précieuses ont été perdues dans sa tentative de prendre le dessus. Enfin , il leva les yeux. "C'est inutile, Jim."

Je n'ai plus attendu, mais j'ai attrapé mon chapeau et j'ai couru sur les longs vols. J'ai traversé la place et j'ai couru dans la rue. Une cloche bleue apparaissait au coin d'un petit magasin. J'ai couru vers elle – verrouillée. Un autre bloc, et j'ai eu la même expérience. Au troisième, une pharmacie du coin, j'ai rencontré le succès. Un garçon bâillant, balayant le magasin, m'a regardé, la bouche ouverte, chaud et en sueur à cause de ma course, me précipiter et me précipiter vers le stand. En un instant, j'avais le bureau et le bureau du rédacteur de nuit, je lui avais dit qui j'étais et j'avais commencé à dicter. « À quatre heures une minute à notre heure (voyez quelle heure est l'heure de Paris et inscrivez-la), un cuirassé français a été coulé par l'homme qui doit arrêter toute guerre. Il est probable que personne à bord ne s'est échappé. Cette dernière hypothèse était fondée sur l'expérience du passé. La voix du rédacteur de nuit revint.

« En es-tu sûr, Orrington ? »

"Très bien," dis-je.

"Je déteste lancer une chose comme celle-ci par hasard."

"Le chef a dit d'exécuter tout ce que j'envoyais, n'est-ce pas ?"

"Oui", a déclaré le rédacteur en chef de nuit.

"Eh bien, dépêchez-vous alors, avant que la nouvelle n'arrive."

"Très bien, si vous insistez", est revenu, et j'ai raccroché, payé mes honoraires et suis parti.

J'ai dormi comme une bûche jusqu'à onze heures, puis je me suis levé pour rassembler le dossier des journaux du matin devant ma porte. Ma déclaration a fait la une des journaux de mon propre journal. Aucun autre journal du matin n'en a parlé un seul mot. Je m'arrêtai au kiosque à journaux en descendant pour déjeuner. Tous les journaux titraient : « La Patrie numéro 3 a disparu. Le cuirassé français suit l'Alaska et le Dreadnought Numéro 8. »

Ils ont eu les nouvelles de France cinq heures après que nous les ayons publiées. Je prenais tranquillement mon petit-déjeuner, tout en lisant les dernières nouvelles de mes rivaux, en lisant avec un intérêt particulier un éditorial de mon propre journal, en commentant mon travail et en passant en revue la situation. «Cela devrait signifier une nouvelle augmentation importante de la circulation», pensai-je, «et une autre augmentation des salaires également». Mon salaire atteignait vraiment un point tel que le mariage était la seule chose raisonnable à faire pour un homme. Je devais rencontrer les Haldanes à trois heures. Je me demandais combien de temps une connaissance devait durer avant de pouvoir proposer.

Alors que je sirotais ma dernière tasse de café, j'ai vu deux hommes à la porte de la salle à manger parler à un serveur, qui a hoché la tête et les a conduits vers moi. Ce n'était pas le genre d'hommes qui prenaient habituellement leur petit-déjeuner au restaurant. Juste avant moi, ils se sont arrêtés.

"M. Orrington ? » dit l'un d'un air interrogateur.

«Je m'appelle James Orrington», répondis-je. Le serveur était retourné à la cuisine. Nous restâmes seuls au fond de la salle à manger. L'homme qui avait parlé ouvrit son manteau et montra un bouclier d'argent.

« Nous sommes des agents des services secrets. Vous êtes en état d'arrestation."

CHAPITRE V

«C'est un scandale», m'exclamai-je avec indignation. « Pourquoi devrais-je être arrêté ? »

« Sur plainte du gouvernement français comme étant préoccupé par le naufrage du cuirassé français La Patrie numéro 3 au large de Brest ce matin », répond froidement l'officier. "Comme il s'agit d'une plainte internationale, elle a été portée devant les tribunaux fédéraux et nous étions habilités à procéder à l'arrestation."

Pendant qu'il parlait, tout cela m'a traversé l'esprit. Mes prédictions sur la destruction du Dreadnought Numéro 8 et de La Patrie Numéro 3 s'étaient réalisées. J'avais raconté le naufrage au moment même où il s'était produit. Mon histoire avait été diffusée dans le monde entier par câble et par radio, et mon arrestation comme complice de cet acte en fut le résultat. Je me suis immédiatement senti plus joyeux.

« Cette accusation est trop absurde pour être retenue un instant », dis-je. "Je suis tout à fait prêt à partir avec toi."

De retour à l'étage avec mes deux compagnons, je suis allé chercher mon chapeau, puis je les ai accompagnés jusqu'au bâtiment fédéral. L'enquête a été pointue et approfondie. J'ai admis sans hésitation que j'avais écrit le récit original du naufrage de l'Alaska et que j'avais prophétisé la perte du Dreadnought numéro 8 et de La Patrie numéro 3, et que j'avais également donné des informations sur le naufrage du navire une heure ou deux auparavant. on l'avait connu en France. Interrogé sur la source de mes connaissances, je donnai le récit déjà publié de la découverte de l'homme qui avait vu disparaître l'Alaska, et parlai de la lettre originale envoyée par celui qui entendait arrêter toute guerre. Des deux facteurs essentiels, la découverte de la lettre cachée et le chargement des réflectoscopes , je n'ai pas parlé. C'étaient pour moi des atouts précieux, à condition qu'ils ne soient pas rendus publics. Je ne pouvais pas les jeter. Cela signifiait un salaire plus élevé, une plus grande réputation, et ces choses en signifiaient un tiers, bien plus essentiel que l'un ou l'autre.

Mon récit terminé, le juge resta assis quelques instants sans bouger. Finalement, il parla. « Franchement, Monsieur Orrington, je ne vois pas que vous ayez expliqué cette information privilégiée qui vous a permis de faire vos prédictions, ou de raconter la perte de La Patrie Numéro 3. Vous êtes la seule personne qui semble savoir quelque chose de cela. Vous n'offrez aucune explication de vos connaissances. Je ne vois pas que je puisse faire autrement que de vous incarcérer sans caution.

Enfermez-moi sans caution, empêchez-moi de suivre ma mission, empêchez-moi de voir Dorothy ! J'ai réfléchi rapidement. Bien sûr, il y avait une solution. Je me suis adressé au juge.

« Votre honneur, j'ai donné cette information à l'avance au président et au secrétaire à la Guerre. Si vous parvenez à joindre l'un d'eux au téléphone, ils corroboreront mes propos.

L'attitude du juge a changé. « Si cela s'avère exact, je n'aurai aucune raison de vous détenir », dit-il, et, se tournant vers un huissier de justice, il lui ordonna d'appeler Washington, d'exposer l'affaire au secrétaire particulier du président et de demander au président un avis. déclaration.

« Si vous ne parvenez pas à obtenir le président, trouvez le secrétaire à la Guerre », ai-je interrompu, et le juge a répondu : « Très bien. »

Je ne voulais pas du tout impliquer le bureau dans cette affaire si je pouvais l'aider. Je jouais seul, avec toute la responsabilité reposant sur moi, et je ne souhaitais pas demander d'aide si je pouvais l'éviter. J'ai pensé aux Haldanes , mais j'ai décidé de les garder en dernier recours. Je ne pouvais pas supporter de penser à Dorothy dans la salle d'audience. Pendant une longue demi-heure, j'attendis, en lisant les journaux du matin, le retour du messager. Il entra et marcha devant le banc.

« Votre honneur, le président est parti tirer en Virginie. Il ne reviendra pas avant trois jours et ne pourra être vu que pour des affaires officielles urgentes. Le secrétaire à la Guerre est dangereusement malade et ne peut être dérangé.

Je me rappelai avec choc que j'avais vu le deuxième fait dans les journaux. Du premier, je n'avais aucune connaissance. En apprenant la nouvelle, le juge secoua de nouveau la tête. « Je ne peux pas vous libérer sur cette simple déclaration, M. Orrington. Y a-t-il autre chose que vous auriez aimé faire ?

J'ai cédé avec un soupir intérieur. "Oui, téléphonez si vous voulez au professeur Thomas Haldane dans son laboratoire pour lui dire que je suis ici en état d'arrestation et demandez-lui de venir amener un avocat."

Une autre période d'attente lasse dans la chaleur étouffante s'écoula avant que la porte ne s'ouvre et que Tom entre, accompagné d'un autre homme.

«Bonjour, vieil homme. C'est dommage", a éjaculé Tom en s'approchant de moi. Tandis que son avocat s'approchait du tribunal pour un entretien avec le juge, il poursuivit sur un ton plus bas. "C'est dommage, Jim, mais je m'y attendais."

"Quoi?" Dis-je avec étonnement.

"Je m'y attendais", répéta Tom. « C'était la seule issue logique de vos prophéties. Vous aviez trop d'informations privilégiées. Les gens ne pouvaient s'empêcher de soupçonner que vous en saviez plus que ce que vous aviez dit. Vous étiez la seule personne sur qui ils pouvaient mettre la main. Ce n'est vraiment pas surprenant du tout que vous soyez ici. La seule chose, c'est que nous devons vous sortir de là immédiatement.

Il s'est tourné vers l'avocat. « Ne pouvez-vous pas convaincre le juge de me croire sur parole que je connais toutes les circonstances et que je peux jurer l'innocence de M. Orrington ?

L'avocat s'est approché du tribunal et a eu une brève conversation avec le juge. Au bout de quelques instants, il revint. « J'espère avoir résolu la difficulté », dit-il. « Le juge acceptera votre déclaration et celle de M. Orrington ensemble. Si vous lui expliquez tout cela, il veillera à ce que cela ne revienne à personne sauf au procureur général.

"Tu ferais mieux de le faire," dit brièvement Tom.

"Je suppose que je vais devoir le faire," répondis-je. Nous nous sommes rendus au bureau privé du juge et avons raconté toute l'histoire.

«Je peux comprendre», dit le juge en terminant, «que l'histoire de la disparition du cuirassé français puisse être une heureuse conjecture, une fois connue la lettre dont vous parlez, mais le récit que vous racontez semble presque trop incroyable d'être admis comme preuve. Cette lettre contenant le deuxième message est-elle toujours en votre possession ?

"Non", dis-je en hésitant.

Tom l'interrompit. « C'est entre les mains de ma sœur, juge. Elle l'a depuis cette première nuit. Si vous attendez , je vais chercher du radium dans mon laboratoire et vous montrer le message caché.

– Cela ne pourrait donc pas disparaître dans le temps qui s'est écoulé ? interrogea le juge.

"Non", répondit Tom d'un ton décisif. « J'expérimente ce genre d'encre depuis que je connais ce produit, et je dois dire sans hésitation qu'elle serait toujours là, même si je ne l'ai jamais vue moi-même. Je ramènerai les choses immédiatement. Mon moteur est à la porte.

À ce moment- là , j'avais épuisé les possibilités d'information des journaux et je me retrouvais abandonné aux colonnes immobilières. « Qu'est-ce qui était mieux pour un jeune couple, un petit appartement en ville ou une maison de banlieue ? C'était une question qui faisait que même les publicités flamboyantes des banlieues les plus éloignées étaient pour moi un sujet d'intérêt profond et constant. J'étais à mi-chemin des colonnes lorsque, à ma grande joie et surprise, la porte s'est ouverte et Dorothy est entrée, suivie de Tom et de l'avocat. À son arrivée, l'officier de justice hochant la tête s'est réveillé et est devenu un modèle de comportement militaire, les hommes des services secrets se sont redressés sur leurs chaises, le juge a palpé sa cravate et s'est levé en toute hâte pour lui offrir un siège à côté de lui avec un salut courtois. Gracieuse et majestueuse, Dorothy s'inclina devant lui, mais elle vint vers moi.

"Oh, Jim," dit-elle à voix basse, "quel dommage. Je suis tellement contente d'avoir été là pour aider.

J'ai franchi d'un bond l'écart entre Miss Haldane et Dorothy. "Dorothy," répondis-je, "je suis tellement contente que tu l'étais."

Après cela, combien peu importait le long et fatigu après-midi. Il n'a fallu que quelques minutes pour aménager un placard à côté de la chambre du juge pour l'exposition des preuves. Tandis que Dorothée lui présentait la lettre qui avait été le signe avant-coureur de trois grandes tragédies, le juge demanda à la voir et la lut avec curiosité.

« Et il y a une deuxième lettre en dessous, Miss Haldane ? » il a demandé.

"Oui", répondit Dorothy, "je l'ai vu."

« Avez-vous ceci en votre possession depuis la réunion nocturne dont votre frère et M. Orrington ont parlé ? il a demandé à nouveau.

"Il était en ma possession personnelle, ou dans un de mes tiroirs verrouillé, dans un coffre-fort verrouillé dans ma propre maison", répondit Dorothy. «Je l'ai demandé à M. Orrington, car j'avais l'intention de faire quelques tests avec mon frère sur l'encre. Mais nous ne l'avons pas encore utilisé. »

« Êtes-vous prêt à jurer que c'est la lettre originale ? »

"Je le suis", dit calmement Dorothy.

« Très bien, alors, continuons le test. »

La lettre était ouverte comme auparavant, avec le radium dans son étui de plomb devant elle. Tom a rejeté la couverture alors que nous étions assis devant la table et a éteint les lumières. J'ai attendu comme avant, à côté de Dorothy. Si j'avais ressenti un lien plus fort auparavant, je me sentais mille fois plus fort maintenant. J'avais vu la chère fille à mes côtés jour après jour depuis notre première rencontre, et elle n'avait jamais manqué de faire preuve du même feu d'imagination brillante, du même pouvoir de réussite. Elle m'avait ouvert la voie vers le succès au cours des semaines précédentes. Elle était venue aujourd'hui me secourir dans ma détresse. La gagner était devenue la fin de ma vie. J'ai regardé dans l'obscurité vers la lettre, m'attendant à chaque instant à voir les courbes et les lignes jaillir lumineuses. Minute après minute s'écoulait. J'entendais le tic-tac de la grande horloge, deux pièces plus loin, et le rugissement étouffé de l'après-midi d'été dans la grande ville, mais l'obscurité ne contenait aucune lumière. Aucune ligne n'est apparue. Finalement, Tom parla.

« Combien de temps d'exposition l'avez-vous donné la dernière fois, Dorothy ? »

« Deux ou trois minutes », dit-elle. Il se leva, alluma la lumière et regarda sa montre.

« Douze minutes et aucun résultat. C'est aussi la même quantité de radium. Regarde ça avec moi, veux-tu, Dorothy ?

Ils examinèrent attentivement l'appareil, éteignirent la lumière et réessayèrent. Pas de résultat. Tom est retourné dans l'autre pièce et a apporté un autre échantillon de radium et l'a utilisé. Toujours aucun résultat. Finalement, il alluma la lumière et parla. "Je ne comprends pas, juge, mais je ne parviens pas à faire ressortir la deuxième lettre."

Le juge se leva en clignant des yeux. « D'après vos propres déclarations, dit-il, la lettre n'a pas du tout quitté la possession de Miss Haldane, et le message une fois là-bas ne pouvait pas disparaître. Je crains de devoir finalement retenir M. Orrington jusqu'à ce que nous puissions entendre le président.

Mon cœur se serra. Tom s'est tourné vers moi.

"Ne vous inquiétez pas, Jim, nous trouverons le président pour vous et vous ferons sortir dans deux jours."

J'ai souri un peu avec lassitude. "Tu ne dois pas quitter ton travail pour faire ça, Tom."

Dorothy l'interrompit. « Nous ne pouvons pas travailler seuls. Il a besoin de nous trois pour arriver quelque part, n'est-ce pas, Tom ?

"Bien sûr", dit Tom avec vigueur, et ils me quittèrent, mais pas avant que Dorothy ne m'ait donné un mot de réconfort qui était un séjour dans une période difficile.

J'avais souvent observé les murs sombres de la prison en passant, et je m'étonnais des sensations des prisonniers lorsque les portes se fermaient derrière eux. Mes sensations alors que je conduisais dans la cour et que je montais les escaliers, dans la cellule dont la grille de fer se refermait derrière moi, étaient toutes assez poignantes, mais je ne pouvais pas être complètement découragé. Tout cela semblait complètement absurde, mais à mesure que la nuit tombait, une profonde tristesse s'est progressivement installée sur moi. Je ne voyais pas comment sortir. « Supposons que le président et le secrétaire à la Guerre meurent tous deux, comme l'a fait le dernier secrétaire à la Marine ! » Je n'avais d'autre preuve que la lettre et les témoins qui ont vu le deuxième message briller, et avec cette pensée des témoins est revenue la question déroutante : « Pourquoi le deuxième message n'est-il pas apparu ? C'était là. Je l'avais vu de mes propres yeux. Dorothy, Mme Hartnell, John King, Regnier , tous et tous l'avaient vu et lu. Tom avait déclaré impossible que l'écriture disparaisse. Quelle pourrait être l'explication ? Une pensée revenait sans cesse dans mon esprit, alors que j'étais assis sur le bord de mon lit étroit, regardant le clair de lune barré passer à travers la grande fenêtre en face de mon étage. La lettre a dû être modifiée. La lettre que nous avons examinée dans la salle du juge ne pouvait pas être la même que celle qui nous avait montré le deuxième message. Quelque part, d'une manière ou d'une autre, un échange a dû avoir lieu . Cela n'aurait pas dû non plus être une tâche facile. Le parchemin utilisé dans toutes les lettres n'était pas une chose facile à trouver. Il ne pouvait en aucun cas être acheté dans toutes les papeteries, et une copie aussi complète du message ne pouvait pas non plus être produite sans beaucoup de peine et de travail. Un seul homme aurait des chances d'avoir une telle copie à portée de main, sans le deuxième message, celui qui essayait d'arrêter toute guerre. Il en aura peut-être un exemplaire supplémentaire. Mais comment pouvait-il savoir que la lettre était entre les mains de Dorothy ? Comment pourrait-il avoir une chance de changer les papiers ? Heure après heure, tout au long de la longue nuit, j'ai lutté avec la question, et avec le matin, une certaine cristallisation est venue de la brume sourde de mes pensées. Il fut un temps et un lieu où un homme pouvait facilement procéder à un échange. Chez Mme Hartnell à Washington, dans le temps qui s'est écoulé entre la fermeture de l'affaire du radium et l'allumage des lumières. C'était peut-être improbable, mais c'était la seule solution que j'ai pu trouver. Vers le petit matin, je tombai dans un sommeil troublé et je rêvai que j'étais au tribunal, où Régnier , en tant que juge, me jugeait, avec John King comme procureur. Je venais d'être condamné à disparaître, tout comme l'Alaska, lorsque Dorothy traversa la salle d'audience dans la chaloupe du Black Arrow, avec Tom au volant. Elle m'a tendu la main. J'ai sauté dedans et je me suis échappé.

La fin de la matinée m'a apporté un réveil las et épuisé. J'ai fait apporter mon petit-déjeuner de l'extérieur, j'ai fait savoir au bureau que je ne serais pas là avant quelques jours, ce qui n'est pas rare depuis que j'ai participé à cette mission, puis je me suis installé pour attendre. J'ai eu suffisamment d'attente avant huit heures ce soir-là pour durer le reste de ma vie naturelle, mais à cette heure-là, un gardien est arrivé avec une brève demande de le suivre au bureau. Il y avait Tom, mon brave garçon, qui se précipitait vers moi alors que j'entrais.

« Tu es un homme libre, Jim ; J'ai l'ordre de votre libération », a-t-il crié. «Le président est venu à votre secours, tel l'atout qu'il est. Dépêchez-vous maintenant et venez chez nous pour un dîner tardif.

Le bruit des portes derrière moi était autant de musique à mes oreilles que de discorde à mon entrée. J'avais enduré toute la vie en prison que je souhaitais. J'étais prêt à laisser la rédaction de telles expériences au journaliste du journal jaune.

La Cinquième Avenue n'a jamais semblé aussi gay. New York n'a jamais semblé aussi pleine du vin de la vie que lors de cette promenade. Il suffisait de Dorothy pour le terminer, et j'accélérais vers elle aussi vite que les règles de vitesse le permettaient. Au fur et à mesure que nous avancions, Tom m'a raconté l'histoire de sa recherche du président. Comment il l'avait retrouvé alors qu'il tournait en Virginie et avec quelle joie il avait donné la parole pour ma libération.

Une fois dans le hall de la maison des Haldanes , Dorothy apparut en haut des escaliers. "Oh, Jim!" elle a pleuré. Dieu merci, elle avait désormais tout oublié de M. Orrington. "Oh, Jim, je suis tellement content. Tout va bien maintenant, n'est-ce pas ?

"C'est vrai", dis-je avec insistance.

Elle se précipita en agitant un drap bleu à l'aspect étranger. « Oh, les garçons, j'ai la meilleure chose à ce jour. Nous pouvons dire exactement où se trouve « l'homme » maintenant. Je viens de découvrir le chemin.

CHAPITRE VI

"Quelle est la nouvelle trouvaille, Dorothy?" » demanda Tom en souriant devant son empressement.

«Une lettre de Carl Denckel », répondit-elle.

"Impossible!" s'écria Tom. « Ce cher vieux garçon est mort il y a neuf mois.

"Mais cela a été écrit il y a près d'un an", a-t-elle répliqué. "Regardez cette enveloppe."

Le grand carré bleu inscrit en écriture allemande crabe était rempli d'adresses. "Tu vois," dit Dorothy. « Il pensait que vous étiez toujours à Columbia, alors il l'a adressé à Columbia, en Amérique, en oubliant New York. Son « u » ressemblait tellement à un « o » qu'ils l'ont envoyé en Colombie, en Amérique du Sud. Il a parcouru la moitié de l'Amérique du Sud, puis ils l'ont envoyé ici. Il est allé à trois ou quatre Columbia et Columbus dans différents États. Finalement, un homme brillant l'a envoyé à l'Université, et ils vous l'ont envoyé. C'est bien pour vous.

« Lis-le, Dorothy. Qu'est ce qu'il dit?"

"Un Herrn Docteur Thomas Haldane.

« Professeur Lieber : — Es geht mir an den tod — » Elle était allée si loin en allemand, lorsqu'elle leva les yeux et vit mon visage incompréhensible. "L'Allemand, c'est trop pour toi ?" elle a demandé. "Je vais traduire." Elle continua rapidement en anglais.

> « Au docteur Thomas Haldane.
>
> "Cher professeur:
>
> «Je suis sur le point de mourir. Mon médecin me dit qu'il me reste moins d'un mois pour travailler. Je viens d'achever l'appareil qui avait retenu exclusivement mon attention depuis six ans, ma machine à mesurer les vagues. Grâce à cette machine, toute onde d'une intensité donnée peut être enregistrée quant à sa vitesse et sa puissance.

"Si cela ne vous dérange pas, j'aimerais entrer par effraction sur-le-champ", l'interrompis-je.

"Continuez", dit Tom.

« De quel genre de vagues parle-t-il ? Est-ce une sorte de machine pour mesurer les marées sur la plage, ou qu'est-ce que c'est ?

Tom a ri. "Pas exactement", dit-il. « La machine de Denckel doit mesurer des ondes comme celles de l'énergie électrique. Vous savez, n'est-ce pas, que nous croyons que les messages sans fil passent d'une station à une autre au moyen d'ondes éthérées, comme on les appelle ?

J'ai hoché la tête.

"Eh bien, Denckel veut mesurer des ondes de ce genre, et des ondes qui proviendraient d'une lampe à arc ou d'une dynamo ou d'un morceau de radium ou quelque chose comme ça. C'est pour mesurer le même genre d'onde qui chargeait les réflectoscopes , en bref... Vous voyez ?

"Oui," répondis-je. "Mais-"

"Attends jusqu'à ce que nous ayons fini la lettre, Jim, et nous y reviendrons." Je me suis calmé et Dorothy a continué.

> « De plus, la distance depuis le point de génération de l'onde et la direction exacte d'où elle vient peuvent être déterminées. C'est, comme vous pouvez le constater, la découverte unique de ces cinq dernières années. En calculant et en le réalisant, j'ai utilisé certaines découvertes faites par mon regretté collègue, le professeur Mingern . A sa mort, il y a six ans, il m'a transmis son travail. Maintenant que ma mort approche, je vous transmets mon travail. J'ai eu de nombreux élèves au cours de ma longue vie, mais aucun n'est aussi digne, aucun n'est aussi capable de poursuivre le travail que vous, mon cher ami et élève. Adieu.
>
> " CARL DENCKEL . »

"C'était un vieux type aussi remarquable que je l'ai jamais connu", dit Tom avec une profonde émotion. « Penser qu'il m'envoie ça. Mais que peut-il lui arriver ?

Dorothy se tenait debout avec un deuxième drap à la main. «Voici quelque chose à ce sujet», dit-elle. "Manuscrits envoyés sous pli à la même adresse, appareils envoyés à New York via la ligne Hambourg-Américaine."

"Alors la première chose à faire est de trouver l'appareil", a déclaré Tom. « Nous pouvons envoyer une bande-annonce après le manuscrit, mais nous ne pouvons pas compter sur l'obtenir. Je descendrai à la douane demain matin. Quel coup dur pour la science si tout cela était perdu.» « Mais, reprit-il tout à coup, n'est-il pas extraordinaire que cela arrive en ce moment ? Cela nous aide beaucoup.

"C'est vrai", remarqua Dorothy d'un ton réfléchi. "Nous devrions être capables de savoir exactement où se trouve "l'homme" à chaque fois."

"Une fois de plus, j'avoue humblement mon ignorance", remarquai-je, "mais voudriez-vous bien m'éclairer sur la manière dont cela va nous aider dans la recherche de l'homme ?"

"Certainement", dit Dorothy en souriant. « Nous savons que les réflectoscopes étaient chargés par une onde que « l'homme » envoyait depuis un endroit précis. Théoriquement, cet endroit pourrait être n'importe où dans le monde. En pratique, c'est probablement quelque part à quelques kilomètres du navire qu'il détruit. Mais c'est quelque part. Ses vagues partent d'un point précis. Il existe un point de génération unique. Or, avec cette machine, je devrais pouvoir découvrir exactement où se trouve l'endroit d'où part la vague, et non seulement dans un rayon de cent milles, mais dans un espace très bref. Disons, par exemple, que nous avions la machine à Londres, je pourrais dire que « l' homme » a commencé ses vagues depuis Sandy Hook, et non depuis Hell Gate. Ce pouvoir de déterminer la position exacte de « l'homme » nous fait faire un pas de géant.

"Absolument formidable", ai-je crié, et Tom est intervenu, les yeux brillants d'enthousiasme. "À nous de réussir à trouver le nouvel indice."

L'annonce du dîner a plutôt mis un terme à notre découverte.

Tom a ri : « Eh bien, nous devons manger de toute façon. Allez."

Aucune fête ne pourrait égaler un dîner avec Dorothy comme hôtesse. Jamais son doux visage n'a été plus charmant que lorsqu'elle présidait son propre conseil d'administration. La conversation s'est vite limitée aux détails techniques, alors que Dorothy et Tom discutaient des possibilités du nouvel appareil, et je restais assis à regarder le visage expressif de Dorothy, alors qu'elle parlait de vitesses et de longueurs, de méthodes de génération et de contrôle. Mais son absorption par son sujet ne dura que peu de temps. Le dîner terminé, elle se tourna vers le piano. Puis, pendant deux heures, sa musique m'a transporté à travers de nombreuses et vieilles tourelles ibériques.

Alors que je me dirigeais vers mes chambres depuis les Haldanes , je me délectais de chaque respiration de l'air de la ville. Les bruits mêmes de la rue m'exaltaient, tandis que je me promenais, un membre de la foule et un homme libre. Le revers inattendu de mon arrestation étant désormais passé en toute sécurité, je pus attaquer le nouvel indice avec empressement et, au petit matin, nous nous trouvâmes tous les trois sur la jetée américaine de Hambourg. Aucune trace d'une facture telle que celle décrite par Carl Denckel n'a été trouvée dans les documents du bureau. Livre après livre, on cherchait un récit de l'envoi, mais en vain. En dernier recours, nous sommes allés dans les immenses entrepôts et les avons fouillés de haut en bas, d'avant en arrière. La matinée se passa en travaux inutiles. Nous avons traversé la ville pour déjeuner, puis nous sommes retournés à notre tâche. Le plus indiscipliné des magasiniers se transforma en esclave obéissant à la demande de Dorothy, et d'un long hangar nu à l'autre nous passâmes, escortés par un cortège d'ouvriers volontaires. Nous nous arrêtâmes longuement au bout de la jetée, dont les grandes portes donnaient sur l'eau luisante sous le soleil. Le costaud Irlandais qui nous accompagnait depuis le début ôta sa casquette et essuya son front mouillé.

«J'ai peur que cela ne serve à rien, maman», s'excusa-t-il. « Shure et moi passerions des heures à chasser pour toi, si cela ne servait à rien, mais ce n'est jamais un peu. Nous sommes allés partout où une machine semblable à celle-ci pourrait se trouver.

Avec regret, nous abandonnâmes nos vaines recherches et retournâmes sur nos pas vers la voiture qui nous attendait. Nous étions assis et regardions le chauffeur se pencher pour lancer la machine, lorsque nous entendîmes un cri derrière nous. Nous nous sommes retournés et avons vu notre guide courir à toute vitesse, les bras agitant sauvagement. En s'approchant , il a crié : « Il n'y a qu'une faible chance. Je me suis souvenu qu'il y a quelque temps, il y avait beaucoup de vieux objets non réclamés et saisis dans les magasins de l'évaluateur pour être vendus aux enchères. Ils ont fait la vente ce jour-là et demain à trois heures . Vous le trouverez peut-être là-bas.

"Nous allons essayer", a déclaré Tom, et nous avons rapidement couru vers la vente aux enchères. En entrant dans la pièce, nous vîmes devant nous une assemblée hétéroclite : brocanteurs, colporteurs juifs, friperies, employés, acheteurs de quincailleries et quelques journalistes. De nombreux verrous de porte sophistiqués étaient vendus et la concurrence était vive. Au premier rang des enchérisseurs se trouvait une femme qui était manifestement une vieille connaissance du commissaire-priseur . Elle était un étrange compromis entre l'ancien et le nouveau. Sur la perruque brune et serrée de la vieille matrone juive conservatrice était posé de travers un chapeau en dentelle gay, comme celui qui orne la tête d'une belle de l'East Side lors d'un pique-nique à Tammany. Son costume était en harmonie avec son couvre-chef, composé d'une jupe noire et d'une taille rouge flamboyante bordée de magnifiques broderies dorées. Ses yeux perçants brillaient face au badinage du commissaire-priseur, et son visage montrait une perspicacité difficile à surmonter. Un à un, les enchérisseurs se retirèrent, jusqu'à ce qu'il ne reste plus que cette femme et un autre juif, un vieil homme. Le prix montait par centimes, jusqu'à ce que la dernière limite de la bourse de la femme parût atteinte, et elle cessa d'enchérir. En vain le commissaire-priseur essaya-t-il de la pousser à une autre enchère. « Vingt-six, vingt-six. Absolument jeté à vingt-six ans. Venez, Mme Rosnosky , donnez-moi trente. Vous pouvez vendre le lot pour cinquante. C'est la chance de votre vie. Mme Rosnosky ne devait pas être émue.

de nouveau appel en vain et, regardant autour de lui, il se pencha à côté de lui et rapporta un mélange poussiéreux et brisé de fils et de métaux, de cônes et de cylindres. « Ici, Mme Rosnosky ! Faites-en trente, et je vais ajouter ça.

Alors que les yeux de mes compagnons se posèrent sur la masse, ils s'avancèrent. Tom ouvrit la bouche pour enchérir, mais, avant que les mots ne puissent sortir de ses lèvres, Mme Rosnosky avait hoché la tête de manière décisive. Son concurrent derrière elle avait secoué la tête et le cri « Vendu à Mme Rosnosky à trente ans » résonnait dans l'air. Tom regarda Dorothy de manière expressive, et elle hocha la tête en retour et murmura. « On dirait que cela pourrait être la machine. Nous l'obtiendrons d'elle.

De toute évidence, Mme Rosnosky avait obtenu tout ce qu'elle désirait. Faisant signe à un garçon à l'arrière, elle se dirigea vers le bureau du commis, paya son argent et commença à retirer ses marchandises avec l'aide de son aide, sans prêter attention aux cris et aux mouvements autour d'elle. Nous avons suivi la machine alors qu'elle quittait le bâtiment et nous sommes tenus de l'autre côté de la rue pendant que le garçon et la femme remplissaient un vieux chariot express de leurs achats.

Enfin, ils installèrent le mélange d'appareils sur son support en bois. Pendant qu'ils le plaçaient sur le chariot, je me prélasse de l'autre côté de la rue. "Tu veux vendre ça?" Ai-je demandé en désignant l'appareil.

"Pas pour tout ce que tu veux payer, jeune homme", fut la réponse, à ma grande surprise.

«Je vais vous donner cinq dollars pour cela», dis-je.

Mme Rosnosky ne répondit pas à mon offre et monta sur le siège.

Tom, qui avait entendu la conversation, arriva en toute hâte. "Que veux tu pour ça?" Il a demandé.

"Cinq mille dollars", répondit Mme Rosnosky en gloussant sur son cheval. Tom saisit la bride.

«C'est absurde, femme. Vous avez obtenu cela pour rien et vous demandez cinq mille dollars. Nous sommes prêts à vous donner un prix équitable, mais c'est du vol.

Mme Rosnosky nous regarda attentivement. « Si vous voulez vraiment parler affaires, dit-elle, dites-le. Cela vaut cinq mille dollars. Elle saisit d'un geste brusque un cylindre, l'arrachant de sa place. Elle montra une bande de métal argenté qui l'entourait. «C'est du platine», dit-elle. « Il y a cinq mille dollars dans ce truc pour moi. Si vous le voulez, vous le prenez maintenant ou pas du tout. Je sais ce que vaut le platine.

Dorothy, qui avait traversé la rue et se tenait à côté de nous, est intervenue. « Prends-le, Tom », et Tom a obéi avec un signe de tête.

Il se tourna vers la femme. "Je n'ai pas cinq mille ou cinq cents dollars avec moi, mais si vous venez en ville, je vous en procurerai cinq mille."

Mme Rosnosky ne voulait pas se séparer de l'appareil. Tom ne le quitterait pas des yeux. Soit Tom devait monter dans le wagon express, soit Mme Rosnosky devait venir en automobile. Cette dernière était son choix, et Mme Rosnosky a eu la joie de trôner dans un gros moteur bleu, pendant que nous accélérions la ville. La banque était fermée depuis longtemps et, par souci de rapidité et de sécurité, nous avons décidé de courir jusqu'au club de Tom. Là, il a pu encaisser un chèque. Mme Rosnosky supporta le regard des quelques hommes qui s'attardaient autour des grandes fenêtres du club avec une sérénité parfaite et condescendante, et, son argent en main, descendit finalement de la voiture et retourna à sa demeure de l'East Side, une femme plus riche.

Tom poussa un soupir de soulagement alors que nous repartions. « Dieu merci, le cauchemar rouge et or avec la perruque est terminé. Mais elle était intelligente. Qui aurait pensé qu'elle reconnaîtrait le platine d'un seul coup d'œil. Je ne l'ai pas fait, je l'avoue, sous toute cette poussière. Pauvre vieux Denckel , son cœur se briserait s'il pouvait voir la machine maintenant.

"Peu importe, Tom", dit Dorothy, alors qu'il regardait tristement l'épave devant lui. «Je pense que nous pouvons à nouveau réunir cela. Mais comme j'aurais aimé que nous ayons les données dans le manuscrit ! »

CHAPITRE VII

L'épave de l'appareil de mesure des vagues, une fois installée dans le laboratoire, toute l'énergie a été mobilisée pour la remettre en parfait état de fonctionnement. C'était une tâche exaspérante. Jetés çà et là dans les coins des entrepôts, les pièces manquantes et les fils cassés agités de l'appareil, tel qu'il se trouvait d'abord sur la table du laboratoire, ne laissaient guère présager d'une rénovation finale. Mais les possibilités qu'il offrait fascinaient à la fois Dorothy et Tom. Chaque jour, je venais les trouver en train de travailler. Chaque nuit, ils revenaient au laboratoire pour travailler quelques heures supplémentaires. L'esprit de chacun d'entre nous se tournait de plus en plus vers notre seul objectif fixe, la découverte de l'homme qui essayait d'arrêter toute guerre. L'agitation et le tremblement du monde tumultueux qui l'entourait, avide de nouvelles des terribles tragédies, semblaient n'être qu'un intérêt extérieur, comparé aux énormes possibilités d'écraser l'individu au fond de cette gigantesque entreprise.

Peu à peu, le chaos commença à prendre forme. Des cylindres de métal brillant s'élevaient au-dessus du poli de la base. Les hémisphères et cônes tournants reprennent leurs formes originales ou sont remplacés par des reproductions. Les fils cassés, remplacés par des fils neufs, ont retrouvé leurs connexions. Jones était infatigable. Il polissait, ajustait, grattait sans cesse, et ses yeux bleus doux derrière ses grandes lunettes brillaient d'enthousiasme, alors qu'il regardait la machine à mesurer les vagues et travaillait sur l'une de ses pièces.

Le soir du quatrième jour , je suis arrivé au laboratoire vers dix heures et j'ai trouvé Tom en train de faire quelques derniers ajustements, sous les yeux de Dorothy et Jones.

"Nous pensons que nous l'avons", a déclaré Dorothy en me saluant. "C'est la dernière connexion."

"Maintenant que tout est configuré, dites-moi comment ça marche", dis-je. "Vous avez été tellement occupé par cette affaire que je n'ai presque pas entendu un mot de votre part depuis une semaine."

"Dommage", répondit Dorothy en riant. "Nous vous en dirons suffisamment pour vous montrer à quoi vous attendre."

Je me suis penché avec curiosité pour examiner l'appareil de mesure des vagues. Il se dressait sur une table ronde de dix ou douze pieds de diamètre, ressemblant à une ville fortifiée, comme celles qui s'élèvent sur les rives de nombreux fleuves du sud de l'Europe. Une ceinture de métal large et brillant d'un pied de haut l'entourait alors que les murs de pierre grise entourent la ville. À l'intérieur de la ceinture se trouvaient des cônes et des hémisphères polis, qui s'élevaient sur une hauteur d'environ deux pieds, évoquant des tours rondes de forteresse et des demeures à l'intérieur de murs crénelés. Des fils, rangés avec une précision mathématique, complétaient la comparaison par leur similitude avec des rues surmontées de fils télégraphiques. La ceinture environnante semblait solide, mais, tandis que Jones y jetait le réflecteur d'une puissante incandescence, je pouvais voir qu'elle était bordée de millions de petites coutures. Tom a actionné un interrupteur et, à ma grande surprise, la ceinture a commencé à tourner lentement autour de la partie centrale.

"A quoi sert cette ceinture?" J'ai demandé.

« C'est là qu'entre la vague d'énergie électrique. Il pénètre à l'intérieur de la machine par une de ces petites fentes que vous voyez. Une fois à l'intérieur, l'onde frappe une bobine magnétique autour d'un miroir, qui oscille lorsque l'énergie agit sur lui, et projette un faisceau de lumière sur cette échelle. Il montra le mur opposé.

Là, s'étendant d'un côté à l'autre de la pièce, sur une cinquantaine de pieds en tout, s'étendait une échelle comme une règle à pied devenue soudain gigantesque. Son espace était couvert de divisions, avec un grand zéro au milieu et des nombres allant de zéro jusqu'à des centaines de milliers et de millions de chaque côté. Juste au point zéro reposait un long faisceau de lumière étroit.

"Vous voyez ce faisceau," continua Tom. « Lorsque les vagues entrent dans la machine, elles passent comme je l'ai expliqué, la machine s'arrête et la lumière monte ou descend sur l'échelle. La distance parcourue montre à quelle distance la vague a commencé. La fente par laquelle passe la vague indique la direction exacte d'où elle vient, et nous pouvons l'obtenir facilement car la machine s'arrête lorsque la vague passe. Ensuite, grâce à un certain nombre de mathématiques, nous espérons pouvoir déterminer exactement d'où vient une onde. Nous pouvons régler la machine de manière à ce qu'elle enregistre tout, depuis un message télégraphique sans fil jusqu'aux ondes extrêmement puissantes utilisées par « l'homme », en passant par une décharge de radium. Nous l'avons maintenant ajusté pour les vagues que « l'homme » utilise pour détruire les cuirassés. Nous en savons quelque chose grâce à la manière dont ils chargeaient les réflectoscopes . C'est tout. »

"Encore une chose," dis-je d'un ton interrogateur. "Si 'l'homme' détruit un cuirassé, la machine s'arrête-t-elle et le faisceau de lumière descend-il sur l'échelle."

"Oui," répondit Tom. "C'est exactement ce que ça fait."

"Très bien," dis-je.

"Maintenant, nous allons commencer", remarqua Tom. "Éteignez les lumières, jetez l'isolation intérieure", ordonna-t-il en se tournant vers Jones, qui actionna docilement quelques interrupteurs.

Nous nous sommes retrouvés dans une obscurité partielle. Sur la longue échelle, de l'autre côté de la pièce, l'unique ligne de lumière reposait au centre , illuminant le zéro. Il y avait une lampe à incandescence ombragée dans un coin, qui ne jetait aucune lumière sur le mur noir où se trouvait la balance, mais donnait un faible rayonnement suffisant pour révéler la ceinture de métal poli tandis qu'elle tournait rapidement autour de la masse intérieure. Dorothy était assise près de l'appareil. Jones jouait avec quelque chose à une extrémité de l'échelle, et Tom et moi étions assis côte à côte, observant toute l'échelle. Soudain, le rayon monta rapidement sur l'échelle, flotta un instant et se posa sur une pointe. La courroie mobile s'arrêta avec un léger clic.

"C'est ça. Il y a un autre cuirassé qui a disparu », s'écria Tom alors que nous nous précipitions tous vers la balance. « Maintenant, nous pouvons savoir exactement où il accomplit son travail mortel. 2, 340, 624. 1401», lut-il en scrutant au microscope l'échelle à l'endroit où reposait le faisceau. « Tiens, Jones, allume les lumières. Apportez-moi les tables de logarithmes, notre table de constantes et la table de Denckel que nous avons trouvée sous le cylindre du milieu.

Jones courut avec enthousiasme à travers le laboratoire et revint avec les choses nécessaires. Tom, Dorothy et Jones se sont assis chacun pour comprendre pendant que j'observais les doigts agiles de Dorothy, alors qu'ils survolaient le papier, remplissant feuille après feuille de calculs. Quels pouvoirs différents se trouvaient entre ces petites mains. Les calculs abstrus rivalisaient avec la fabrication du pain, les manipulations minutieuses d'instruments délicats avec le volant de son automobile. La semaine dernière, nous avions mangé un dîner entièrement préparé par elle. Cette semaine, elle travaillait sur l'un des grands triomphes de la science moderne. Il semblait presque dommage de confiner ces talents dans une seule maison – mais pourtant – et le vieux courant de pensée a repris son cycle toujours récurrent .

Soudain, Tom jeta son stylo. « Je t'ai battue cette fois-là, vieille fille ! il a dit. Dorothy n'y prêta aucune attention, mais réfléchit encore une minute. Puis elle aussi a laissé tomber son stylo.

"Tu veux mes chiffres, Tom?" elle a demandé.

"Pas encore", répondit Tom. « Attendez Jones. Je vais aller chercher les cartes, et nous passerons à la deuxième étape dès que nous aurons vérifié ces chiffres.

Jones travailla laborieusement, et Tom était allé et revenu, portant deux énormes portefeuilles, avant que sa tâche ne soit terminée.

" Lisez ", dit Tom, et toute une série de chiffres sortirent des lèvres de Dorothy, à chacun desquels Jones hocha la tête. En terminant, elle regarda Tom d'un air interrogateur.

"Bien", dit-il. "Maintenant, inversez le faisceau pour trouver la fente."

Jones a apporté une petite échelle, avec des lumières montées avec des cordons flexibles. Il l'a placé en face du faisceau, a regardé à travers pendant que Tom éteignait les lumières et, après une brève manipulation, a actionné un interrupteur. Tous se tournèrent vers la ceinture. À travers une seule fente, une ligne de lumière presque géométrique brillait.

"Beau! beau!" s'écria Tom ; et Dorothy a crié : « Oh, Jim ! oh, Tom ! Nous l'avons."

Mon nom est venu en premier à son heure de triomphe. J'ai eu le temps de m'en rendre compte, avant que les lumières ne se rallument. Tom fit une douzaine de lectures hâtives et les lut rapidement. Une autre période de calcul rapide suivit, puis un par un, sous la direction de Dorothy, ils firent un rapide relevé des cartes. Le trio grandissait de plus en plus anxieux à mesure qu'ils avançaient. Carte après carte, jusqu'à ce que Dorothy en arrive à la dernière, fasse sa dernière mesure et se rassise, apparemment complètement perplexe. Tom, par un chemin différent, atteignit la même carte et la lui arracha en secouant la tête avec véhémence, et Jones, travaillant dur à l'arrière, tendit finalement la main vers la même feuille.

"Qu'est-ce que tu as, Jones?" dit brusquement Tom.

" Tokio , Japon", a déclaré Jones. "Qu'est ce que tu obtiens?"

« Tokio , confondez-le ! » dit Tom.

Dorothy se rassit sur sa chaise et commença à rire de son ton dégoûté. "Tom, tu t'excites trop facilement. Comment sais-tu qu'il n'est peut-être pas là !

"Je ne le fais pas," grogna Tom. "Mais je ne crois pas qu'il soit allé de Brest à Tokyo en dix jours, surtout lorsqu'il doit ensuite couler un navire de guerre allemand."

"Mais il se peut qu'il y ait un navire de guerre allemand là-bas", répondit Dorothy.

"Il n'y a pas un cuirassé allemand de première classe dans les eaux asiatiques aujourd'hui", interrompis-je. "Je les suis tous, et ils ont tous été appelés dans leurs stations d'attache en un mois, sous un prétexte quelconque. mobilisation d'essai. Ils ont tous dépassé Suez.»

Tom poussa un long sifflement. « Nous avons réglé la machine pour ces vagues formidables que « l'homme » utilise. Bien sûr, quelqu'un à Tokyo pourrait en avoir, mais c'est improbable. Redémarrons-la.

Une fois de plus, les lumières s'abaissaient, une fois de plus le tapis reprenait sa révolution, sous nos yeux. A peine une minute s'écoula, et la machine s'arrêta comme auparavant, avec un clic. Le faisceau flotta un instant et s'arrêta apparemment au même endroit où il avait commencé.

"Eh bien, je serai pendu!" dit Tom en se précipitant pour l'examiner. « .0001 », lut-il.

«Eh bien, ce n'est pas en dehors de New York. Je n'y pense pas," dit Dorothy. "Inversez le faisceau."

Aussitôt dit, aussitôt fait, et une fente sur la gauche apparut. Tom restait immobile, les mains profondément enfoncées dans ses poches, tandis qu'il regardait.

"Téléphone Carrener dans le laboratoire de physique de l'UCNY", a déclaré Dorothy avec enthousiasme. "Demandez-lui ce qu'il fait maintenant."

Tom sauta sur le téléphone, et une volée rapide d'appels et de questions s'ensuivit. En raccrochant le combiné, il se tourna vers nous avec désespoir. «C'était Carrener . Il vient de faire quelques expériences radioactives. La machine incriminée enregistre chaque onde radioactive puissante émise n'importe où dans le monde.

"Alors tout ce que vous avez à faire est d'ajuster l'appareil jusqu'à ce que vous obteniez un nouveau réglage qui enregistrera la vague de 'l'homme', n'est-ce pas ?" J'ai demandé.

"Oui", a lancé Tom, "et il a fallu trois ans à Denckel pour obtenir cet ajustement, et il n'y a aucune donnée sur la façon dont il l'a fait. Le reste était facile comparé à ça. Si seulement nous avions ce manuscrit perdu.

Jones était assis, recroquevillé, déprimé. Le visage joyeux de Dorothy était abattu. « Je dois avouer, soupira-t-elle, que j'ai peur que l'appareil ne nous soit d'aucune utilité immédiate sans le manuscrit. »

« Toute utilisation immédiate ! » » balbutia Tom. « Ce vieux truc ne vaut pas le coup. Il enregistrera chaque tramway qui passera ensuite. Nous avons fait tout ce que nous pouvions pour résoudre ce problème, et il faudra peut-être dix ans avant que nous découvrions quel est le problème. Si seulement nous avions le manuscrit Denckel .

"Oui, si seulement nous avions le travail de Denckel ", dit Dorothy avec lassitude. «Mais nous ne l'avons pas fait. Cela ne sert à rien de faire autre chose ce soir. Nous y reviendrons demain matin.

Les deux jours suivants n'apportèrent aucun résultat. L'appareil de mesure des vagues indiquerait d'où viennent les vagues, mais il ne ferait rien pour les séparer. Jour après jour, les réflectoscopes étaient surveillés pour détecter le naufrage attendu du navire allemand, mais en vain. Des changements après changements furent apportés à l' appareil Denckel , dans l'espoir que la prochaine modification serait la bonne et qu'il pourrait arriver à temps de placer l'homme, avant que le prochain cuirassé ne tombe. Samedi après-midi, dernier jour de la semaine au cours duquel l'homme devait couler le cuirassé allemand, nous nous sommes assis comme d'habitude dans le laboratoire. Le dernier ajustement avait été aussi infructueux que le reste, et Tom et Dorothy restèrent assis, plongés dans une profonde réflexion, pendant que Jones raclait l'isolation d'un fil d'un côté.

« Si seulement nous avions ce manuscrit », dit Tom pour la millième fois, « mais si nous n'y parvenons pas, essayons à nouveau. Jones, veux-tu m'apporter ce manuscrit ? Je veux dire le vieux tableau des constantes de vagues que nous avons établi l'hiver dernier.

"C'est tout", remarqua Dorothy. "Son esprit est tellement concentré sur le manuscrit qu'il l'a commandé l'autre jour à la place de la soupe."

Vers ce tourbillon de papiers, son bureau, Jones se tourna pour trouver le tableau de constantes dont il avait besoin et, après avoir observé ses efforts pendant quelques minutes, Tom se tourna vers Dorothy.

« Trouvez-le, voulez-vous, Dorothy ? J'imagine que c'est là.

Dorothy prit le commandement tandis que Tom et moi restions assis en silence. Soudain, la voix claire de Dorothy retentit. "Regarde regarde!" et elle s'est précipitée vers nous à travers la pièce, tenant en l'air un gros paquet de papier brun, suivie de Jones. « C'est ici, c'est ici ! M. Jones l'avait dans son bureau et a oublié de vous le donner.

Tom jeta un regard méprisant à Jones, qui s'excusait, alors qu'il s'avançait lentement.

" Tu es immortel..." commença-t-il, mais Dorothy posa sa main sur sa bouche.

« Peu importe, chérie, c'est ici. Ne perdez pas de temps. Ouvrez-le et voyez ce qu'il dit.

À peine cinq minutes se sont écoulées que Tom s'est écrié : « Le voici » et a lu rapidement en allemand à ses assistants. « Nous pouvons le remettre en forme en une heure. Il y a juste cette partie manquante qui nous a complètement déstabilisés », a-t-il conclu. Il a regardé sa montre. « Cinq heures, heure de Londres, et un peu avant midi, si l'homme fait ce qu'il a dit, le cuirassé allemand sera détruit, s'il n'est pas déjà parti. Nous devons nous dépêcher.

Ils avaient travaillé auparavant avec impatience. Ils travaillaient fébrilement maintenant. Même ma main-d'œuvre non qualifiée a été sollicitée, et j'ai tenu, gratté, poli et martelé au mieux de mes capacités limitées. Six heures, sept, huit, neuf heures, ils passèrent un à un. L'heure de Tom était passée à quatre heures, et atteignait presque cinq heures, avant que la dernière connexion ne soit établie. Il recula et actionna l'interrupteur qui mettait la ceinture en mouvement. Tandis que la ceinture tournait, il jeta un coup d'œil au réflectoscope à côté de lui. "Aucun résultat pour l'instant", dit-il pensivement. "Je suppose que nous sommes en sécurité." Dix s'étaient écoulés, onze allaient et venaient, nous attendions toujours. Tom avait réglé l'horloge de son laboratoire à l'heure de Londres et, lorsque le premier coup de midi sonna, il se leva en étendant les bras. « C'est la première fois qu'il a raté… » Pendant qu'il parlait, le faisceau jaillit du puits zéro vers le bas du tableau, flotta comme avant et resta immobile pendant que la ceinture s'arrêtait. Nous avons jeté un coup d'œil aux réflectoscopes . Leurs rubans dorés s'étaient écartés et étaient rigidement séparés. Cette fois, tout était à portée de main. Pas un mot ne fut prononcé, mais les trois hommes se mirent à leur tâche, figurant avec une rapidité intense. Tom et Dorothy ont fini ensemble. Jones, juste derrière, a exécuté sa règle informatique plus rapidement qu'il ne l'avait jamais fait en ma présence. Alors qu'ils terminaient, Tom parla. «Le port…»

"De Portsmouth, en Angleterre", termina Dorothy, et les deux autres acquiescèrent gravement. Je m'assis à côté du téléphone. Nous avions fait en sorte qu'un opérateur qui savait qu'un appel allait arriver soit assis au central et, sans attendre une seconde, j'étais au bureau et j'avais annoncé la nouvelle. J'ai tenu le fil jusqu'à ce que le mot revienne. « OK, personne n'en a encore entendu parler. Si c'est vrai, c'est un autre gros coup.

La véritable gravité de la situation ne m'est apparue avec toute sa force que lorsque j'ai lu les récits dans les journaux du matin. La première nouvelle parue du naufrage du cuirassé de première classe de Sa Majesté germanique, le Kaiser Charlemagne, était venue de moi. Dès que mon histoire fut reçue au bureau, ils avaient télégraphié en chiffre à leur correspondant de Londres. Dès que les autres journaux ont vu l'histoire dans notre édition spéciale, ils ont également envoyé des messages par câble et sans fil. En conséquence, une horde de correspondants était descendue sur Portsmouth avant l'aube. La nuit précédente, trois cuirassés allemands étaient restés dans le port, le Kaiser Charlemagne, le vaisseau amiral, le plus éloigné. Le matin, il n'y en avait que deux. Au début, à moitié incrédules mais pourtant craintifs du passé, les officiers des flottes allemande et anglaise refusèrent de croire à cette histoire, mais la surveillance de trois navires avait vu disparaître les lumières du vaisseau amiral allemand, et des recherches hâtives avaient prouvé l'existence de cette histoire. fait de sa disparition. Au petit matin, ils furent convaincus que le Kaiser Charlemagne avait suivi l'Alaska, le Dreadnought Numéro 8 et La Patrie Numéro 3.

L'effet cumulatif de ce dernier coup fut énorme. Avant cela, le monde avait espéré contre tout espoir, mais maintenant, une panique soudaine et irraisonnée a pris le dessus. Jusqu'à cette époque, les marchés boursiers du monde entier avaient été soutenus par le soutien des grands capitalistes et par l'aide des gouvernements. Mais ils n'avaient cessé de s'affaiblir, et l'ouverture de la Bourse de Londres et des Bourses du continent a vu les actions chuter comme jamais auparavant. Toute l'Amérique était au courant de la ruine à l'étranger lorsque nos marchés boursiers se sont ouverts ici et qu'un jour de panique sans précédent dans notre histoire financière a commencé. Après une nuit blanche, un opérateur a fait remarquer à un autre, alors qu'ils marchaient dans Wall Street : « Le naufrage des cuirassés est déjà assez grave, mais combien pire s'il commence à couler des navires marchands. » Le marché a tremblé. L'homme suivant l'a transmis. "Comme c'est terrible si 'l'homme' devait couler les paquebots transatlantiques transportant de l'or." Le marché a tremblé. Une maison de courtage a donné le pourboire. « L'homme qui met fin à toute guerre a déclaré qu'il coulerait tous les paquebots transatlantiques transportant de l'or, car il considère l'or comme le nerf de la guerre. » Le marché a été ébranlé jusque dans ses fondations. Les journaux ont entendu la nouvelle mensongère et l'ont publiée dans des têtes effrayantes. Le marché s'est complètement effondré et a plongé jusqu'à la destruction totale. Les industries et les chemins de fer ont perdu de 60 à 200 points en une heure. Ce fut une course effrénée qui ne prit fin que lorsque personne ne voulut acheter, à quelque prix que ce soit. La journée s'est terminée par des réunions d'hommes ruinés envoyant des délégués aux différents gouvernements, dans un premier appel général au désarmement.

Le matin du deuxième jour après le naufrage du Kaiser Charlemagne, les journaux ne révélèrent pratiquement que trois choses : le récit de la panique de la veille ; des discussions futiles sur l'identité et les plans de l'homme qui tentait d'arrêter toute guerre ; et des histoires de députations suppliant les gouvernements des différentes puissances de désarmer. Apparemment, au cours des derniers mois, le nombre des partisans de la paix a augmenté de plusieurs millions. Les journaux qui consacraient quelques colonnes par an à cette propagande en publiaient désormais quotidiennement des pages. D'autres différences entre factions ont été oubliées. Le besoin réel de protéger les vies et les biens de la nation, le besoin imaginaire de protéger le commerce, était le thème de chaque orateur à chaque réunion.

Dans un seul endroit, ces députations furent reçues sans contrepartie. Le Kaiser allemand, le seigneur de guerre, barbu par un seul homme, dépouillé de l'un de ses plus fiers cuirassés, reçut toutes les paroles concernant la paix avec le plus grand mépris. Tous les journaux s'accordaient à le considérer comme la principale pierre d'achoppement sur la voie d'une paix universelle.

Je feuilletais les journaux du matin lorsqu'une carte m'a été apportée. C'est celui d'Ordway, mon vieil ami de Washington, qui, en tant que secrétaire particulier du secrétaire à la Guerre, m'a transmis le message !

« Bonjour, Malachie, vieux prophète du mal ! remarqua-t-il avec un sourire joyeux en entrant. « Donnez-moi un conseil sur la fin du monde, voulez-vous ? Je vais l'utiliser pour soutenir le marché.

"Mon magasin de prophéties est fermé aujourd'hui", répondis-je dans sa propre veine. « Qu'est-ce qui vous amène de Washington ? »

« Je suis venu entièrement pour vous voir », dit-il sérieusement. « Le président m'a nommé agent spécial pour savoir ce que vous faisiez. Le rapport qui lui est parvenu du procureur général, la fois où ils vous ont mis en prison, a aiguisé sa curiosité, alors il m'a envoyé ici pour voir les choses par moi-même. Me laisserez-vous voir la machine de Haldane ?

"Avec plaisir", répondis-je, et nous partîmes vers le laboratoire.

« Entre nous », remarqua Ordway alors que nous quittions la voiture, « et strictement pas pour la publication, il y a deux à payer avec le Kaiser. Il est furieux du naufrage de son navire dans le port de Portsmouth. Il trouve que c'est une distinction odieuse que de voir le Kaiser Charlemagne couler dans un port étranger, alors que les autres bateaux ont coulé sur leurs propres côtes. Il déclarerait la guerre à l'Angleterre pour six pence. Les choses étaient assez tendues avec la rivalité commerciale des dernières années, mais elles sont désormais au point de rupture. Il faudrait une petite goutte d'eau pour briser le dos de ce chameau inquiet.

Tom et Dorothy étaient tous les deux dans le laboratoire et ils saluèrent Ordway cordialement. L'intérêt particulier s'est concentré sur l'appareil de mesure des vagues. La courroie polie tournait avec une précision régulière et le faisceau restait fixé à zéro.

"J'aurais aimé que vous puissiez être ici et voir cela fonctionner lorsque le Kaiser Charlemagne est tombé", a déclaré Dorothy.

"J'aimerais pouvoir le faire", répondit Ordway.

A peine les mots étaient-ils sortis de sa bouche, que le déclic et le rayon jaillissant envoyèrent mon cœur dans ma bouche. Dorothy et Tom se sont précipités vers le papier et leurs données. Ordway regardait avec étonnement.

« Quoi de neuf, Orrington ? » Il a demandé. "Pourquoi la chose s'est-elle arrêtée ?"

« Un autre navire a coulé », répondis-je ; "mais de quelle nation je ne sais pas plus que vous."

Nous avons attendu en silence la fin du calcul. Dorothy leva les yeux avec un sourcil noué. «Je reviens à Portsmouth. Et toi, Tom ?

"Moi aussi", dit Tom. "Il doit y avoir une erreur. Reprenons les chiffres.»

à nouveau le même résultat, et une heure s'écoula avant qu'ils abandonnèrent la recherche d'éventuelles erreurs.

« Que vas-tu faire à ce sujet, Orrington ? » » demanda finalement Ordway.

«Je ne ferai rien. Ce doit être une erreur.

"Pourquoi ne pas téléphoner à votre bureau et voir s'ils ont entendu quelque chose ?"

«Je l'ai fait. Ils n'ont rien entendu, mais ont promis de me téléphoner dès qu'ils l'auraient fait.

Nous étions assis depuis quelques heures à discuter lorsque la cloche a sonné et j'ai répondu. C'était le bureau.

"Cette fois, tu as fait une erreur, Orrington", dit l'homme à l'autre bout du fil. "Un cuirassé allemand, le Kaiserin Luisa, vient de disparaître au large de Portsmouth."

J'ai passé le mot au trio enthousiaste.

«Cela signifie une guerre entre l'Angleterre et l'Allemagne», s'écria Ordway.

« Je crois que oui, m'exclamai-je, et je vais prendre le premier bateau pour Londres. Voici juste l'occasion de le renverser. Il sera sûr de rester au même endroit maintenant. Son travail sera diffusé sur la Manche.

"Nous viendrons aussi", cria Dorothy, les yeux brillants à la perspective de la poursuite. « Nous allons apporter l'appareil de mesure des vagues et l'abattre de près, n'est-ce pas, Tom ? »

Tom hocha vigoureusement la tête. "Je suis d'accord. Cet homme m'a tout simplement obsédé. Je ne peux pas faire de travail décent tant que je ne l'ai pas trouvé.

CHAPITRE VIII

Une rafale violente et soudaine, qui amplifiait avec une fureur encore plus grande le flot d'un vent hurlant, me claqua la porte du fumoir au nez, au moment même où un soulèvement frémissant et lancinant de la grande hélice secouait le puissant paquebot de la proue à la poupe. . Repoussé du mur, alors que le navire roulait lourdement, je tanguai tête baissée et glissai et dégringolai sur le pont, m'agrippant sauvagement au bord du filet du bastingage. Là, blotti contre le bord, j'ai haleté jusqu'à ce que le souffle revienne, puis j'ai traversé péniblement le pont mouillé et glissant à quatre pattes. D'un effort soudain, j'attrapai la grosse poignée en laiton, la tournai et sautai à l'intérieur, accompagné d'un jet détrempant.

Aucun contraste n'aurait pu être plus grand que le changement soudain de la dérive sauvage du vent âpre et de la pluie à l'extérieur à la chaleur éclatante et au confort tranquille du fumoir à l'intérieur. Les habitués qui remplissaient habituellement les alcôves et le centre étaient pour la plupart absents, enchaînés à leurs couchettes, car le vent qui avait duré deux jours entiers avait balayé de la salle tous les joueurs de bridge, sauf deux, un Britannique placide en grande tenue dans le au centre , qui se réconfortait avec son invariable soirée de scotch et de soda, et Tom, seul, dans un coin d'alcôve, le dos au mur, les pieds étalés sur les coussins, et sa pipe fermement serrée entre ses dents. Alors que je me frayais un chemin jusqu'à la table centrale carrée de l'alcôve et que je m'affaissais sur les coussins opposés, il leva les yeux, un froncement de sourcils pensif plissant son front.

"J'ai réfléchi à notre prochain mouvement", commença-t-il, avant de s'interrompre brusquement. « Qu'est-ce qui ne va pas chez toi ? Vous avez l'air d'avoir fait naufrage.

« Ceci n'est que le résultat, répondis-je, d'un voyage périlleux devant la porte du fumoir dans le but de faire une observation météorologique. En fait, vous en êtes responsable ; J'ai été poussé à l'acte par votre bavardage. Nous sommes arrivés ici à sept heures et demie et vous avez parlé exactement trois fois depuis, chaque fois pour donner un ordre. Il fallait vraiment que je fasse quelque chose de désespéré pour attirer votre attention.

"Vous l'avez fait", dit Tom d'un ton décisif. « Blessé d'une manière ou d'une autre ?

"Oh, non," répondis-je. "De légères ecchymoses, vraiment rien de grave."

Détourné par l'incident de sa préoccupation, Tom se leva, s'étira complètement et se pencha pour regarder par le hublot balayé par la pluie. "C'est certainement une mauvaise nuit", dit-il en reprenant sa position initiale. « Elle roule et tangue à un rythme effréné. S'il ne s'arrête pas bientôt, ce coup de vent enverra bien des bons navires au fond. Nous sommes assez en sécurité ici, mais cette météo doit être assez dure pour les petits bateaux.

Pendant que Tom remplissait sa pipe, je réfléchissais aux images que ses paroles avaient suscitées de la plongée étrange et soudaine d'un puissant navire vers les profondeurs mêmes de la mer, de ce monde merveilleux qui se trouve sous les vagues, sur lequel le sable Sur le sol se trouvent de nombreuses marines dont les vaillants navires reposent dans leur dernier mouillage, dont les milliers de marins robustes sont enterrés dans leur dernier sommeil, dont les richesses chargées et thésaurisées sont gardées à jamais oisives par ce grand avare qu'est l'abîme. Pendant que je réfléchissais, j'ai parlé inconsciemment. "Je me demande à quoi ressemblerait cette tempête au fond de la mer."

" Assez calme là-bas, je présume", répondit Tom, suivant, à ma grande surprise, ma pensée exprimée. « Vous savez, les hommes qui cherchaient des navires au trésor engloutis ont trouvé les choses absolument immobiles, après que des siècles se soient écoulés. Sauf pour la couverture de sable ou de limon, le bateau qui atteint le fond peut laisser ses os inchangés pendant des siècles.

Mon esprit fit un pas de plus, des naufrages normaux aux naufrages anormaux, puis se tourna rapidement vers ces catastrophes qui n'étaient jamais loin de mon esprit, le début et en un sens la fin de notre mission, les cuirassés qui disparaissaient. "Si la croyance de Dorothy est correcte et que les moteurs de destruction utilisés par 'l'homme' n'affectent que le métal, alors je suppose que les équipages de l'Alaska et les autres sont allés au fond."

"Sans aucun doute", répondit laconiquement Tom.

Un à un, comme dans une revue navale, l'Alaska, le Dreadnought numéro 8, la Patrie numéro 3, le Kaiserin Luisa et le Kaiser Charlemagne se sont représentés sur les tablettes de mon cerveau, et avec le dernier est apparu un film du port de Portsmouth où le grand engin de guerre ancré pour la dernière fois. Je me redressai brusquement et me penchai vers Tom, qui regardait maintenant paisiblement l'espace.

"Tom," m'exclamai-je doucement, mais sérieusement, "Je peux vous dire le prochain mouvement. Nous l'enverrons au fond de la mer et découvrirons ce qu'il reste de traces du travail accompli par « l'homme ».

Rapide comme un éclair, Tom était toute l'attention. "Par George", s'écria-t-il, baissant la voix un instant plus tard, voyant que son exclamation avait surpris les joueurs de bridge d'en face. «Je crois que c'est le plan. Cela ne devrait pas nous prendre très longtemps, et cela pourrait nous donner un indice sur l'intimidation. Comment allons-nous procéder ?

Rapidement, j'ai dévoilé mon plan, les idées se précipitant en moi au fur et à mesure que j'avançais. « De toute façon, nous atterrissons à Southampton, et il n'y a qu'une heure à parcourir Southampton Water jusqu'à Portsmouth. Nous n'irons pas du tout à Londres ; nous irons directement à Portsmouth et nous y installerons. Ensuite, nous découvrirons où se trouvait le Kaiser Charlemagne ou le Kaiserin Luisa et nous demanderons à quelques plongeurs de descendre et de faire un rapport.

"C'est une excellente idée", dit Tom pensivement. « Cela se résume en réalité en deux parties : découvrir exactement où se trouvait l'un des navires allemands et descendre là-bas. Cela ne devrait pas être si difficile. Je me demande si personne n'y a pensé. Mais s'ils l'avaient fait, j'imagine que nous en aurions entendu parler, car le journal sans fil à bord donne des informations assez complètes sur ce genre de choses. Cependant, je vais vous dire une chose, » continua-t-il, « J'aurais aimé que Dorothy puisse être avec nous au lieu de devoir attendre sur quelques bateaux pour mettre de l'ordre dans ses affaires du Boy's Club. J'aimerais bien avoir son avis.

"Pareil ici", ai-je remarqué avec force.

Deux jours plus tard, nous avons traversé en toute sécurité les douanes anglaises et parcouru la petite ligne qui passe devant le vieux Clausentrum , vestige de l'époque où Rome, d'une main sanglante, faisait la paix en Grande-Bretagne, jusqu'à Portsmouth et son port, l'île de Wight formant l'île. au premier plan les larges étendues bleues de la Manche.

On n'aurait pas pu trouver de plus grand bruit d'affaires dans toute la Grande-Bretagne que dans cette ville portuaire. Jackies se précipitait d'avant en arrière avec les commandes. Les Marines ont marché en compagnies vers les quais. Des officiers en tenue de service se sont précipités dans des voitures à moteur. Pour une fois, Tommies se déplaçait rapidement, sans même un regard en coin vers les infirmières aux joues rouges du parc . Tout donnait l'impression d'une activité, d'une préparation poussée jusqu'au dernier degré de précipitation. Quelles que soient les perspectives de guerre, Portsmouth était aussi occupé que si la guerre était en cours.

Bien que nous soyons arrivés à Portsmouth à midi, il était plus de deux heures avant que nous puissions réserver des chambres. Chaque hôtel était bondé. Nous pouvions à peine obtenir un mot des employés occupés, et finalement nous fûmes conduits à notre logement. Nous laissant à la merci d'un cocher, nous errions de long en large, profondément reconnaissants d'avoir obtenu des chambres propres et décentes dans une petite maison de la région de Portsea.

A notre grande surprise, notre quête s'est avérée difficile. Nous sommes allés au chantier naval. « Pas d'entrée sans ordres spéciaux de l'amirauté », nous a lancé un regard en face, ordre rendu encore plus efficace par le silence bourru des sentinelles. Nous avons essayé les autorités portuaires et la mairie. Tous deux avaient été transformés en bureaux gouvernementaux et tous deux refusaient l'admission à quelque condition que ce soit. En vain j'ai plaidé mes liens avec la presse. Cette démarche n'a fait qu'accroître la réserve suspecte qui nous entourait. En vain nous avons essayé l'effet apaisant du souverain d'or. Nous avons été repoussés à chaque instant, jusqu'à ce que, contraints à une inaction temporaire, nous retournions sombrement vers notre logement.

« Il n'y a rien à faire du côté des autorités », remarqua Tom pendant que nous marchions. « Nous devons essayer une autre approche. Si seulement nous pouvions trouver quelqu'un ici en ville qui ne soit pas un fonctionnaire, et qui saurait pourtant où se trouvent l'un ou l'autre de ces navires. Aucun des marchands de provisions de bord ne le saurait, car les bateaux allemands auraient reçu leurs provisions au quai. Mais par Jupiter, voici une idée. Il s'éclaira. « Si, par hasard, ils prenaient du combustible ici, nous pourrions peut-être obtenir des éclaircissements sur cet endroit auprès du charbonnier. Voici une pharmacie, cherchons un annuaire.

Nous entrâmes et parcourûmes rapidement les noms des marchands dans l'annuaire d'entreprises qui nous fut remis. Les marchands, dont le nom y figurait, vendaient des marchandises appartenant à la mer. Aménagement naval, plomberie pour yachts et navires, calkers, voileries. Ah, voilà ! Carburant fourni aux navires. Il y avait une quinzaine de noms sur la liste. Je les ai copiés et me suis tourné vers le jeune homme derrière le comptoir. « Lequel de cette liste, ai-je demandé, serait tout à fait capable de recruter immédiatement un grand navire marchand ? Le greffier parcourut la liste du regard. « Ceci, et cela, et cette entreprise », répondit-il brièvement en désignant trois.

Le bureau devant lequel nous nous sommes finalement arrêtés avait un aspect particulièrement professionnel lorsque nous l' avons reconnu à travers sa large fenêtre. "On se croirait à la maison", murmura Tom, alors que nous regardions le jeune homme élégant en tweed élégant dicter à un sténographe dont le pompadour, bien que semblable à un seul arbre dans une forêt s'il avait été dans le bas de Broadway, semblait pourtant un exotique rare dans ce lieu. Ville portuaire anglaise. La machine Remington d'un côté, la luminosité du mobilier de bureau, toute l'ambiance, bref, était un tableau de scène, une soudaine renaissance du monde que nous avions quitté il y a moins d'une semaine.

"Il l'est", s'est exclamé Tom, sans le moindre lien apparent. "Regardez ce calendrier d'assurance-vie sur le mur!"

Un calendrier américain flamboyant, en grosses lettres, apparut au bout de son doigt pointé.

"Autant jouer avec audace, de toute façon," murmura Tom en poussant la porte. « Pardonnez-moi », dit-il en entrant. "Nous sommes Américains et voulons en savoir plus sur le charbon."

Notre pimpant ami derrière le bureau fut sur pied en un instant, s'avançant vers moi avec la main tendue. "M. Orrington, je suis fier de vous voir ici. Je l'ai regardé avec une surprise totale, tandis que Tom le regardait avec le même étonnement. La sténographe assise derrière ses clés leva une main pour lui caresser les cheveux et la regarda avec un émerveillement non dissimulé et intéressé.

"J'ai bien peur que vous ayez l'avantage sur moi", remarquai-je.

"Ce n'est pas surprenant", répondit le jeune homme en souriant. "Tu ne m'as jamais vu auparavant, mais regarde ici."

J'ai suivi aveuglément son bureau et j'ai attendu pendant qu'il ouvrait un tiroir sur le côté. « Pièce à conviction numéro un », remarqua-t-il en sortant un hebdomadaire illustré américain portant une empreinte de mes traits. Il était apparu juste après la sortie de ma deuxième histoire signée.

"Oh," remarquai-je brièvement et lucidement.

« Pièce à conviction numéro deux », a poursuivi notre ami en apportant à mon regard étonné un dossier de mon propre journal, sur quoi mes propres histoires ont montré leurs gros titres familiers en haut.

« C'est ça, être célèbre », dit une voix riante par-dessus mon épaule. "Maintenant, je pourrais voyager à travers le monde et ne jamais trouver personne pour me reconnaître."

"Alors c'est à moi de vous mettre sous les feux de la rampe", dis-je en me remettant. « C'est le professeur Haldane, M.... ? »

"Thompson, à votre service", a fourni le manager. « De New York, envoyé ici pour s'occuper de cette fin il y a deux ans, également un sincère admirateur de votre travail. Maintenant, que puis-je faire pour vous ?

J'ai jeté un coup d'œil significatif au sténographe.

« Dites tout ce qu'il vous plaira ; cela n'ira pas plus loin, messieurs. Permettez-moi de vous présenter Mme Thompson.

Nous nous sommes levés et nous nous sommes inclinés.

"Nous étions tous les deux dans le même bureau là-bas", explique le manager, "et quand ils m'ont donné cette place, nous avons décidé de nous réunir."

«Je suis ici pour affaires», ai-je commencé.

« Toujours après l'homme qui tente d'arrêter toute guerre ? interrompit Thompson.

"Oui," répondis-je. « Ce que nous voulons maintenant, c'est savoir où est tombé le Kaiser Charlemagne ou le Kaiserin Luisa. Si nous pouvons trouver cela, nous ferons appel à des plongeurs et descendrons au fond. Comme nous ne pouvions obtenir de nouvelles d'aucun des bureaux du gouvernement, nous avons pensé essayer de trouver ici un revendeur qui aurait pu approvisionner en charbon l'un ou l'autre des bateaux.

"Frappez-le du premier coup", a déclaré Thompson avec un sourire. "Le Kaiser Charlemagne n'a pris aucun liquide ici, mais le Kaiserin Luisa a pris mille barils la veille de son naufrage." Tom laissa échapper un long sifflement. « C'est une des raisons pour lesquelles le Kaiserin Luisa, l'Alaska et les autres ont coulé sans bruit. C'est extraordinaire que je n'y ai jamais pensé auparavant. Ils brûlent tous des hydrocarbures au lieu du charbon, et les nouveaux hydrocarbures disparaîtraient dans l'eau.

« Il ne reste aujourd'hui aucun navire de guerre moderne qui ne brûle pas de combustible liquide, et la plupart d'entre eux sont les nôtres », a déclaré Thompson avec enthousiasme. "Ils ont dû s'y mettre, surtout lorsque nous avons mis en place notre nouvelle chaudière grâce à laquelle ils pouvaient changer leurs fours pour utiliser des liquides sans changer aucune autre partie de la machinerie."

Tom hocha la tête avec appréciation. «Je vois», dit-il. « Passons maintenant à la question principale. Comment pouvons-nous savoir exactement où le Kaiserin Luisa a coulé ?

Thompson se tourna vers sa femme. « Lulu, pourriez-vous téléphoner pour voir si le capitaine McPherson est au quai. S'il l'est, demandez-lui de l'envoyer ici immédiatement.

Un moment de conversation basse dans la cabine téléphonique, et Mme Thompson revint. « Il va venir tout de suite », dit-elle et, se tournant vers sa machine, elle se mit bientôt à taper sur les touches d'une main exercée .

"Femme remarquable, ma femme", a déclaré Thompson, gonflé d'une intense fierté derrière l'abri de son bureau à rouleau. « J'ai remporté une médaille de vitesse dans une compétition ouverte. Intelligents car ils les font dans n'importe quelle transaction. Ne laissez jamais les relations familiales faire obstacle aux affaires. BFTS, je l'appelle, « les affaires depuis le début ». » Il aurait continué, mais la porte s'est ouverte et un énorme marin grisonnant avec une casquette d'officier à la main s'est précipité. Thompson lui fit signe de s'asseoir.

« Vous avez mis le liquide à bord du Kaiserin Luisa la veille de sa disparition, n'est-ce pas ? » demanda Thompson.

"Oui, monsieur", fut la réponse profonde du fond de la poitrine du capitaine
.

« Pouvez-vous nous dire où elle gisait ? » continua le directeur.

Le capitaine McPherson bougeait avec inquiétude en nous regardant. « J'ai déjà dit que nous ne devions rien dire de ce malheureux navire », gronda-t-il en se retournant à demi pour nous regarder avec un regard fixe.

« Tout va bien, capitaine », a déclaré Thompson. "Ces messieurs ont été envoyés ici pour enquêter sur l'affaire, et vous devez leur dire tout ce que vous savez."

Le capitaine éprouvait évidemment des appréhensions, mais il ne fallait pas rompre avec la légèreté l'habitude d'obéir aux ordres de ses supérieurs. "Si vous sortez directement du char jusqu'au Ry'al Jargé La bouée est alignée avec trois cheminées réunies sur le rivage, vous aurez l'endroit où elle reposait lorsque nous étions « longside ».

"Merci, capitaine , c'est tout", a déclaré Thompson.

Sur quoi le capitaine McPherson se leva et partit aussi lourdement qu'il était venu.

"J'ai vu le château", ai-je remarqué, "mais comment diable puis-je trouver la bouée Royal George, et qu'est-ce que c'est ?"

"C'est bizarre," dit Thompson. « C'est là que le Royal George a coulé, avec tous à bord, il y a environ cent trente ans. Aujourd'hui, le Kaiserin Luisa disparaît au même endroit. C'est une bouée rouge juste à côté de Smithsea , vous ne pouvez pas la manquer.

"Bien", dit Tom. "Jusqu'ici, tout va bien. Maintenant, vous n'avez pas quelques plongeurs dans le tiroir de votre bureau, n'est-ce pas ?

Thompson rit. "Bien sûr", dit-il. « Au moins, je peux vous envoyer chez un, Joe Miggs, qui a plus ou moins travaillé pour nous. Voilà l'adresse, dit-il en l'écrivant sur une carte. «Venez nous voir avant de partir.»

Nous quittions le bureau avec exaltation, regardant par la fenêtre notre compatriote nous dire au revoir, tandis que sa femme, tapotant son pompadour d'une main, agitait son mouchoir de l'autre. Par le quai et l'arsenal, au milieu des bruits de fourneaux et du rugissement des forges, nous passâmes jusqu'à la rue que nous cherchions et à la maison, une maison de marque qui portait fièrement sur sa façade l'image grandeur nature d'un plongeur complètement apparié , avec le les mots « J. Miggs, Diver », en très petites lettres ci-dessous. La porte basse et sombre donnait accès à une petite boutique, où un homme, sifflant gaiement, utilisait un petit outil à souder sur un casque de scaphandrier, assisté d'un garçon vêtu d'un tablier à coutil. L'homme était J. Miggs. La carte de notre ami Thompson fit cesser brusquement le joyeux sifflet, et ce fut avec un visage quelque peu troublé que J. Miggs se leva, chassant son jeune assistant de la pièce. Le garçon sorti, il ferma soigneusement les deux portes du magasin et revint vers nous.

"M. Thompson dit que vous voulez un plongeur », dit Miggs à voix basse. «Je ferais tout ce que je pourrais pour M. Thompson. C'est un bon travail qu'il a pour moi, mais je ne peux pas, je ne peux absolument pas. Il nous a été interdit d'accepter un quelconque travail. Un avis a été signifié à tous les plongeurs de la ville, et mon partenaire et moi ne pouvons pas prendre de risque.

« Quel est votre tarif habituel pour descendre ici, dans le port ? » demanda Tom.

« Deux livres par jour, monsieur, pour chacun de nous. Quatre livres pour les deux, si mon partenaire et moi travaillons ensemble.

"Je vous donnerai dix livres chacun pour une nuit de travail", a déclaré Tom.

L'homme hésita. « Je n'ai pas d'argent pour quinze jours, monsieur, et j'aimerais le faire, mais je n'ose pas ; les policiers me mettraient en faillite et je dois subvenir aux besoins de ma famille.

Tom a persisté. "Je te donnerai dix livres pour ta famille, et dix livres de plus quand tu descendras."

J. Miggs réfléchit, hésita, hésita et finit par capituler. « Je le ferai, monsieur, dit-il, si vous faites une chose. S'ils me confisquent mon équipement de plongée, accepterez-vous d'en payer un nouveau ?

"Je le ferai", dit Tom, "et j'en laisserai le prix à M. Thompson ce soir."

Ses derniers scrupules s'évanouirent et J. Miggs fut le nôtre. « Nous avons deux costumes à Brading Harbour, sur l'île de Wight, où nous travaillions. Si vous me dites où vous êtes, nous vous retrouverons ce soir là où vous logez, vous ferons traverser le bateau à moteur, récupérerons les combinaisons et reviendrons à temps pour avoir cinq ou six heures de travail, n'importe où. vous dites. Mais ce doit être ce soir. Ce soir, c'est la dernière nuit sans lune.

Laissant notre adresse à J. Miggs, nous retournâmes à notre logement, en passant par Southsea Castle et les jetées, pour faire une observation préliminaire de la bouée du « R'yal Jargé . » Nous avions avalé un souper hâtif, préparé une bonne réserve de vêtements pour le froid de la nuit sur l'eau, et attendions patiemment l'appel, quand on frappa à la porte. Au moment où elle s'ouvrait, entra non pas J. Miggs, mais son petit garçon assistant, que nous avions vu plus tôt.

« Miggs a été agressé », cria-t-il à bout de souffle. « Lui et Joe Hines. Les policiers sont venus les chercher il y a une heure. Il me l'a dit, quand il les a vus je viens , courir et te le dire.

CHAPITRE IX

Les moteurs du bateau à moteur ralentirent, poussèrent un dernier souffle et s'arrêtèrent. « Brading Harbour », remarqua laconiquement notre jeune guide, en jetant l'ancre et en se dirigeant vers l'arrière pour tirer le canot qui nous suivait. Devant nous s'étendait l'estuaire du Yar, dont la couleur des eaux noires se différenciait à peine des rives sombres qui s'élevaient au-dessus. Un groupe de bâtiments s'élevant sur notre gauche, passant de taches noires à des contours sombres, parsemés ici et là de lumière, tandis que nous ramions. Le garçon tirait régulièrement, avec seulement un coup d'œil occasionnel vers le rivage. Les coups réguliers de l'aviron ralentissaient, l'obscurité semblait se précipiter vers nous plus rapidement et le bateau remontait silencieusement sur le sable. J'ai sauté, la petite ancre à la main. Nous étions à Brading Harbour.

Sans un mot, le garçon remonta le bateau, enfonça profondément les douves de l'ancre dans le sable et s'éloigna dans l'obscurité.

"Allez, Tom," dis-je en riant. « Il s'agit d'une expédition d'une nuit d'Arabie dirigée par l'un des muets de Haroun Al Raschid . Dépêchez-vous, sinon nous serons laissés pour compte. A environ trois cents mètres de notre point d'atterrissage, notre guide disparut subitement ; Nous sommes arrivés brusquement au coin d'un petit bâtiment en brique et l'avons contourné pour le trouver travaillant sur le cadenas d'une porte large et basse.

« L'abeille est là », remarqua le garçon en ouvrant la porte à notre arrivée.

Nous sommes entrés et avons fait une pause. Le grattement d'une fusée , le fracas d'une lanterne levée et la pièce basse s'éclaira.

Un spectacle étrange s'est présenté à nos yeux. Sur une étagère, trois grands casques de plongée, aux yeux cyclopéens brillants en verre épais, reflétaient la flamme de la lanterne et montraient des fenêtres latérales grillagées ressemblant à des cache-oreilles en cage. Sur l'étagère au-dessous, trois paires de chaussures énormes, à semelles de plomb, semblaient prêtes à être utilisées par quelque pied de géant plutôt que par l'usage de l'homme. Alors que la lumière changeait, l'armure sur le mur apparut ; un plastron en cuivre et une combinaison en sergé, un tuyau d'arrosage et des bobines de ligne de sécurité ; un véritable musée de l'attirail de plongée.

Tom se tourna vers le garçon. "Vous devrez nous montrer très soigneusement comment faire fonctionner la ligne de sécurité et la pompe à air pendant que vous êtes en panne."

«Je ne descends pas», dit le garçon. "Le cœur est comme regarde . Ne descends jamais.

Tom et moi nous sommes regardés avec consternation. D'un commun accord, nous nous tournâmes de nouveau vers le garçon.

"Qui descend?" J'ai pleuré.

" Il y en a d'autres parmi vous qui ressemblent ", répondit calmement le garçon.

"C'est moi qui partirai, Tom," criai-je, "je dois le voir de mes propres yeux pour l'écrire correctement."

"Pourquoi ne pouvons-nous pas y aller tous les deux?" s'exclama Tom avec impatience. "Je ne veux pas sortir de ça."

Le garçon est intervenu par effraction. "Il a besoin de deux hommes sur une corde et une caca ."

"Oh pshaw!" dit Tom avec dégoût, "Je ne vois pas pourquoi je ne devrais pas être là-dedans. Je vous dis ce que nous ferons, continua-t-il, le visage s'éclairant, vous descendez d'abord, puis remontez, et je descendrai après vous.

"Très bien," dis-je. "C'est parti."

Le garçon était resté immobile pendant que notre discussion se poursuivait.

« Comment allez-vous descendre les affaires ? » J'ai demandé.

« Mettez-le sur une brouette », répondit-il brièvement en se tournant pour avancer une grosse brouette.

« Comme eux deux », dit-il en désignant les deux casques à droite et les chaussures en dessous. Tom et le garçon prirent un casque et le placèrent sur la brouette. J'ai pris une paire de chaussures et je les ai presque laissées tomber. "Grand Scott", ai-je éjaculé, "ils pèsent une tonne."

" Twinty pund , corrigea le garçon sans sourire. "Vous en aurez besoin en bas."

Nous avons chargé jusqu'à ce que le garçon dise « stop », puis nous avons porté notre fardeau sur le skiff, l'avons transporté jusqu'au bateau, sommes revenus chercher un deuxième chargement, l'avons expédié, avons verrouillé la porte et sommes descendus au rivage pendant la nuit calme. Nous n'avions vu ni entendu personne lors de notre visite.

Alors que nous quittions Brading Harbour, Tom a fait remarquer : « Je vais prendre le volant, mon garçon, j'ai le cap. Mettez l'armure sur M. Orrington.

Je n'ai jamais connu de toilettes aussi étranges. La robe en sergé beige, doublée de feuilles de caoutchouc, et le plastron en cuivre étaient assez maladroits et maladroits. Les chaussures, pesant vingt livres par pied, n'étaient pas des sandales ailées de Mercure, mais l'énorme casque était le pire de tout. J'avais l'impression d'être enfermé dans une cellule étroite et, malgré moi, je ne pouvais m'empêcher de me demander ce qui se passerait, si le tuyau d'air se briserait ou si la corde se briserait. La grande lentille, la cible qui était la fenêtre de l'avant du casque, restait ouverte jusqu'à ce que je descende, et j'aspirais l'air salin à grandes inspirations par l'orifice, élargissant ma poitrine au maximum de sa capacité, tandis que le garçon pressa silencieusement sa clé sur les écrous qui fixaient le casque de manière étanche. Finalement , la combinaison fut ajustée et la ligne de sécurité nouée solidement autour de ma taille. Puis le garçon parla.

"En haut d'un, en bas de deux. C'est tout ce dont vous avez besoin. Il a tiré la corde dans ma main une ou deux fois, puis s'est avancé pour prendre le volant. Nous avions couru rapidement vers les lumières de Portsmouth pendant que je faisais mes toilettes de plongée, mais mes pensées, beaucoup plus rapides, avaient parcouru des milliers de kilomètres de plus. Et si je n'étais jamais venu ? Si je ne le faisais pas, Dorothy le saurait-elle un jour ? Avais-je fait une erreur en ne parlant pas auparavant ? Des regrets inutiles me déchiraient. Mais plus forte que tout regret ou toute faiblesse était ma détermination à remplir ma mission. Voici la prochaine étape. Je dois voir ce qui se cache sous les vagues. Assis là, dans mes vêtements encombrants, j'essayais d'analyser mes sensations. Aucun danger que j'avais rencontré jusqu'ici ne m'avait jamais causé autre chose qu'une agréable excitation. Pourquoi cela devrait-il avoir un effet inquiétant sur moi, alors que Tom était si impatient de partir. La réponse vint comme un éclair, selon les mots de Lord Bacon : « Celui qui a une femme et des enfants a donné des otages à la fortune. » Je n'en avais pas encore, mais tout mon cœur était déterminé à les avoir. Mon sentiment n'était pas une peur lâche. C'était plutôt un regret instinctif d'avoir pris le risque de partir et de laisser Dorothy derrière elle. J'ai respiré plus facilement après avoir compris cela, et progressivement, à mesure que mon esprit s'est calmé, le malaise a cédé la place à un sentiment d'attente impatiente. Les lumières du rivage devenaient de plus en plus brillantes et Tom, quittant sa place à la proue, descendit du bateau vers mon siège à l'arrière.

« Nous y sommes presque, vieil homme », remarqua-t-il avec jubilation. « Le garçon a les repères. Il nous indiquera l'endroit exact et vous pourrez ensuite passer par-dessus bord. C'est la chance d'une vie. »

Au moment où il parlait, le garçon se retourna. « Bee est là », dit-il en arrêtant le moteur et en jetant une ancre. La grande bobine de corde descendit rapidement sur une distance considérable et fit remonter le bateau avec une secousse. Le garçon est revenu vers nous.

"Vissez la cible maintenant et commencez à faire caca ", a-t-il ordonné.

"Bonne chance, vieil homme", dit Tom en me tordant la main alors qu'il démarrait la pompe à air.

"Pareillement. Je marche à pas de plomb, remarquai-je en agitant ma chaussure à semelle de plomb tout en parlant.

Le rire chaleureux de Tom fut la dernière chose que j'entendis. La cible s'est fermée et je me suis retrouvé à respirer rapidement. À ma grande surprise, l'apport d'air était suffisant, aucune trace d' impureté, un air bon et sain. «Viens», me suis-je dit. "Ce n'est pas si mal." Aidé par le garçon, j'escaladai maladroitement la proue et descendis la petite échelle. En entrant dans l'eau, le poids de ma combinaison s'éloignait de moi, j'étais soutenu comme si j'étais en train de nager, mais, à mesure que je coulais lentement, j'ai commencé à ressentir un étrange mal d'oreille, augmentant en intensité jusqu'à ce que je pense que je devrais pleurer. avec l'agonie. Mon front, au-dessus de mes yeux, semblait serré dans un cercle de fer chauffé au rouge , et les cloches de mille clochers d'église semblaient sonner et se répercuter dans ma tête. Je voyais vaguement l'eau noire autour de moi, et je serrais le boîtier métallique de la lampe électrique que je tenais dans ma main, jusqu'à ce que je craigne qu'il ne se brise en fragments. Tout d'un coup, j'ai touché le fond et la douleur a cessé. Le soulagement fut si grand que pendant un moment ou deux je restai immobile, profitant du répit et, à mesure que je commençais à avancer, je réalisai qu'une légère dépression était la seule sensation corporelle inhabituelle qui me restait. J'ai allumé l'interrupteur de ma lampe et j'ai regardé autour de moi. Rien que du sable blanc et propre, rien pour indiquer dans quelle direction je dois me tourner. "Tout droit est la meilleure voie", ai-je décidé, et je me suis avancé, mes bottes et ma robe, lourdes et traînant sur la surface, ne présentant ici que le moindre inconvénient. Heureusement pour moi, la marée n'était pas un obstacle majeur et j'étais au vent du bateau. Avant de bouger, j'ai tourné ma lanterne dans tous les sens. Une chose était sûre. Il n'y avait pas d'ombre énorme, comme celle que ferait un navire de guerre couché au fond. Ma lampe ne dessinait que vaguement le couloir de lumière sur le sable le long duquel je m'avançais. Maintenant que j'étais occupé à mon travail et que j'avais atteint le fond en toute sécurité, l'étrangeté de la situation commençait à s'estomper. J'avançai de vingt pas mesurés, projetant ma lumière dans toutes les directions. Pas de résultat. J'ai reculé du même nombre pour garder ma position égale. Tourné à droite et répété la manœuvre. Je me suis tourné vers la gauche et j'ai fait de même. Pas de signe. Apparemment, les profondeurs étaient restées intactes depuis que le Royal George avait été dégagé du port, vers 1840. De retour de mon dernier voyage, j'ai éteint ma lanterne pour économiser son courant et je suis resté dans l'obscurité en réfléchissant. Je ne voulais pas revenir en arrière depuis l'endroit où j'étais. Un tel pas me mettrait sous le vent du bateau, et le garçon m'avait mis en garde contre un tel mouvement, disant qu'il pourrait être difficile pour moi d'avancer à contre-courant. Il n'y avait rien d'autre à faire que de tenter une nouvelle chance, alors j'avançai de vingt pas et commençai à en compter vingt de plus. Juste au moment où j'atteignais la limite, la lueur de la lanterne montra une ombre devant moi. Je me suis dépêché jusqu'à ce que l'objet soit apparu en pleine lumière. Là, paisiblement comme s'il dormait dans son lit tranquille à la maison, gisait un aspirant dans son uniforme bleu. Il ne pouvait pas avoir quinze ans. Ses cheveux dorés, qu'une mère aurait souvent embrassés et caressés, se balançaient au léger mouvement des eaux. Son bras reposait naturellement sous sa tête. Alors que je m'agenouillais à côté de cette enfantine victime d'une mission redoutable, une vague d'amère rébellion m'envahit. J'ai crié avec une intensité de sentiment très intense. Le son qui se répercutait à travers le casque jusqu'à mes oreilles ressemblait à un puissant rugissement et, surpris, je me suis préparé à mon travail et j'ai regardé de plus près. Il y avait quelque chose d'étrange dans l'uniforme, quelque chose de différent de celui des jeunes que j'avais vus dans les ports allemands. J'ai étudié le formulaire devant moi pendant une minute avant de voir de quoi il s'agissait. Finalement je l'ai placé. Les boutons, les boutons en laiton avaient disparu. J'ai regardé de plus près. Pas un reflet de métal n'apparaissait. En me levant, j'ai continué et suis entré dans une ville de morts sous les vagues. Officier et marin, steward et électricien reposaient tranquillement. Ils gisaient tout autour de moi, comme s'ils dormaient sur un champ de bataille, prêts pour le combat du matin. J'avais parcouru de nombreuses marches avant d'atteindre la fin. Un millier d'hommes gisaient là. Personne n'avait même l'ombre d'une surprise, d'un pressentiment de mort sur le front. Tous étaient étendus comme prêts pour le réveil, le réveil qui ne voulait pas sonner pour eux. Cela ne semblait pas être une chose terrestre. Plutôt une scène d'une vision surnaturelle où moi, un esprit désincarné, marchais parmi les coquilles oubliées d'autres âmes. Je me réveillai en sursaut, en me heurtant brusquement à une masse qui céda à mon approche. J'ai allumé ma lampe dessus. Un tas de vaisselle cassée et fracassée rencontra mon regard. Une plaque en or orné montrait le double aigle et en dessous « Kaiserin Luisa ». Ce tas de vaisselle cassée et cette cité des morts étaient tout ce qui restait d'un cuirassé aussi beau, d'un résultat aussi magnifique de l'ingéniosité et de l'habileté humaines, qui ait jamais navigué sur les mers. Mais je ne devais pas m'attarder, j'avais assez de travail pour trouver toutes les raisons de la catastrophe et céder la place à Tom avant que l'aube ne vienne. Juste à côté de moi se trouvait un officier. Je ne pouvais pas déterminer son grade, car tous les insignes avaient disparu. Je me baissais pour chercher du métal, quand soudain je me sentis monter régulièrement.

J'étais attiré vers la surface, même si je n'avais donné aucun signal. Avec indignation, j'ai tiré sur la corde deux fois encore et encore. Les hommes au-dessus n'ont prêté aucune attention à mes ordres et j'ai grimpé régulièrement vers le haut.

En me levant, les mêmes douleurs m'attaquèrent qu'en descendant, mais l'espace qu'elles duraient me parut beaucoup plus court. En réalité, il ne s'écoula qu'un bref intervalle avant que je grimpe sur la petite échelle, pour me retrouver en pleine lumière d'un puissant projecteur, tandis que le bateau partait à toute vitesse. Je n'ai pas eu le temps de regarder autour de moi jusqu'à ce que le garçon m'aide à desserrer la cible à l'avant de mon casque. Ensuite, j'ai inspecté la scène.

Le bateau roulait à toute vitesse, tandis que Tom le conduisait tout droit vers l'île de Wight. Le projecteur d'un navire de guerre à un kilomètre ou plus de nous éclairait constamment tandis que nous avancions à toute vitesse, et je pouvais voir une tache sombre, probablement une chaloupe, quittant son flanc et se dirigeant dans notre direction. En regardant, j'ai respiré de longues bouffées d'air frais. J'avais l'impression que je n'avais jamais su à quel point l'air, simplement l'air pur, était bon auparavant.

Le projecteur d'un navire de guerre jouait constamment sur nous.

"Enlevez l'armure de M. Orrington, mon garçon," ordonna sèchement Tom. « Ça va, Jim ? »

"Bien sûr," répondis-je. "Qu'est-ce qu'on va faire?"

"Je ne sais pas encore", répondit Tom, "mais nous le saurons très bientôt. On ne peut pas s'enfuir avec ce vieux bateau. Mais nous courrons aussi longtemps que possible. Heureusement , ils ont envoyé une vedette, pas un torpilleur ou un destroyer. Le cuirassé nous a fait atterrir avec son projecteur il y a quelques minutes, et une fois qu'ils nous l'ont fixé, je vous ai relevé. Obtenir quelque chose ?

"Oui", répondis-je, et je retombai dans le silence, tandis que le garçon me sortait de mon scaphandre. Le lancement arrivait rapidement. Il semblait se déplacer de deux pieds par rapport au nôtre.

"Ça va être un rasage de près", remarquai-je, alors que je me tenais à côté de Tom, qui avait donné le volant au garçon.

"Oui, mais je vais me diriger directement vers Ryder et faire confiance à la chance", dit-il. Nous étions bien en direction des rives de l'île lorsque la chaloupe s'approcha suffisamment pour pouvoir héler.

« Arrêtez ou on tire », nous a-t-on lancé à toute vitesse.

"Non," dit Tom avec résignation en arrêtant le moteur, "et il y a le rivage à moins de cinq cents mètres."

Au moment où il parlait, la lumière disparut. Le projecteur s'était éteint ; quelque chose a dû arriver au courant. Nous pouvions entendre l'officier jurer vigoureusement alors que la chaloupe approchait.

Tom m'a saisi le bras. «Pour les crasseux», murmura-t-il. « Mon garçon, si tu fermes ta bouche, je vais tout arranger », murmura-t-il au garçon alors que nous nous précipitions vers la poupe.

« Très bien , monsieur », dit brièvement le garçon, alors qu'il s'asseyait flegmatiquement à côté du moteur.

Tombant dans le canot, je saisis les rames et tirai rapidement vers le rivage, tandis que la chaloupe arrivait du côté opposé. Nous pouvions entendre la grêle lorsque l'officier montait à bord, et son « Où sont les autres hommes ?

«Je ne sais pas», répondit le garçon.

L'officier courut vers la poupe.

« Ils ont le bateau, suivez-les », a-t-il crié, mais juste au moment où la chaloupe tournait, nous avons touché le rivage et, avant que les marins haletants puissent nous atteindre, nous étions hors de la plage et nous nous abritions dans une porte profonde. Nous entendions leurs pas courir, tandis que nous étions accroupis contre le mur, mais nous n'osions pas sortir avant de les avoir entendus revenir après une vaine poursuite. Une fois qu'ils furent passés, nous partîmes à vive allure dans le pays.

La matinée était bien avancée lorsque nous arrivâmes à Seaview, d'où nous avions prévu de revenir à Portsmouth. J'avais terminé mon histoire et Tom l'avait méditée pendant une heure, pendant que nous avancions d'un pas ferme. Alors que nous nous arrêtions au bord d'un ruisseau pour rafraîchir nos toilettes, il parla. "Pas de métal?"

"Pas du tout", répondis-je.

"Dorothy avait raison", dit Tom. « L'homme qui essaie d'arrêter toute guerre doit posséder un pouvoir terrible qui détruit complètement le métal, le faisant se transformer complètement en une autre forme et disparaître instantanément. C'est horrible d'avoir cet homme en liberté. Jim, nous devons le trouver. Ce petit être dont vous m'avez parlé déclencherait mon objectif dix fois plus, s'il n'était pas déjà en feu. Il y a une chose cependant : pensez-vous que le gouvernement britannique sait ce que nous savons ?

"Je n'en doute pas du tout", répondis-je, "je crois pleinement que quelqu'un était là avant nous. Tout va dans ce sens ; la fermeture de toutes les opérations de plongée par les autorités, la poursuite de notre bateau et leurs efforts persistants pour nous capturer.

"Tu dois avoir raison, Jim," dit sobrement Tom. « Ils ne voudraient pas que quiconque en sache plus sur les conditions de vie que ce qu'ils pourraient aider. On ne peut pas dire quelle petite chose va déclencher le feu de la guerre à l'heure actuelle. Je suppose que nous ferions mieux de garder cela pour nous pour le moment.

"Vous avez raison", répondis-je alors que nous entrions dans Seaview.

Nous rejoignîmes nos chambres sans la moindre difficulté et nous nous couchâmes après un copieux petit-déjeuner. Nous fûmes réveillés vers midi par un coup à la porte et l'appel d'une voix familière. C'était notre ami Thompson, le gérant. Il a fermé la porte avec précaution, alors que je l'ai admis. Puis il s'est retourné et m'a serré la main.

"M. Orrington, dit-il, vous êtes un homme formidable et chanceux. J. Miggs et son garçon sont venus me voir ce matin.

"Alors ils ne les ont pas gardés ?" J'ai pleuré.

"Non", dit Thompson en riant. « J. Miggs est sorti de prison et son fils n'y est jamais arrivé. Le garçon s'est réveillé pour une fois. La chaloupe avec tout son équipage s'est lancée à votre poursuite et, au moment où ils sont revenus, le jeune était en sécurité au quai de Portsmouth et les combinaisons étaient stockées. Mais vous feriez mieux de ne les voir ni l'un ni l'autre. Ils peuvent être surveillés. Si vous me donnez de l'argent, je le paierai et tout ira bien.

J'ai payé l'argent et nous nous sommes séparés.

Au moment où Thompson a fermé la porte, je me suis précipité dans la chambre de Tom.

"Lève-toi," dis-je énergiquement. « J. Miggs et son garçon sont tous deux libres ; Je leur ai laissé l'argent et il est temps pour nous de sortir immédiatement. Cette ville n'est pas un endroit très sain pour nous, maintenant que les affaires ne nous gênent plus.

Le bavardage de Tom avait l'habitude de disparaître complètement lorsqu'une nouvelle conception scientifique lui venait à l'esprit. Tandis que nous nous rendions à la gare, il arrêta le taxi chez un libraire, s'y précipita et revint avec un paquet de livres et de papiers. Une fois installé dans le train, "Ne me parlez pas avant que j'aie fini, si cela ne vous dérange pas", dit-il, "J'ai ici quelque chose que je veux régler." Il ouvrit son nouveau paquet, étala les livres sur le siège et prit un bloc et son stylo-plume. J'ai parcouru les titres de ses livres avec désinvolture. « Nouveaux isolants pour courants élevés », « Contrôle et isolation des appareils radioactifs », « Construction de yachts », « Théorie du travail du bois », « Caema , ce qu'il a fait pour l'électricité », « Types de voiliers du passé » Vingt ans." « Queer mélange », me suis-je dit paresseusement, puis j'ai tourné mon attention vers le paysage.

Tom fut occupé avec son mètre de poche, mesurant et dessinant des diagrammes, pendant trois heures, jusqu'à ce que les limites extérieures de Londres commencent à apparaître. Levant soudain les yeux, il dit : « Nous y sommes presque, n'est-ce pas ? Eh bien, je vais ranger mon travail et nous discuterons de nos projets futurs pendant quelques minutes.

Alors que nous arrivions à la gare de Waterloo, notre discussion prit fin. « Nous allons descendre quelque part sur la Manche, » dit Tom, « installer la machine à mesurer les vagues et voir ce que nous pouvons en faire. C'est notre meilleure carte, et nous y travaillerons jusqu'à l'arrivée de Dorothy. De toute façon, nous devons rester ici jusqu'à son arrivée.

"C'est certainement le cas", dis-je, et mon cœur fit un bond de joie à l'idée de sa venue.

CHAPITRE X

Une fois de plus, j'ai cherché le bureau de réservation à Euston.

« L'Express a quitté le Prince's Stage à Liverpool, monsieur. Je serai là dans environ trois heures maintenant, monsieur », fut la réponse à ma question.

Je me détournai, congédiai mon fiacre et traversai les grands piliers de l'entrée. Encore trois heures et Dorothy serait là. Tom et moi, avec l'appareil de mesure des vagues, avions pris le premier bateau, qui partit joyeusement le soir après notre entretien avec Ordway. Dorothy, une semaine plus tard, était arrivée à Liverpool et se dirigeait à toute vitesse vers Londres. Il avait été dur d'attendre la semaine, si chargée de travail, mais il semblait que ces dernières heures ne dureraient jamais. Trois heures à attendre ! J'avais déjà arpenté le quai d'Euston depuis deux heures, et je me dirigeai maintenant vers Bloomsbury, traversant lentement ses agréables places et observant le feuillage derrière leurs grilles de garde. Avant de m'en rendre compte, j'étais devant le British Museum et j'ai jeté un coup d'œil à ma montre. « Un aussi bon endroit pour attendre qu'un autre », me suis-je dit, et j'ai traversé la cour et j'ai commencé à gravir les marches. À ce moment-là, un homme, sortant précipitamment, a glissé en haut des marches de pierre et est tombé lourdement, se cognant la tête et restant inconscient à l'endroit où il est tombé. Par hasard, j'étais le seul spectateur, à l'exception d'un seul policier, et, alors que je me précipitais, j'ai remarqué une épinglette de la fraternité Theta Sigma Rho sur le gilet de l'homme tombé. Je l'ai atteint en premier, le policier est arrivé une seconde plus tard, et ensemble nous avons soulevé la forme inconsciente et transporté l'homme jusqu'à un bureau, où nous l'avons placé dans un salon. J'ai lu le nom au dos de son épingle. "ES Hamerly ." Tandis qu'il était étendu là, le souffle coupé, je l'observais avec cet intérêt qu'inspire un compatriote, et bien plus encore, un membre de sa propre fraternité, en détresse dans un pays étranger. C'était un jeune homme aux formes soignées, vêtu proprement mais très simplement, et j'ai remarqué une tache rouge d'acide sur sa manche. Je n'en avais plus le temps, car le médecin arriva en toute hâte.

« Seulement une blessure au cuir chevelu », dit-il en procédant à son bref examen. "Je peux le ramener à la vie dans une minute."

Une application vigoureuse d'eau froide, un aromate sur son nez, et le patient éternua et ouvrit les yeux. Alors qu'il regardait autour de moi , je m'avançai.

"M. Hamerly , dis-je, je m'appelle Orrington de Columbia. Je suis moi-même un homme Theta Sigma Rho, comme je vois que vous l'êtes. Vous avez fait une vilaine chute, mais vous vous en sortez bien. Je vais te voir à la maison.

Hamerly eut un sourire plutôt pâle. "Je ne me sens pas très énergique", a-t-il déclaré. «Je serais très heureux de t'avoir. Je vis dans un logement sur Half-Moon Street.

Le docteur l'interrompit. « C'est assez de parler pour le moment. Laisse-moi te soigner la tête et tu pourras y aller.

Pendant que le médecin pansait la tête d'Hamerly , j'ai fait signe à un fiacre et, quelques minutes plus tard , nous nous dirigeions à toute vitesse vers Half-Moon Street.

Trop secoué par sa chute pour la conversation, Hamerly s'est allongé contre les coussins jusqu'à ce que nous atteignions son logement, mais il y est arrivé sans paraître plus mal en point pendant le voyage. Je l'ai accompagné au lit en toute sécurité, je lui ai promis une visite rapide et j'ai appelé un médecin à proximité. Puis j'ai regardé ma montre. A peine le temps d'atteindre le train de Dorothy. «À Euston. Se précipiter!" J'ai crié au chauffeur de taxi et nous sommes partis à toute vitesse. Juste au moment où le train arrivait, j'atteignis le quai et je vis la chère tête de Dorothy penchée par la fenêtre de sa voiture. La vieille gare noire se transforma alors qu'elle s'avançait légèrement vers le quai, suivie par sa servante. Elle est venue vers moi avec les deux mains tendues. "Oh, Jim, c'est bon de te voir. Où est Tom?"

«À Folkestone », répondis-je. "Nous le rejoindrons là-bas dès que vous aurez dormi une nuit."

"Pourquoi attendre ça?" » demanda énergiquement Dorothy. « Il n'est que midi maintenant. On pourra y aller après le déjeuner. Où sont nos chambres ?

«Au Savoy», dis-je. « Supposons que vous envoyiez votre femme de chambre là-haut avec les bagages, et que nous montions dans un fiacre. »

Il ne fallut guère dix minutes pour charger la femme de chambre et les bagages dans un quatre-roues et rejoindre Dorothy. Alors que nous franchissions les portes, elle parla avec un long souffle. « Cela fait du bien d'être de retour à Londres, même avec la guerre si proche et avec tant de choses devant nous. Maintenant, raconte-moi tout ce qui s'est passé depuis que tu es arrivé à Londres depuis Portsmouth. J'ai reçu votre lettre à Queenstown racontant vos expériences au fond de la mer. Comme j'aurais aimé être là. Mais peu importe maintenant. Raconte-moi tout ce que tu as fait au cours des quatre derniers jours.

Je me suis mis à ma tâche. « Tom et moi sommes arrivés sains et saufs, comme vous le savez déjà, depuis notre poste de Queenstown. Nous avons décidé que « l'homme » travaillerait dans la Manche et, après quelques discussions, nous avons choisi Folkestone comme base à partir de laquelle travailler la machine à mesurer les vagues. Nous avons emmené l'appareil là-bas il y a trois jours, nous avons trouvé une grande pièce et l'avons installé. J'ai loué un yacht.

"Pourquoi as-tu fait ça?" interrompit Dorothée.

« Pour que nous puissions retrouver 'l'homme' s'il était en mer. Nous avons décidé, en venant ici, qu'il était plus susceptible de faire ses expériences sur l'eau que sur terre, et Tom pense qu'il peut l'obtenir grâce à ses ondes expérimentales.

"Je vois", dit Dorothy. "Poursuivre."

«Après avoir affrété le yacht, j'ai aidé Tom de tout ce que j'ai pu jusqu'à hier soir, lorsque je suis venu à Londres pour vous rencontrer. Tom espère installer la machine aujourd'hui. C'est à peu près tout.

« Comment progresse la guerre ? » demanda Dorothée. "Tout le monde à bord du paquebot avait très peur que cela commence avant notre traversée et que nous puissions être capturés, mais nous avons bien atteint Liverpool."

« Rien n'est encore arrivé », répondis-je. « Mais je pense que ça arrive, ça peut arriver d'une minute à l'autre. On dit que l' empereur a refusé de recevoir des visiteurs depuis la chute du Kaiserin Luisa, et je pense que le gouvernement s'attend à une guerre immédiate. Ils se mobilisent rapidement des deux côtés.»

"Alors il n'y a certainement pas une minute à perdre pour atteindre Folkestone ", dit Dorothy d'un ton décisif. "Nous allons juste nous arrêter pour déjeuner et descendre tout de suite."

C'était un jour de merveilles. Depuis la nuit où nous avions cherché Joslinn , Dorothy et moi n'avions jamais été seuls ensemble. Le trajet de la gare au Savoy était un pèlerinage glorifié ; le déjeuner, alors que nous étions assis face au quai baigné de soleil, était un repas céleste, même le temps d'attendre à l'hôtel que Dorothy condense ses bagages et se prépare pour le prochain voyage, était un délice. Mais le meilleur de tout a été le voyage à Folkestone . Le garde sourit largement au souverain d'or qui nous avait réservé le compartiment, et le porteur nous combla d'attentions pour son pourboire, mais la valeur qu'ils achetèrent était inestimable. Deux heures de course à pied à travers le beau pays anglais en tête-à-tête avec ma dame.

Folkestone arriva bien trop tôt , et là, à côté du train, se trouvait Tom. « Je l'ai, » murmura-t-il avec enthousiasme. "Dépêchez-vous, il est juste temps de faire une autre lecture."

Alors que nous parcourions les vieilles rues, Tom nous a raconté à la hâte son expérience. "Il expérimente constamment maintenant", a-t-il déclaré. « Il a envoyé quelques vagues hier après-midi vers quatre heures, juste après que j'ai mis l'appareil en marche ; j'en ai envoyé d'autres vers dix heures, et d'autres ce matin, un peu après neuf heures. Ils sont tous originaires de la Manche, du côté des côtes françaises. Ils viennent pratiquement du même endroit, alors j'ai tout préparé pour un départ instantané sur notre petit bateau, et dès que nous aurons de ses nouvelles, nous partirons directement vers lui.

Les yeux de Dorothy pétillaient d'excitation. «Je suis tellement content d'être arrivé ici. Pour rien au monde je ne raterais la fin. »

"Mais tu ne viens pas avec nous sur le yacht ?" Dis-je anxieusement.

" Bien sûr que non," dit Tom d'un ton bourru.

"Eh bien, je le suis", dit Dorothy, "et c'est tout ce qu'il y a à dire."

Tom et moi avons émis un fouillis d'objections incohérentes, auxquelles Dorothy a répondu avec une assurance souriante.

"Vous pensez que 'l'homme' pourrait être désespéré si nous le trouvons", a-t-elle déclaré. « Eh bien, je ne crois pas un seul instant qu'il le sera. Il fait quelque chose de trop important pour s'en prendre aux gens ordinaires, et si quelque chose arrivait, vous auriez besoin de moi pour vous protéger.

Dix minutes supplémentaires de trajet ont apporté dix minutes supplémentaires de discussions animées, mais cela ne nous a apporté aucune victoire, et la fin du débat est venue lorsque Tom a cédé avec la remarque fraternelle : « Eh bien, suivez alors votre propre chemin confus et obstiné. Ce à quoi Dorothy, aussi calme et souriante qu'un matin d'été, répondit simplement : « Je le ferai.

"Voici notre place", dit Tom, alors que nous nous dirigeions vers une maison qui affichait dans les escaliers menant au deuxième étage une pancarte "Académie de danse". "C'était la seule pièce que nous pouvions avoir avec un câblage à incandescence, et elle était suffisamment longue pour contenir la balance de l' appareil Denckel ", a-t-il expliqué à Dorothy, alors que nous traversions le sol nu jusqu'à l'appareil, debout devant les chaises. sur quoi avait l'habitude de reposer la beauté et la chevalerie de Folkestone , lors des « assemblées » annoncées ci-dessous.

« La machine fonctionne à merveille. Regarde ça." Il actionna l'interrupteur, alluma la lampe et baissa l'abat-jour vert. La courroie de métal avait tourné à peine une minute, et Tom abaissait le dernier store, tandis que le faisceau vacillait et que la machine s'arrêtait. "Juste à temps", dit Dorothy ravie. "Dépêche-toi, Tom." La vieille passion inhérente à la chasse était sur nous tous, et en moins de vingt minutes, après les dernières figures réalisées, Tom et Dorothy comparèrent leur travail.

« Juste là », dit Tom en traçant avec son crayon une croix sur un point de la côte française, à dix milles en amont de Boulogne. « Allez, ne perds pas une minute. C'est pratiquement une traversée directe de la Manche.

Dix minutes nous ont amenés à bord du petit yacht et dix minutes supplémentaires nous ont permis de quitter le port. Dorothée était avec nous. Une discussion plus approfondie avait été inutile.

"Pas vraiment comme le Black Arrow", dis-je alors que nous sortions assez lentement dans la Manche.

"Vous attendez qu'elle accélère", dit Tom. « Elle peut y aller. Je l'ai prouvé hier.

Il avait raison. Une fois dans la Manche, notre vitesse augmenta progressivement, jusqu'à ce que nous avancions bien. Au bout d'une heure, nous aperçumes la côte française depuis le petit pont, et Tom, à côté du patron, se dirigeait vers la croix sur la carte.

"Nous l'apercevrons, si elle ne s'est pas éloignée directement de nous, d'ici quinze minutes", a déclaré Tom. Dorothy se tenait à côté du volant, parcourant tout l'horizon avec ses jumelles. Elle avait jeté son chapeau et une mèche dénouée de ses cheveux volait légèrement sur mon visage alors que je me tenais à côté d'elle.

« À deux voiles de ce point », annonça-t-elle quelques instants plus tard. « Ils ressemblent plus à ces cuves de bateaux de pêche français qu'à un yacht », dit-elle brièvement. "Regarde-les, Jim."

Elle m'a tendu ses lunettes. L'horizon, à cinq milles dans toutes les directions à partir du point où nous allions, ne montrait que les deux voiles dont elle avait parlé, et nous nous dirigions directement vers elles. En nous approchant d'eux, nous avons vu que les yeux de Dorothy s'étaient révélés vrais. Il s'agissait de bateaux de pêche larges et maladroits, comme ceux qui partent du port de Boulogne, ou qui sont suspendus en miniature comme ex-voto devant les autels de la cathédrale. Démontés et ouverts, ils ne pouvaient contenir aucun appareil compliqué. Leurs équipages étaient de robustes pêcheurs en jersey , qui regardaient avec émerveillement la bouche ouverte alors que notre yacht approchait du premier, et une volée de questions arrivait dans un français rapide de la belle fille sur le pont.

Avec une courtoisie instinctive, chaque marin des deux bateaux enlevait sa casquette pendant qu'elle parlait, et le capitaine répondait avec des mots lents et profondément réfléchis. « Non, nous n'avons vu aucun yacht à part le vôtre. Hein! n'est-ce pas ? il se tourna vers les marins.

Un chœur d'affirmatives est revenu. Il n'y avait eu aucun autre navire au large de ce point que la Virginie de leur propre ville (un pouce expressif indiquait l'autre bateau) depuis quatre, cinq heures. Ils l'auraient sûrement vu s'il y en avait eu. Tom a consulté sa carte et consulté notre propre skipper. C'était l'endroit idéal. Le front plissé, il ordonna au bateau de se diriger vers les autres pêcheurs. J'ai sorti un demi-souverain de ma poche.

« Buvez avec moi , mes garçons », m'écriai-je en jetant la pièce dans le bateau de pêche. Un chœur de « Merci's » suivit notre chemin.

L'autre bateau n'a pas donné de meilleurs résultats. Ses marins n'avaient rien vu, et nous retournâmes en courant jusqu'au point d'où venaient les vagues, pour une brève consultation. Alors que nous regardions l'eau calme juste teintée par le dernier coucher de soleil, j'ai parlé.

« Il n'y a qu'une seule explication, si la machine à mesurer les vagues est correcte. Il est au fond d'un sous-marin, ou il était là lorsqu'il a envoyé ces vagues.

"J'ai bien peur que ce soit vrai, Jim," dit Tom. « Si seulement je pouvais voir là-bas. Je me demande quelle est sa profondeur. Il appela le capitaine. "Faites un sondage ici, voulez-vous s'il vous plaît?"

Nous nous sommes précipités et avons observé la ligne par-dessus bord. Les brasses après les brasses ont disparu jusqu'à la toute fin. « Il fait plus de cent vingt brasses, monsieur, » rapporta le capitaine.

« Cela ne sert à rien, alors », dit Tom. « Retournez directement à Folkestone . Nous ferons encore quelques essais demain, poursuivit-il. « Mais franchement, j'ai peur que cela ne serve à rien. Trouver un sous-marin dans ces eaux serait pire que trouver une aiguille dans une botte de foin.»

Ce fut une petite fête plutôt sombre qui débarqua à Folkestone cette nuit-là. Nous avions semblé si proches du succès. Pourtant, il y a eu un soulagement. J'avais redouté de mettre Dorothy en danger, et j'avais eu un sentiment très inquiet quant au résultat possible de la rencontre avec un homme animé d'un dessein aussi fixe et effrayant que celui que nous recherchions. Même si je désirais achever mes recherches, je ne pouvais donc pas éprouver un sentiment de regret trop complet face aux deux échecs que nous rencontrâmes sur la Manche le lendemain. L'homme se trouvait dans la mer de la Manche . Il expérimentait quotidiennement son appareil sous ses vagues. Nous pouvions en être sûrs, mais il n'était pas joignable, alors nous avons finalement cédé et sommes retournés à Londres.

Tout au long du train, Dorothy resta assise dans une profonde réflexion, mais ses méditations n'aboutirent à aucun résultat et nous retournâmes au Savoy sans un rayon de lumière quant à notre prochain mouvement.

Le lendemain matin , je me suis réveillé avec un nouveau courage. Nous avions gagné tellement et de manière si inattendue que j'étais convaincu que nous devions gagner davantage. J'ai trouvé une table dans la salle à manger et j'y ai attendu Tom et Dorothy, qui sont bientôt apparus. Nous déjeunâmes gaiement. Le soleil du matin brillait avec éclat sur le petit parc situé sous la fenêtre et sur la Tamise qui coulait lentement au-delà. La scène paisible ne ressemblait guère à une guerre, mais les journaux qui étaient devant nous étaient pleins de terribles pressentiments. L'empereur allemand boudait toujours. Les mouvements de corps d'armée et de cuirassés constituaient l'essentiel de leur histoire. Malgré les colonnes remplies de sujets militaires, chaque journal faisait au moins une référence à l'homme qui essayait d'arrêter toute guerre, et dans plus d'une d'entre elles il y avait un mot sur le double danger des flottes, qui faisaient face non seulement à un ennemi étranger, mais annihilation aux mains de ce destructeur invisible. Alors que nous terminions le petit-déjeuner, Dorothy a demandé : « Qu'allez-vous faire ce matin, les garçons ?

«Je dois descendre en ville pour chercher de l'argent», répondis-je.

"Je pense que je ferai la même chose", remarqua Tom.

« Nous irons tous ensemble, alors », dit Dorothy.

Alors que nous sortions dans la cour, j'ai levé mon bâton pour prendre un taxi, mais Dorothy m'a arrêté. « Descendons au sommet d'un bus. Je n'en ai pas pris depuis mon atterrissage et nous ne sommes pas pressés.

Nous avons monté l'escalier en colimaçon et Tom et Dorothy ont trouvé un siège à côté du chauffeur, tandis que j'étais juste derrière. En descendant le Strand jusqu'à Fleet Street, nous avons traversé la foule devant les bulletins d'information, guettant avec anxiété le message qui devrait épeler « Guerre ». Au sommet de Ludgate Hill, juste à côté de St. Paul's, se trouvait un pâté de maisons, un de ces enchevêtrements désespérés qui bloquent si complètement la circulation londonienne. Un autre bus se tenait juste devant et j'ai lu les grandes publicités qui bordaient son toit. «Alhambra Radium Ballet», ai-je lu. « Il existe un projet scientifique pour vous. Au fait, qu'est-ce qu'un ballet de radium ?

"Oh, ils recouvrent les robes des filles de peinture phosphorescente et éteignent les lumières", dit Tom. « C'est une vieille idée. Ils les avaient il y a dix ans.

Dorothy se tourna brusquement. «C'est ce que nous voulons. C'est justement ce que nous recherchions, le nouvel indice. Nous n'avons jamais analysé cela du tout.

Tom et moi avons suivi lentement sa rapide intuition. « Quel nouvel indice ? J'ai demandé.

"L'indice de peinture phosphorescente", répondit énergiquement Dorothy. « 'L'homme' a écrit son premier message avec un type particulier d'encre phosphorescente. Il doit travailler avec ça depuis un certain temps. Si seulement nous parvenions à trouver quelqu'un qui connaît ce type de peinture, nous pourrions découvrir quelque chose de plus précis à son sujet. C'est de toute façon le meilleur indice que nous ayons.

"Mais comment allez-vous joindre les gens qui connaissent la peinture phosphorescente ?" dit Tom. "Je pense que vous êtes encore dans l'impasse."

CHAPITRE XI

Alors que les chevaux démarraient, Dorothy réfuta la déclaration de Tom avec indignation. « Ce n'est pas une impasse. C'est un bon indice. Nous avons parcouru pratiquement toutes les autres lignes, et maintenant autant essayer celle-ci. Tout porte à croire que « l'homme » est un scientifique doté de capacités considérables. Que lui ou quelqu'un d' autre ait découvert sa force radioactive de grande puissance , il doit être un homme bon, sinon il ne serait pas capable de l'utiliser. Or, il me semble probable qu'il travaillait avec de l'encre phosphorescente simplement parce que c'était la plus proche. Un homme engagé dans de telles recherches aurait probablement au moins un assistant. Je propose de trouver cet assistant.

"J'aimerais te voir le faire", dit Tom d'un air dubitatif. « Comment irais-tu travailler ? »

«Je ferais de la publicité», a déclaré Dorothy.

« Faites de la publicité », fit remarquer Tom. "Voici comment procéder : 'Recherché, l'assistant de l'homme qui essaie d'arrêter toute guerre.'"

"Bien sûr que non, stupide", dit Dorothy avec impatience. « Nous ferons de la publicité pour un homme qui a une certaine expérience dans la fabrication d'encre phosphorescente. C'est la ligne sur laquelle travailler. Ne voyez-vous pas que, puisque la peinture phosphorescente agit mieux avec l'énergie fournie par les substances radioactives, il est probable qu'il l'ait utilisée. Il existe une relation si étroite entre la phosphorescence et la radioactivité qu'un homme pourrait travailler avec les deux.

« Mais où allez-vous faire de la publicité ? J'ai dit . « Comment pouvez-vous savoir où cet homme a travaillé ? Comment connaître sa nationalité ? Je pense qu'il est américain, mais personne ne peut le dire.

« Si vous parlez de Dick Regnier », s'exclama Dorothy, les yeux brillants, « vous vous trompez. Je le connais depuis des années et je sais que ce n'est pas l'homme. Il suffit d'une touche de folie que Dick n'a jamais eue pour faire ce que fait « l'homme ». "L'homme" doit être pratiquement monomaniaque sur le sujet.»

Le bus s'est arrêté juste au moment où la banque est apparue. Dorothy se tourna carrément sur son siège et me fit face. Les sièges autour de nous étaient vides. Elle a regardé mon visage quelque peu coupable et a parlé avec insistance.

"Jim Orrington, vous ne me croyez pas, mais ce n'est pas Dick Regnier ."

"Maintenant, Dorothy," dis-je, "regarde ici. Comment la lettre a-t-elle été modifiée, à moins que Régnier ne l'ait faite ce soir-là chez votre cousin ?

«Je ne sais pas», répondit-elle.

"Oh, viens maintenant," dit Tom. "Laisse tomber. C'est ici que nous descendons.

Nous avions retiré notre argent et étions partis, quand j'ai soudain pensé au courrier. Je me tournai vers la petite fenêtre et demandai s'il y avait des lettres pour nous qui n'avaient pas été acheminées. Quelques instants m'apportèrent un gros paquet, parmi lesquels trois ou quatre enveloppes volumineuses du bureau. En hélant un taxi, nous avons lu activement pendant notre retour au Savoy. Un long rapport dactylographié que j'ai lu avec un soin particulier et que j'ai remis à Dorothy lorsqu'elle avait fini son courrier. Elle m'a regardé avec reproche en lisant le titre. "Et tu n'en as jamais parlé du tout."

«J'ai tout oublié», répondis-je. « J'ai commencé cette enquête le jour où j'étais en prison. Le soir où je suis sorti, la lettre de Denckel est arrivée et depuis, nous avons été tellement occupés que j'ai complètement oublié cela.

« Écoutons-le », dit Tom.

« Lisez simplement le paragraphe condensé en haut », ai-je dit. « Cela raconte toute l'histoire. Vous pouvez lire le reste à votre guise. Dorothy commença de sa voix claire.

« Rapport sur M. Richard Regnier . Richard Regnier est le fils de feu le colonel Arthur Regnier de Savannah, en Géorgie. Il a fait ses études dans des écoles privées et à Princeton. Sa résidence est Savannah, mais il a passé beaucoup de temps en Angleterre. Il s'est spécialisé en chimie lorsqu'il était à l'université et a publié un article après l'obtention de son diplôme sur certains composés chimiques rares. Il n'a pas d'occupation régulière, dispose d'un revenu indépendant et consacre la plupart de son temps à diverses œuvres philanthropiques. Est membre de plusieurs organisations, telles que la Société de la Paix, la Ligue contre la tuberculose, etc., et de quatre clubs. Détails complets donnés ci-dessous. Tous les efforts ont été déployés pour obtenir son adresse actuelle, mais même ses banquiers ne la connaissent pas. Le seul fait que l'on ait pu obtenir à ce sujet est qu'il a navigué pour l'Europe sur la ligne Hambourg-Amérique le dernier juin de cette année. Pour plus de détails sur cette partie de l'enquête, voir ci-dessous.

« Eh bien, il ne l'a pas fait ; il ne le fait pas », a déclaré Dorothy avec insistance.

"Il a la formation pour ça", dit Tom pensivement.

"J'en suis sûr", commença Dorothy, mais j'intervins.

« À quoi ça sert d'en discuter maintenant. De toute façon, nous ne pouvons pas mettre la main sur Regnier , et votre schéma d'encre phosphorescente semble être le prochain schéma à essayer. Nous voici au Temple. Allons voir un de mes amis qui est avocat ici et voyons si nous pouvons utiliser son bureau comme quartier général pour voir les candidats. La discussion s'est donc terminée.

Une brève entrevue avec mon ami et un bref débat sur la meilleure méthode de procédure nous ont amenés à certaines conclusions. Il était tout aussi possible que cet homme ait travaillé à Londres comme ailleurs, et nous décidâmes de passer une annonce dans six journaux du matin pendant trois jours, demandant un homme qui avait une certaine expérience des encres phosphorescentes et qui était capable de participer à un examen scientifique les concernant. Les candidats devaient se rencontrer au bureau de mon ami au Middle Temple à trois heures de l'après-midi du troisième jour.

Pendant deux jours et demi, je passai mon temps à observer les préparatifs de guerre et à faire avancer la recherche de Régnier . Il avait complètement disparu de notre vue. Aucune information sur l'endroit où il se trouvait n'a pu être obtenue, et lorsque nous nous sommes rencontrés au Temple dans l'après-midi du troisième jour, nous n'étions pas plus avancés.

A trois heures, la salle d'attente du bureau était pleine et une longue file d'hommes descendait les escaliers. La foule a été un témoin frappant de la horde de chômeurs à la recherche de la moindre chance d'emploi. Les commis de mon ami étaient désespérés, mais d'une manière ou d'une autre, ils réussirent à faire évoluer quelque chose comme de l'ordre à partir de la masse, et un par un les candidats furent admis. Après la première demi-douzaine, nous avons vu qu'ils pouvaient être divisés en trois classes : les hommes qui ne connaissaient rien à la science ni à aucune sorte d'encre, les hommes qui connaissaient quelque chose à l'encre mais rien à l'encre phosphorescente, et les hommes qui connaissaient quelque chose à l'encre mais rien à l'encre phosphorescente. avaient été assistants de laboratoire auprès de divers chercheurs. Nous les répartissions rapidement sur cette base, et en une heure nous avions renvoyé tous les membres des classes un et deux. Il en restait une dizaine d'autres qui avaient été assistants dans des laboratoires de recherche. Nous les avons examinés un par un. Ils avaient travaillé dans diverses branches ; les cinq premiers en recherches chimiques ; les cinq derniers dans diverses lignes de physique et d'ingénierie. Malgré tous nos efforts, nous n'avons pu obtenir d'aucun d'eux aucune information concernant l'encre phosphorescente, ni concernant tout travail inhabituel utilisant de l'énergie radioactive.

Le dernier homme avait été licencié et nous nous étions assis pour prendre le thé de l'après-midi avec mon ami lorsque nous avons entendu des mots dans le bureau extérieur. La porte s'ouvrit et un employé entra. « Il y a un homme de plus, monsieur », dit-il. « Je lui ai dit qu'il était trop tard, mais il insiste beaucoup, monsieur. Voudriez-vous le voir ?

"Bien sûr", ai-je dit, et nous sommes tous sortis dans le bureau extérieur. Un homme grand et courbé, avec une moustache tombante, se tenait près de la fenêtre. Son visage décharné et ses vêtements usés, bien que soigneusement brossés, témoignaient d'un manque évident de prospérité.

« J'ai osé insister, monsieur, dit-il en s'adressant à moi, car j'ai assez d'expérience avec l'encre phosphorescente. Il y a seulement un an, je travaillais dans un laboratoire où l'on travaillait avec, et même si je travaillais simplement sous la direction d'autres personnes, je pense que je pourrais bien travailler dans ce sens. Je devrais essayer de faire de mon mieux. J'ai besoin d'un endroit.

Cela ressemblait davantage à la réalité. J'ai fait signe à Tom. Il pourrait mener cette enquête mieux que moi.

"Quel est ton nom?"

«George Swenton .»

« Où avez-vous vécu votre expérience ? demanda Tom.

"Avec le docteur Heidenmuller , dans son laboratoire de recherche privé", répondit l'homme.

« Quelle formation avez-vous suivi ? »

"Pas beaucoup. Seulement quelques cours à l'Université de Londres. Je n'étais que le deuxième assistant. J'ai travaillé avec le docteur Heidenmuller pendant quatre ans, jusqu'à sa mort il y a six mois. Depuis, je n'ai plus de place, monsieur.

« Votre employeur a-t-il fait quelque chose avec des travaux radioactifs ? »

"Oui Monsieur. Il est mort de cette façon. Il a été tué, paralysé , pourrait-on dire, alors qu'il travaillait avec quelque chose dans une pièce verrouillée. Il faisait toujours ce travail dans une pièce fermée à clé.

« Quelles ont été les circonstances de sa mort ? demanda Tom. L'homme hésita et leva les yeux avec un peu de crainte.

"Je ne vois pas ce que cela a à voir avec l'encre phosphorescente", a-t-il déclaré. "La police s'est penchée sur l'affaire de sa mort et a déclaré qu'il s'agissait simplement d'une mort par paralysie." Il s'arrêta et ferma fort la bouche. Dorothy intervint.

"M. Swenton , voici l'état des choses. Je ne pense pas que mon frère ait été très clair. Nous sommes plus intéressés par l'œuvre radioactive du Dr Heidenmuller que par sa peinture phosphorescente. Nous n'avons aucune question de vous. Nous ne voulons rien savoir qui ne soit pas tout à fait correct de notre part, mais nous voulons savoir tout ce que vous pensez pouvoir nous dire à juste titre sur son travail. Je suis sûr que mon frère sera prêt à vous employer, si vous pouvez montrer que vous avez fait cela et que vous pouvez faire ce qu'il veut.

Le visage de l'homme s'éclaira. Les paroles de Dorothy étaient plus convaincantes que les preuves. Il fouilla dans ses poches et en sortit une liasse de papiers qu'il remit à Tom, qui les feuilleta rapidement.

« Ils vont bien », dit-il en les rendant. « Maintenant, si je vous donne vingt livres par mois pendant deux mois, est-ce que ça ira ? »

Un rouge terne monta sur le visage de l'homme alors que ses yeux s'éclairaient. "Cela signifiera tout pour moi, monsieur", a-t-il déclaré. «J'ai une femme et un garçon.»

Tom sortit son sac à main. "Voici dix livres pour conclure le marché", et il lui tendit deux billets de cinq livres .

"J'apprécie cela plus que je ne peux le dire", a déclaré l'homme, les larmes lui montant aux yeux d'émotion. "Maintenant, que voulais-tu savoir?"

"D'abord à propos de l'appareil du Dr Heidenmuller , puis à propos de sa mort."

« J'ai bien peur de ne pas pouvoir vous en dire beaucoup sur l'appareil. Je ne l'ai même jamais vu. C'était dans une pièce intérieure dont le médecin avait la seule clé. Je n'ai jamais été dans la pièce jusqu'au jour où nous avons enfoncé la porte et l'avons fait sortir mort. Il n'y avait alors aucun appareil. Il a dû être supprimé.

« A quoi ressemblait la pièce ? » » demanda Dorothée.

« Tout était nu. Rien du tout, à part la chaise en bois sur laquelle il était assis et une table en bois.

"Et les murs et le plafond ?"

"Ils étaient tous en bois."

« Et les serrures des portes et des fenêtres ? »

«C'était une chose drôle. Ils étaient également en bois, mais il avait une clé en fer.

"Qu'est-ce que le docteur avait dans ses poches ?"

« Quatre billets de cinq livres, aucun changement, et sa montre avait disparu. Il n'y avait rien dans la poche de sa montre à part un cristal de montre. Ses clés aussi avaient disparu et seul le ruban de sa montre restait par terre.

« Qu'ont dit les médecins à propos de sa mort ? »

« Une paralysie pure et simple, disaient-ils. J'étais absent depuis trois jours. Il est resté dans le laboratoire pendant un jour après mon départ, et le lendemain, il a dû mourir. Ils disaient que la mort était instantanée.

« Le médecin a-t-il quitté de la famille ?

"Aucun."

« Que sont devenus ses papiers ?

"Personne ne sait. Il n'avait pratiquement pas d'amis. Ses biens sont allés à une nièce en Allemagne, et elle est venue chercher des papiers, mais elle n'en a trouvé aucun.

« Qu'est devenu l'autre assistant ?

« Il est retourné en Allemagne. Cependant, il n'en savait rien de plus que moi.

« Est-ce que le médecin avait des amis qui sont venus le voir ?

"Très peu. Il y avait un Américain qui venait le voir de temps en temps. Je n'ai jamais su son nom ni d'où il venait, ni le nom des deux ou trois amis allemands qu'il avait.

« Pensez-vous à autre chose ? demanda Tom.

"Rien d'autre, j'en ai peur", répondit Swenton .

Tom se leva de sa chaise et fit les cent pas dans la pièce, les mains dans les poches de son pantalon, son manteau rejeté en arrière. Tandis qu'il marchait, Swenton , le regardant, poussa une exclamation.

"Je peux vous dire une chose à propos de l'Américain", a-t-il déclaré. "Il portait une épingle de forme particulière sur son gilet, comme celle que vous portez sur votre porte-clés."

Tom sortit son porte-clés avec sa broche Theta Sigma Rho. « De toute façon, il y a un bon indice », dit-il. "Il doit être un homme Theta Sigma Rho."

Nous ne pouvions rien obtenir de plus de Swenton et, après lui avoir ordonné de passer au Savoy le lendemain matin, nous l'avons renvoyé heureux. Alors que nous descendions les escaliers étroits et sortions des vieux passages voûtés du temple, Dorothy dit : « Montons le talus jusqu'à l'hôtel. Nous pouvons mieux penser de cette façon.

Nous avions parcouru la moitié du chemin lorsqu'elle s'est arrêtée. « Supposons que nous en parlions ici », et nous nous arrêtons près du parapet pour discuter de la question.

« D'après ce que je comprends, » dit Tom, « Heidenmuller était l'homme qui a découvert le pouvoir secret qui a détruit les cuirassés, mais il ne peut pas être « l'homme », car il est mort avant que le premier navire ne coule. Il a donc dû le transmettre à quelqu'un d' autre qui l'utilise, peut-être à l'Américain qui était son ami, ou à l'un des Allemands. Il me semble que la prochaine chose à faire est de trouver un Américain à Londres qui porte un pin's Theta Sigma Rho.

Aussitôt, j'effrayai le calme paisible du talus et me rendis suspect aux yeux du policier voisin, en sautant en l'air et en frappant dans mes mains.

« Hamerly , par tout ce qui est saint ! J'ai pleuré. "Tu te souviens de cet homme que j'ai ramené à la maison le soir de ton arrivée, Dorothy?"

Elle hocha la tête, les yeux brillants d'intérêt.

« C'est l'un de nos hommes et il avait une tache d'acide sur son manteau. Je vous parie que c'est l'Américain. Je sais où il habite et je suis allé le voir une fois, mais il était absent. J'y monterai juste après le dîner.

"Pensez-vous qu'il est 'l'homme'?" » demanda Tom avec enthousiasme.

"Je ne vois pas comment il pourrait l'être," dis-je lentement. « 'L'homme' travaillait dans la Manche, quand il était au British Museum. Mais il est sûrement le prochain homme à interviewer.

À huit heures, j'étais dans un fiacre et je filais à toute vitesse vers Half-Moon Street. « Est-ce que M. Hamerly était là ? Il l'était et m'a rencontré à mi-chemin dans les escaliers. «C'est très gentil de votre part, Orrington», dit-il. "J'étais vraiment désolé de manquer votre dernier appel."

Pendant quelque temps , nous parlâmes de diverses choses, de nos années d'université et de nos affaires à la maison. Il était venu comme boursier Rhodes et, ayant un peu d'argent qui lui restait à Oxford, était parti à Londres après avoir obtenu son diplôme, menant une vie d'études tranquilles. Pendant que nous parlions, j'ai évalué mon compagnon. « Un peu grave, mais, après tout, un homme sain d'esprit et solide », ai-je décidé, et je lui ai confié ma mission directement.

«Vous connaissiez le Dr Heidenmuller », dis-je brusquement.

"Oui, mon pauvre vieux," dit-il calmement. « Comment l'avez-vous croisé ? »

« Je ne le connaissais pas personnellement, dis-je, mais je connaissais un homme qui le connaissait. Un de nos propres hommes, Tom Haldane de Colombie, qui s'intéresse beaucoup aux travaux radioactifs que le Dr Heidenmuller effectuait avant sa mort, est ici avec moi.

de Hamerly s'emplit d'impatience. Toute son attitude a changé. « Est-ce que Haldane savait ce qu'il faisait ? » demanda-t-il à bout de souffle.

"Pas exactement," dis-je.

« Eh bien , s'il en sait quelque chose, je crois qu'il connaît l'une des plus grandes choses de la science moderne. Le Docteur ne m'en a jamais rien dit, mais je suis entré dans cette pièce le jour où il en a été sorti mort, et depuis lors, j'ai le sentiment qu'il avait trouvé une force plus grande que tout ce qu'on avait encore obtenu, et que cette force l'a tué. .» Il fit une pause. « Je n'ai jamais dit cela à personne d'autre, mais Haldane est l'homme entre tous qui le sait, et vous pourriez le lui dire de ma part. Il pourra peut-être l'utiliser d'une manière ou d'une autre. Je ne peux pas. J'ai fait de mon mieux pour trouver des indices à ce sujet après la mort de Heidenmuller , mais c'était absolument inutile. Pensez-vous qu'Haldane dispose de suffisamment de données pour y parvenir ?

"Franchement, je ne sais pas", dis-je.

— Sauf deux choses, j'aurais dû dire que le secret est mort avec lui, dit lentement Hamerly .

Je me suis penché en avant, m'accrochant à chaque mot.

« Je n'en ai jamais parlé, mais, » il fit une pause, « vous connaissez cet homme qui essaie d'arrêter toute guerre ?

J'ai hoché la tête.

« Eh bien, vu l' apparence de la chambre d'Heidenmuller et la façon dont les objets dans ses poches étaient laissés, je me suis demandé si l'homme n'avait pas ses secrets. Savez-vous, dit-il en se penchant en avant, qu'il n'y avait pas d'œillets dans ses chaussures lorsqu'il a été retrouvé. Les sertissages étaient dans le cuir des cordes, mais les extrémités métalliques avaient disparu. Les verres de ses lunettes, sans monture, gisaient par terre. Le remplissage même de ses dents avait disparu. Pourquoi un cuirassé ne pourrait-il pas disparaître de la même manière dans ses parties élémentaires, tout son contenu vivant paralysé par le choc, mourant instantanément et coulant sous les vagues. Je me suis demandé plus d'une fois si le gouvernement avait envoyé des plongeurs dans le port de Portsmouth et, s'ils l'avaient fait, ce qu'ils avaient trouvé.

Il n'y avait qu'une chose à faire. Il détenait autant que nous du secret. Peut-être qu'il en savait plus. Du début à la fin, j'ai raconté toute l'histoire de notre recherche. Au fur et à mesure que j'avançais, il devenait de plus en plus excité. Alors que je m'arrêtais vers la fin, il est intervenu.

« La deuxième chose entre en jeu ici, la raison pour laquelle je pense que le secret ne sera peut-être pas perdu. Un jour, alors que j'entrais dans le laboratoire, l'assistant du médecin m'a dit qu'il était dans la pièce intérieure, mais m'avait laissé dire d'attendre. J'étais extrêmement curieux car personne n'était jamais entré dans cette pièce intérieure à ma connaissance. La porte s'ouvrit enfin et un homme grand et brun, un Américain devrais-je dire, sortit de cette pièce fermée avec le médecin. Je ne l'ai jamais revu avant ni depuis. Maintenant, est-il l'homme qui a obtenu le secret et qui, grâce à lui, essaie d'arrêter toute guerre ?

J'étais hors de mon siège avec enthousiasme. « Je crois qu'il l'est. Le reconnaîtriez-vous si vous voyiez sa photo ?

"Sûrement", a déclaré Hamerly .

Je me levai pour partir.

"Attendez", s'est exclamé Hamerly , "Je ne vous en ai pas encore dit la moitié."

"Continuez", dis-je avec empressement en me rasseyant.

« Le premier jour, après avoir fait un examen sommaire, j'ai commencé à parcourir la pièce intérieure centimètre par centimètre. Au début , je pensais que c'était parfaitement isolé par le bois. Il n'y avait pas un morceau de métal ni même un morceau de verre à l'intérieur. Là où descendait la lumière incandescente, pendait un bout de cordon torsadé, sans qu'il ne reste un morceau de métal. Il y avait une longueur de tissu isolant, sans le fil qu'il recouvrait, posé sur le sol. J'ai tourné en rond à la recherche de métal, mais je n'en ai trouvé aucun. Il y avait un volet en bois au-dessus de la fenêtre, mais pas de vitre. J'ai fermé la porte et parcouru chaque centimètre carré de la pièce, essayant de trouver la moindre faille dans l'isolation. La seule chose que j'ai pu trouver était une faible lueur, là où le volet en bois de la fenêtre ne se rejoignait pas tout à fait. Je suis sorti et j'ai étudié l'endroit depuis la rue. Il n'y avait rien d'inhabituel sur le mur du laboratoire, à l'exception du fait que la fenêtre grillagée de la pièce en bois ressemblait à un œil aveugle rectangulaire. J'ai traversé le trottoir juste avant le laboratoire et j'ai regardé de haut en bas le mur opposé. Il n'y avait rien d'inhabituel de ce côté-là, sauf deux places carrées, côte à côte sur le mur peint, qui paraissait plus frais que le mur d'entour. Je les ai examinés plus attentivement, croisés et recroisés. Les deux points étaient presque exactement à l'opposé de l'extrémité inférieure de la fenêtre aux volets où j'avais vu un léger éclat de lumière, le seul endroit où l'isolation en bois était cassée. Je montai les escaliers de la maison d'en face. C'était un petit salon de thé. Une pancarte en bois était appuyée contre le mur à côté de la porte. Je l'ai ramassé. Les trous de vis et la peinture plus blanche à l'endroit où se trouvaient les charnières étaient visibles, mais il n'y avait aucun métal dessus. La patronne s'est précipitée pour prendre ma commande et, alors qu'elle m'a vu regarder le panneau, elle s'est lancée dans une explication volubile. « J'aurais dû remettre le panneau à sa place, monsieur, mais je n'ai pas osé le faire. C'était une semaine mardi quand il est tombé. C'est la grâce de Dieu que personne n'ait été tué, monsieur. Et la chose la plus étrange aussi. Je n'ai pas pu trouver la vue ni l'odeur des charnières et de la tige où elle était suspendue. Il a dû s'arracher du mur et quelqu'un a ramassé le fer avant que je puisse descendre, monsieur. N'est-ce pas étrange, monsieur ?

«C'était tombé le jour où Heidenmuller est mort.

«Je suis retourné au laboratoire et j'ai fouillé chaque centimètre carré, mais je n'ai rien trouvé. Je restais là, perplexe. S'il y avait eu un pouvoir qui avait tué Heidenmuller , il devait y avoir une substance matérielle dans laquelle il était conservé. J'avais fait des recherches très minutieuses sur ce qui se trouvait sur lui et dans la pièce. Personne ne pouvait rien me dire. Swenton et Griegen , les deux assistants, n'étaient ni l'un ni l'autre, mais le premier à entrer dans la pièce lorsque le corps du médecin fut découvert était un garçon au visage acéré qui faisait office de concierge. Je l'avais interrogé à fond, comme je le pensais, mais je résolus de voir s'il n'en savait pas davantage. Je suis retourné vers lui et une heureuse inspiration m'est venue. Tenant un souverain à la main, je dis avec désinvolture : « S'il me reste un petit souvenir personnel du médecin, j'aimerais beaucoup l'avoir. Les yeux étroits du garçon brillaient. Il mit la main dans sa poche, en sortit ce qui était apparemment un étui à cigarettes en cuir, saisit le souverain et me tendit l'étui. ' Je l' ai trouvé h'sur le sol, après qu'on l'ait emmené salut , marmonna-t-il. ' C'est la seule chose que je pense qu'il y avait là.'

Hamerly se leva tout en parlant et se dirigea vers son bureau. Je le suivis, le cœur battant à grands bonds. Il sortit d'un tiroir ce qui ressemblait à un étui à cigarettes en peau de porc, coupé en deux. Hamerly tenait les deux sections dans sa main. Au sommet se trouvait une valve de construction étrange : le boîtier était recouvert d'une substance noire qui ressemblait à du caoutchouc.

« Je crois, » dit gravement Hamerly , « que dans ce cas il y avait une substance terriblement puissante qui a tué Heidenmuller et détruit tout le métal dans la pièce en bois, en s'échappant par la vanne accidentellement ouverte. Je crois que l'homme qui essaie d'arrêter toute guerre utilise le même agent redoutable. Je crois qu'une fois que la substance s'échappe et fait son travail, elle se transforme en un gaz inoffensif, comme l'hydrogène, une fois explosé avec l'oxygène, forme de l'eau inoffensive, ou comme le carbone du charbon, qui s'enflamme lorsqu'il s'unit à l'oxygène. de l'air devient, après cette union, du dioxyde de carbone inerte. Vous savez, maintenant, tout ce que je sais. J'ai fait tout ce que je pouvais avec", a-t-il conclu, "Apportez-le à Haldane."

Abasourdi par cette histoire, je n'ai pu que le remercier et prendre le cas en main. Nous nous quittons avec une parole de bonne volonté et l'assurance du secret de sa part.

CHAPITRE XII

Le lendemain matin, j'ai levé mon rideau et j'ai trouvé Londres s'installant dans une mer de brouillard. Déjà la Tamise était entièrement cachée, et le côté de l'eau du remblai ne présentait que de faibles lumières scintillantes, sur le point de s'éteindre complètement. Le policier en cape, le garçon boucher pressé, les ouvriers et les femmes de ménage qui traversaient le jardin en contrebas, avaient tous complètement perdu leur individualité et étaient devenus, à la place des types londoniens communs, des Niobes brumeux du XXe siècle . Mais même si c'était lamentable à l'extérieur, mon esprit était assez joyeux à l'intérieur alors que je commençais à rencontrer Tom et Dorothy.

Nous étions à la moitié du petit-déjeuner lorsque la carte d'Hamerly fut apportée, suivie quelques instants plus tard par l'homme lui-même. J'ai regardé avec un intérêt ravi le sursaut involontaire qu'il a fait lorsqu'il a rencontré Dorothy. Comme j'aimerais pouvoir la décrire à juste titre alors qu'elle se tenait là, éclairant par sa seule présence l'intérieur gris de la salle à manger, enveloppé comme il l'était par le « particulier londonien ». Tout le reste était sombre, sauf dans le cercle où Dorothy donnait l'éclat de sa présence. L'hommage silencieux de Hamerly n'était rien de plus que ce qu'elle exigeait de tous ceux qui la rencontraient. À maintes reprises , je me suis émerveillé de mon audace en croyant que je pourrais avoir cette incarnation de la jeunesse, du pouvoir et de la beauté pour moi.

De telles pensées me traversèrent l'esprit alors que j'étais assis à regarder l'échange rapide de questions et de réponses entre Tom, Dorothy et Hamerly . En réponse à leurs questions, Hamerly raconta l'histoire qu'il m'avait racontée la veille et, en terminant, demanda : « Qu'allez-vous faire ensuite ? Comment comptez-vous utiliser votre homme Swenton ? »

Dorothy a répondu pour Tom et moi. « Nous allons directement au laboratoire du Dr Heidenmuller , en emmenant Swenton . Je veux avoir toute la scène sous les yeux pour voir ce qu'on peut en tirer. Nous serions très heureux de vous accueillir avec nous, M. Hamerly .

Tom se pencha vers moi avec un air de fausse angoisse sur le front. « Comme j'avais espéré un dimanche matin paisible », dit-il d'une voix basse, « et maintenant nous devons plonger dans un méchant brouillard et courir partout dans cette ville plongée dans la nuit. Qu'à cela ne tienne, j'aurais pu le savoir. Je ne pourrai jamais suivre ma propre voie.

Malgré sa plainte, Tom était le premier prêt, alors que, vêtus d'un imperméable et d'un chapeau mou, notre petit groupe se rassemblait sous l'abri de l'auvent en verre à l'intérieur de la cour.

La dignité massive du porteur de voiture, enveloppé dans un manteau de caoutchouc blanc brillant, apparaissait plus imposante que jamais, alors que, avec une grâce éléphantine, il sifflait deux fois de manière stridente. Sur un fond sombre, deux cabines se précipitèrent dans le cercle de lumière où les arcs de l'entrée luttaient courageusement contre le brouillard envahissant.

«Je vais avec M. Hamerly », dit Tom. « Tu emmènes Dorothy dans l'autre cabine, Jim, et tu continues tout droit. Nous viendrons chercher Swenton en chemin. Donnez l'adresse, voulez-vous, Hamerly ?

« Vieille communauté juive, troisième ruelle, de ce côté de Gresham Street », dit Hamerly , et les chauffeurs de taxi acquiescèrent.

Dorothy est intervenue légèrement avant que je puisse apporter mon aide. Je le suivis, le portier ferma les portes à rideaux, remonta la fenêtre, et nous voilà partis, embarqués dans une mer de brouillard. En regardant dehors, j'ai cru voir Tom parler à notre chauffeur, mais je ne pouvais pas en être sûr.

« Les vieux juifs », dit Dorothy d'un ton rêveur. « Comme c'est délicieusement dickensonien . Je n'ai aucune idée d'où cela peut être et je ne veux pas le savoir. C'est bien plus amusant de se plonger dans un monde d'aventures inconnu à bord du bon navire Hansom Cab.

Il se trouve que j'avais une idée précise de l'endroit où se trouvaient les vieux juifs, mais un ange gardien m'a empêché de parler. Jamais auparavant je n'avais possédé tout ce qui m'était précieux dans la vie dans la petite capacité d'un fiacre. Dehors passa lentement devant une ville neutre et sombre, dans laquelle les réverbères projetaient des lignes pointues de lumière dans une vaine tentative de percer l'obscurité, où les fantômes, apparaissant soudainement sous les pieds de nos chevaux, disparaissaient tout aussi soudainement dans l'obscurité qui nous couvrait, et où de temps en temps puis un autocar est passé devant nous, comme une caravelle espagnole à haute crotte. De temps en temps, nous nous arrêtions. De temps en temps, nous nous faufilions au pas dans ce qui semblait à la fois une éternité de joie et un moment éphémère de bonheur. Dorothy s'allongea contre le coin rembourré, profitant au maximum de l'expérience. Nous parlions rarement. Je n'ai proposé aucune suggestion. Il me suffisait de m'asseoir à côté d'elle, de savoir que le tissu rugueux de son ulster en tweed touchait ma main, de sentir à travers chaque fibre intime de mon être sa chère et douce proximité. Nous avons voyagé encore et encore, jusqu'à ce que je réalise enfin que, d'après toutes mes impressions, nous aurions dû être arrivés à destination bien avant. J'ai regardé attentivement pour la première fois. Le brouillard était toujours aussi dense. Je ne savais pas où je me trouvais. Sans dire un mot à Dorothy, j'ai continué à essayer de percer le mur de nuages, alors qu'une centaine de questions commençaient à surgir dans mon cerveau. Y avait-il quelque chose de bizarre là-dedans ? Le conducteur était-il perdu ou nous emmenait-il délibérément dans une direction dangereuse ? De toute façon, cela n'avait pas d'importance. En regardant Dorothy, je savais que je pouvais la protéger contre mille périls, et j'ai senti une chaleureuse lueur de puissance, de courage jaillir de mon âme. À ce moment-là, j'ai vu des arcs lumineux devant moi et j'ai regardé encore plus attentivement. Sous eux, le brouillard semblait moins dense, et lorsqu'une plaque de cuivre apparut, je la scrutai avec impatience. « Chartreuse ». Je ne pouvais plus lire, mais cela me disait où j'étais. Sur Charterhouse Square, au-delà de Smithfield, presque jusqu'à Clerkenwell Road. Nous étions allés très loin pendant que je rêvais. J'ai vomi la portière du conducteur. "Vous devez vous écarter de votre chemin", m'écriai-je.

"H'Je ne pouvais pas faire mieux, monsieur", fut la réponse. "Je dois revenir, je pars directement vers la vieille communauté juive, monsieur."

Peut-être y avait-il une note de rire dans la voix de l'homme, certainement il n'y avait rien de sinistre. Je me rappelai l'aperçu que j'avais aperçu de Tom à côté du fiacre du Savoy, et, mes scrupules cessant, je bénis intérieurement cet esprit malicieux.

Dorothy a levé les yeux pendant que je parlais. "Est-ce que tout va bien, Jim?" elle a demandé.

«Tout va bien», répondis-je, et elle retomba dans sa joyeuse méditation, tandis que je faisais intérieurement encore d'autres remarques sur son ingénieux frère. Silencieux et heureux, nous avons continué notre route, l'esprit tout à fait tranquille maintenant, et pas le moins du monde impatient d'en arriver au bout. La cabine s'arrêta et la petite porte du haut s'ouvrit avec un clic.

"C'est l'endroit idéal, monsieur."

J'ai sauté et j'ai regardé autour de moi. Aucun taxi en vue. "Eh bien," dis-je à Dorothy, "voici une jolie tentative. Personne en vue et je ne sais pas où est la maison.

Sans un mot, Dorothy se pencha en avant et siffla une seule mesure. Du brouillard sortaient les notes répétées, et un instant plus tard, de l'autre côté de la rue, arrivait Tom.

"Oh, vous êtes enfin arrivé ici, n'est-ce pas ?" dit-il d'un ton sarcastique. « Je pensais que tu n'arriverais jamais ; Je ne pouvais pas imaginer ce qui te retenait.

Tandis qu'il parlait, j'entendis une sorte de halètement étouffé venant du haut de la cabine, mais heureusement les soupçons de Dorothy n'étaient pas éveillés.

"Cela n'a pas semblé si long", répondit-elle simplement, ce à quoi Tom répondit: "Oh, vraiment, n'est-ce pas?" alors qu'il lui prenait le bras pour la conduire à travers la rue. Il a rappelé notre chauffeur de taxi en partant : « Avancez un peu et vous trouverez une sorte d'abri où vous pourrez attendre. L'autre taxi est là.

"Bien, monsieur", fut la réponse, et nous entendîmes le mouvement lent de ses roues disparaître, alors que nous étions tous les trois laissés dans l'océan de brouillard.

" Swenton traque le gardien, " dit Tom. « Hamerly et moi attendions son retour. Les vieilles pièces sont bien fermées.

Nous trouvâmes Hamerly dans un vestibule où vacillait une seule lampe à gaz et, pendant que nous attendions, nous nous misâmes à parler à voix basse. La brume semblait amener nos voix à une tonalité mineure. Dix minutes s'étaient peut-être écoulées lorsque la porte s'ouvrit et que Swenton entra, accompagné d'un homme vêtu d'un gros tablier à coutil.

"C'est le gardien, monsieur", commença-t-il en s'inclinant devant Dorothy et moi. « Il a refusé de me laisser entrer pour récupérer mes affaires. Il dit que le laboratoire a été laissé après la mort du Dr Heidenmuller à un autre chimiste, un gentleman qui a acheté toutes les affaires du médecin aux héritiers. Il est resté là, par intermittence, pendant un petit moment, mais il est parti il y a longtemps , il est parti une nuit soudainement et n'est jamais revenu. Cet homme dit que les agents ne laissent entrer personne. Je l'ai amené ici pour que vous puissiez lui parler si vous le souhaitez.

Le gardien resta silencieux et maussade tandis que Swenton parlait, les mains enfoncées dans les poches avant de son tablier.

"Je veux lui parler", dit brièvement Tom. «Viens ici», et il a ouvert la voie, le gardien le suivant. La conversation d'un moment fut interrompue seulement par un tintement doré, accompagné du tintement des clés, après quoi le gardien disparut et Tom se retourna vers nous.

« J'ai ici, dit-il mystérieusement, un trousseau de clés que j'ai étrangement trouvé sur le sol au fond de cette salle. Supposons que nous montions au dernier étage et voyons s'ils veulent y travailler.

Le visage de Dorothy était assombri lorsque Tom arriva à l'endroit où nous nous tenions un peu à l'écart, Hamerly et Swenton avaient déjà commencé à monter les escaliers. "Je ne suis pas sûr que tu fasses bien, Tom," dit rapidement Dorothy à voix basse. "Je n'aime pas soudoyer un serviteur pour qu'il nous laisse entrer dans un endroit auquel nous n'appartenons pas."

Le visage de Tom devint sérieux en une minute. "Je n'aime pas ça non plus, Dorothy," répondit-il gravement, "mais je vais le faire. Vous souvenez-vous du petit nain allemand couché au fond ? Tant que l'homme qui tente d'arrêter toute guerre est en liberté, des milliers d'hommes seront en danger à chaque instant. Je crois sincèrement que nous sommes les seuls à pouvoir renverser cet homme. Je suis convaincu que nous serons pleinement justifiés dans une telle action.

Dorothy resta un moment plongée dans une réflexion silencieuse. "Je pense que tu as raison, Tom," dit-elle doucement. « Dans ce cas, j'espère et je crois que la fin justifiera les moyens. Nous devons trouver « l'homme ». Poursuivre."

Trébuchant dans l'obscurité, nous atteignîmes le sommet, où la flamme d'une allumette montrait une solide porte en chêne surmontée de deux serrures Yale. Tom a immédiatement remis les clés et a ouvert la porte. Une fois à l'intérieur, Swenton se dirigea d'un pas habituel vers le mur, tourna un interrupteur et des lampes à incandescence éclairèrent tout l'endroit.

Nous étions dans une sorte d'antichambre, avec des bureaux et des chaises. "Le bureau extérieur", dit brièvement Swenton . Nous avons franchi une porte intérieure. "Le laboratoire principal", remarqua Swenton . C'était similaire à n'importe quel autre laboratoire. Un moteur-générateur de bonne taille dans un coin, recouvert d'une feuille de caoutchouc, quelques tables recouvertes de carrelage, un ensemble d'étagères d'un côté, remplies de flacons de réactifs étiquetés, un ensemble de vitrines en verre, supportées sur une base remplie de tiroirs. , de l'autre. Dans les armoires se trouvaient de la verrerie et des appareils de toutes sortes. Tom commença à s'occuper de l'affaire, mais Dorothy posa une main de retenue sur son bras.

« Attendez que nous ayons tout vu. Ensuite, nous passerons en revue l'ensemble, pièce par pièce.

Tom hocha la tête et nous continuâmes. Il y avait trois portes du côté opposé du mur. Swenton passa au premier et l'ouvrit. «Le cellier», expliqua-t-il. À l'intérieur se trouvaient des caisses en bois contenant de la verrerie, de grandes bonbonnes d'acide, des tubes de verre sur des supports et du fil sur des bobines. Dans un coin se trouvait apparemment un hôpital pour les appareils brisés ou désaffectés. Nous nous sommes tournés de là vers la deuxième porte. "La salle d'équilibre", a déclaré Swenton en ouvrant le portail. Trois balances en bois poli et verre brillant se sont présentées à nos yeux. Il n'y avait rien d'autre dans la pièce. Swenton ouvrit une troisième porte. « La salle du spectroscope », dit-il. "Au-delà se trouve le laboratoire privé du médecin." Un gros appareil posé sur la table était recouvert d'un tissu vert. Au-delà se trouvait une porte en bois. Malgré moi, je sentis un étrange tremblement nerveux parcourir mon corps tandis que je regardais les banals panneaux de bois derrière lesquels le Dr Heidenmuller était assis mort, tué par le même pouvoir mystérieux qui avait tué les hommes que j'avais vu étendus tranquillement à l'hôpital. au fond du port de Portsmouth. Tom et Hamerly étaient aussi passionnés que des chiens de chasse, Swenton intéressé mais plus indifférent, Dorothy pâle, les yeux brillants d'excitation. Hamerly atteignit la porte le premier, l'essaya et elle recula. L'ampoule à incandescence n'avait pas été allumée dans la salle du spectroscope, et la seule lumière qui entrait était la ruelle dorée, qui venait du laboratoire principal. Cela ressemblait à une mise en scène. La lumière tombait sur une lourde table en bois et quelques chaises Windsor. Le reste n'était qu'à peine esquissé.

Un moment d'arrêt sur le seuil, comme si nous nous attendions à rencontrer quelque horreur, nous ne savions quoi, puis nous nous précipitâmes ensemble. Il n'y avait rien à voir. Murs lambrissés en bois ; fenêtres fermées par des volets en bois ; la table en bois et les deux chaises en bois ; c'était tout. Nous sommes restés là, silencieux, jusqu'à ce que Tom brise le silence.

"Il n'y a rien d'autre à faire que Sherlock Holmes", a-t-il déclaré. « Nous avons toute la journée pour mettre fin à cette affaire. Swenton , il y a ici un appareil dont j'ai besoin. Il se peut que le médecin n'en ait jamais eu en dehors de sa chambre, mais on peut en trouver des traces dans le laboratoire ou dans le magasin. Êtes-vous prêt à nous aider à chasser ?

« Si je ne l'étais pas, je serais l'homme le plus ingrat du monde, monsieur », dit Swenton avec sérieux. "Je dois la vie de ma femme à vous et à Miss Haldane." Il jeta un coup d'œil à Dorothy.

"Alors c'est là que tu étais ces deux derniers matins," lui murmurai-je, tandis que Tom poursuivait.

«Je les ai trouvés sortant d'une grande détresse», répondit-elle simplement; "Je suis tellement heureuse d'avoir pu aider."

« Maintenant, s'écria Tom, passons à un autre conseil de guerre. Venez dans le laboratoire extérieur et nous en parlerons.

Les stores tirés, la lueur vive des lampes de laboratoire réfléchie par les carreaux polis et la porte des armoires, donnaient un aspect nettement joyeux à la scène tandis que nous nous installions.

"J'ai réfléchi attentivement à cette question depuis un certain temps", commença Hamerly , de son ton plutôt prudent, une fois que nous étions assis, "et si vous n'y voyez pas d'objection , j'aimerais vous présenter mes théories."

"Allez-y," dit Tom.

Hamerly continua quelque peu pensivement. « Je pense que vous avez tort de dire que nous devrions suivre les méthodes de Sherlock Holmes. Il faudrait plutôt suivre Dupin , le détective de Poe, l'homme qui a précédé Sherlock Holmes. Essayez de réfléchir à ce que le médecin aurait sous la main en ce qui concerne le pouvoir et où il le trouverait. Essayez d'analyser l'action de son cerveau, plutôt que de rechercher des données infimes. Voyons ce que nous savons sur le Dr Heidenmuller . C'était un Allemand du type d'étudiant le plus typique. Cela signifie qu'il ne ferait jamais rien sans le mettre sur papier. Il avait envie de cacher ce qu'il faisait à son entourage. Cela ressort clairement du fait que Swenton n'a jamais rien su de l'intérieur de cette pièce. Si le médecin avait pris des notes, comme je crois qu'il a dû le faire, il aurait voulu les avoir à portée de main. Il devait donc les avoir dans cette pièce. C'était un brillant scientifique et il n'aurait donc pas eu recours aux méthodes ordinaires de dissimulation. Ses notes et son appareil étaient susceptibles d'occuper une quantité de place relativement importante, de sorte que nous sommes poussés à la conclusion définitive qu'il y a un placard caché quelque part dans cette chambre intérieure. Si nous pouvions prendre le temps d'enlever tous les murs et obtenir la permission de le faire, nous pourrions, je crois, trouver la cachette, mais cela impliquerait du temps, de l'argent et la dénonciation des personnes qui contrôlent actuellement la situation. le lieu et posséder l'appareil. Je me demande fortement si cela en vaudrait la peine .

"Non," dit Tom, "je ne crois pas que ce serait le cas. S'il y avait une chance que l'homme qui a embauché cet endroit soit l'homme que nous recherchons, je dirais d'y aller à tout prix, mais je ne crois pas qu'il y ait une chance sur mille que ce soit le cas. Il est trop vif pour rester là où le Dr Heidenmuller est mort dans des circonstances aussi particulières.

"Je suis d'accord avec cela", a déclaré Hamerly .

"Et moi aussi", ai-je ajouté.

Dorothy ne dit rien, mais tandis que je la regardais, je vis la rose de ses joues s'accentuer et ce changement particulier dans son regard qui montrait qu'elle avait déjà dépassé le raisonnement des autres et saisi la réponse par intuition. "Une question d'abord", commença-t-elle, "M. Swenton , le médecin a-t-il laissé la porte de la salle du spectroscope ouverte lorsqu'il est entré dans sa chambre privée ?

"Non", répondit lentement Swenton , "il entrait dans la salle du spectroscope, verrouillait cette porte, et alors on pouvait entendre la porte intérieure s'ouvrir et se fermer. Parfois, il ne sortait pas, mais je l'ai souvent entendu sortir dans l'antichambre environ trois ou quatre minutes après son entrée, y rester une minute ou deux, puis rentrer et ressortir encore une fois. Après cela, il restait enfermé là pendant des heures ensemble.

"C'est réglé", s'écria Dorothy. «Je suis sûr de savoir comment il a ouvert son ou ses placards secrets. Vous vous souvenez du fil isolé qu'ils ont trouvé lorsqu'ils sont arrivés après la mort du médecin.

Nous avons hoché la tête avec impatience.

«C'était le bobinage d'un électro-aimant. Il l'attacha au long cordon flexible de la douille à incandescence de l'antichambre, le rentra, ouvrit ses placards, le ressortit et repartit. Voyez si vous trouvez un électro-aimant dans les caisses ou dans la réserve, et nous ouvrirons les portes.

A peine les mots étaient-ils sortis de sa bouche, que Swenton se précipita vers un tiroir et en sortit trois petits électro-aimants, tous de la même taille.

«Voici les seuls que je connaisse, en laboratoire», s'est-il exclamé. « Je peux en connecter un avec le cordon flexible en une minute. Nous aurons cependant besoin de plus de lumière. Si l'un de vous, messieurs, veut se procurer un autre connecteur et le fixer à une prise, j'installerai l'aimant. Vous trouverez des connecteurs pour cette taille de prise dans le cellier, j'en suis sûr.

Avec quatre mains expérimentées au travail, il ne fallut pas dix minutes avant qu'une ampoule à incandescence se dresse sur la table de la pièce intérieure, tandis que nous avions un aimant électrique connecté à un long cordon flexible qui amenait le courant depuis une prise de lampe à incandescence dans la pièce voisine. Dorothy se tenait au centre , une fois de plus aux commandes.

«Je crois que c'est sous l'une de ces chevilles», dit-elle. "Voyez ce qu'il y a en dessous."

Nous avons fait le tour de la pièce, tirant sur chaque cheville qui joignait les murs scellés. Sous chacun se trouvait un clou. Tom a ramassé une des chevilles pendant que nous la retirions.

« Humph ! » il pleure. « Isolé par caema . Cela explique pourquoi les clous ont été laissés. Quel travail minutieux, en tout cas.

Hamerly et Swenton hochèrent la tête. J'ai commencé à demander ce qu'était le caema , mais à ce moment-là, je tirais sur une cheville particulièrement réfractaire et je l'ai lâché. Mais le mot est resté gravé dans ma mémoire. C'était le même que j'avais vu dans le livre de Tom lors de notre voyage depuis Portsmouth. Au fur et à mesure que chaque piquet sortait, le petit électro-aimant était amené jusqu'au trou et son action était surveillée. Pas un clou ne bougea. Nous avions fait le tour de trois côtés de la pièce lorsque Tom a crié : « Cette cheville est venue facilement. Apportez l'aimant.

Avant que je puisse amener l'aimant à moins d'un pouce du trou, le clou à l'intérieur a jailli et s'est attaché à l'aimant, tout comme une aiguille surgit et s'accroche à l'aimant en fer à cheval d'un enfant. Lorsqu'il s'est levé, le panneau entier, haut de quatre pieds et large de trois pieds, s'est ouvert sur des charnières faciles et a basculé vers l'extérieur, révélant une petite porte intérieure. Tom émit un long et faible sifflement. "Encore une fois, ma sœur," remarqua-t-il. "Que devrions-nous faire sans toi?"

La grosse porte en chêne, aussi solide soit-elle, ne constitua aucun obstacle à notre attaque et s'ouvrit facilement vers l'extérieur. En nous baissant, nous avons regardé à l'intérieur. Etagères vides d'un côté. Une rangée de tiroirs de l'autre. Un à un, nous avons retiré les tiroirs de leur place. Tout le monde était vide. Nous avons fouillé du haut en bas de la niche, mais en vain. Finalement, nous nous sommes redressés avec des visages vides.

"Il devait y avoir quelque chose là-bas", dit lentement Dorothy.

"Attends," éjacula Tom, "Je sais que c'était le cas. Si vous voulez connaître ma véritable opinion, il y a eu quelqu'un ici avant nous. Je ne crois pas que nous trouverons quoi que ce soit.

Nous ne l'avons pas fait, et la dernière inspection terminée, nous étions prêts à prendre congé, lorsque Tom est entré par effraction.

« Une dernière chose, dit-il ; «Je veux voir comment cette lumière incandescente au plafond peut être connectée sans métal extérieur. Soit dit en passant, ce réflecteur ressemble à du verre transparent, mais il doit avoir un certain pouvoir réfléchissant.

Il sauta légèrement sur une chaise, puis vers la table, et se tourna pour regarder à travers le verre transparent du grand abat-jour hémisphérique qui protégeait l'ampoule incandescente du plafond.

« Oh, dis-je, s'écria-t-il, voici une chose des plus extraordinaires. Tout ce qui est vu à travers cela est plié en deux. Voici la plus grande réfraction que j'ai jamais vue. Est-ce que ça peut être le verre, ou quelque chose à l'intérieur ? Cette chose est hermétiquement scellée dessus. Savez-vous que je crois que nous avons ici une solution au mystère.

Nous le regardions tous avec impatience, alors qu'il regardait à travers le globe.

CHAPITRE XIII

D'un bond rapide, Dorothy fut d'abord sur une chaise, puis sur la table à côté de son frère. Elle se pencha pour inspecter l'hémisphère de cristal, l'observa sous différents angles, puis tous deux commencèrent à examiner la construction de l'abat-jour.

"C'est hermétiquement fermé dessus ?" » dit finalement Tom, une note interrogative dans la voix.

"Il semble que ce soit le cas", répondit brièvement Dorothy. "Tom, saute, veux-tu, et laisse M. Hamerly monter ici. Jim, allez-vous voir avec M. Swenton si vous pouvez trouver un autre abat-jour comme celui-ci dans le cellier.

Nous revenions de notre course, emportant un double de l'abat-jour que nous avions trouvé sur une étagère. Dorothy, qui à ce moment-là était descendue de la table où se tenaient toujours Hamerly et Tom, prit le store de mes mains et le tendit vers la lumière.

«Cet abat-jour n'est rien d'autre que du verre ordinaire. Il n'y a rien d'inhabituel là-dedans", s'est-elle exclamée. "L'effet de l'ombre là-haut doit être dû à un gaz à l'intérieur."

Alors que Tom et Hamerly sautaient de la table pour inspecter l'abat-jour, j'en profitai pour monter et, en montant, j'ai regardé à travers le verre hémisphérique. Un monde étrange s'est présenté à mes yeux. Tout ce que l'on voyait à travers le verre était courbé selon des angles extraordinaires. Les jambes de Tom, vues sous l'ombre, étaient parfaitement naturelles et droites, mais son torse, vu à travers l'ombre, était courbé comme le corps d'un contorsionniste japonais engagé dans des postures extrêmes . La ligne droite du chambranle de la porte au-delà était interrompuc là où la ligne du store la coupait, et le haut du chambranle apparaissait à un endroit totalement différent. Pendant que je le regardais, j'avais du mal à penser à quelle chose courante du quotidien agissait à peu près de la même manière. Eurêka, je l'avais.

"Eh bien, tout ce qu'il y a à l'intérieur de ce globe plie tout ce qu'on voit à travers lui, quelque chose comme une cuillère est pliée dans un verre d'eau ou une rame dans un étang", m'écriai-je.

Hamerly leva les yeux. « C'est à peu près vrai, Orrington. Ou mieux encore, on pourrait dire que cela courbe les choses que vous voyez, comme les gaz chauds s'élevant d'une cheminée courbent tout ce qui se trouve derrière eux en lignes ondulées. N'avez-vous jamais observé l'étrange ondulation qui apparaît dans une atmosphère hivernale au-dessus des cheminées, lorsque vous les regardez ?

"Plusieurs fois," répondis-je.

« Eh bien, c'est exactement le même genre de chose que nous avons ici. Lorsque vous regardez à travers une cheminée, d'où s'échappent des gaz chauds d'un feu, vous regardez de l'air à travers des gaz plus légers (car ces gaz chauds sont plus légers que l'air froid) jusqu'à l' air froid. Cette courbure extrême des rayons lumineux que nous appelons réfraction est la raison pour laquelle nous espérons avoir un nouveau gaz.

"Si nous pouvons tester le gaz pour découvrir de quoi il s'agit, cela devrait être un grand pas en avant pour découvrir ce qui s'est réellement passé", dis-je en descendant de table.

"Ce ne sera pas difficile du tout", interrompit Dorothy. « Nous allons le tester avec le spectroscope dans la pièce voisine. Voici Tom qui arrive maintenant, avec l'appareil pour capter et confiner le gaz.

Avec des tubes de verre et des pompes à air, avec du platine et une flamme, ils luttèrent pendant une demi-heure, Tom, Hamerly et Swenton ensemble. Dorothy lançait de temps en temps un petit mot de suggestion, mais la plupart du temps, elle restait en retrait avec moi. C'était une affaire d'experts et je n'avais rien à faire. Pendant que nous attendions, j'ai posé deux questions à Dorothy. « D'où pensez-vous que le gaz vient ? Est-il ici depuis la mort de Heidenmuller ?

"Je pense que ça a dû l'être", répondit Dorothy. « Si, comme je l'imagine, nous avons ici un gaz inconnu, il s'agit probablement d'un des produits laissés par le métal détruit par la force terrible utilisée par l'homme. Lorsque la substance qui donnait la force, l'énergie, ou peu importe comment vous l'appeliez, s'échappait par la valve cassée de l'étui à cigarettes, ce gaz se formait à partir du métal modifié et, comme il était plus léger que l'air, une partie s'élevait et se remplissait. l'ombre, le reste flottait vers le haut et sortait par une crevasse. Lorsque l'homme détruisit l'Alaska ou l'un des autres navires, la même chose se produisit probablement : le métal du navire se transforma en un gaz qui flotta dans l'air avec une extrême rapidité. Le gaz doit être à l'air comme le pétrole est à l'eau, c'est-à-dire qu'il ne peut pas se diffuser ou se mélanger avec lui, pas plus que le pétrole ne peut se mélanger à l'eau. Sinon, il ne serait pas resté tous ces mois dans l'abat-jour.

À ce moment-là, Tom est venu vers nous avec un tube de verre d'un pied de long et d'un pouce ou deux de large , à la main. À chaque extrémité était scellé un morceau de métal argenté.

"Platine", dis-je en les regardant.

"Oui," dit Tom en riant, "Mme. Rosnosky vous a appris à reconnaître le platine quand vous le voyez. Regardez simplement ceci.

Il a tenu le tube devant nous, et la même courbure magique des lignes s'est manifestée sous notre regard. Le tube était rempli du gaz que j'avais vu dans l'ombre ci-dessus.

"C'est un travail aussi joli que jamais," dit Tom avec approbation. "Je l'ai transféré sans laisser pratiquement entrer une particule d'air. Nous sommes maintenant prêts à essayer le courant dessus, puis le spectroscope."

Rembrandt aurait très bien pu peindre le tableau que j'ai vu pour l'accrocher à côté de la « Leçon d'anatomie » qui domine le vieux musée de La Haye. Un groupe frappant de quatre personnes courbées au-dessus des tubes brillants et des montures polies du spectroscope. Tom, avide, avec son visage fin et maigre montrant le plus haut pouvoir de réceptivité aux idées nouvelles, la bouche mobile mais ferme, avec une tendance toujours présente à relever les coins vers le haut ; Hamerly , érudit attentif et réfléchi, dans notre argot universitaire « un peu à la traîne », extrêmement chauve, ses lunettes juchées judicieusement sur son nez plutôt proéminent, son visage montrant les lignes d'une pensée profonde et forte ; Swenton , disciple fidèle et efficace, un homme qui serait toujours dirigé, ne sortirait jamais par aucun hasard imaginable des canaux étroits où son sort l'avait enchaîné ; Dorothy, Maxima et Optima, tantôt imposantes en raison de son intellect rapide, tantôt cédant à ses rêves comme elle l'avait fait il y a une heure ou deux dans le fiacre, et, lorsqu'elles cèdent, la plus féminine, la plus féminine de son sexe. Facettée comme un diamant, elle brillait sur le monde sous toutes ses facettes, et chaque ligne, plan et angle révélait une nouvelle beauté, une nouvelle grâce.

Les quatre se tenaient avec impatience sur le petit tube devant eux, alors qu'ils le connectaient à une énorme bobine qui se tenait à proximité . Cela fait, tout était prêt à déclencher l'interrupteur qui ferait bondir le courant électrique d'un pôle de platine à l'autre, pénétrant le gaz dans le tube, le réchauffant, modifiant son action, le forçant à se soumettre à la force formidable du courant.

« Tout est prêt ? » demanda Tom, alors qu'il se redressait après le dernier ajustement. " Swenton , tu éteins les lumières et je mettrai le courant ici."

Alors que les lumières s'éteignaient et que nous entendions le bruit de l'interrupteur, Dorothy recula près de moi. Un bourdonnement sourd s'intensifia rapidement, puis un cri simultané éclata de la part de nous tous. À l'intérieur du tube, un bleu doux sortait lentement de l'obscurité, le bleu de l'aube sur les eaux calmes, tandis que nous le regardions, il devenait plus sombre, plus brillant ; tantôt c'était le bleu acier profond du jour d'automne mordant, tantôt le bleu noir profond de la nuit tropicale de velours. Chaque changement, chaque teinte était éclairé par l'éclat le plus rare et le plus exquis que l'homme puisse concevoir. Il ne semblait pas y avoir de gloire liée à la terre, mais plutôt un éclat surnaturel, peut-être un tel rayonnement qui conduisit les trois rois, Gaspar, Melchior et Balthazar, jusqu'à la crèche où gisait le jeune enfant. Cela nous a tous impressionnés.

"Cela dépasse tout ce que j'ai jamais vu", dit enfin Hamerly , brisant le silence. "J'ai observé tous les gaz connus sous l'influence du courant, mais jamais rien de tel."

"Moi non plus", dit Tom. « Mais il n'y a peut-être pas de temps à perdre. Essayons avec le spectroscope.

Alors que Tom et Dorothy se penchaient sur l'instrument, j'ai demandé à Hamerly : « Qu'espérez-vous trouver avec le spectroscope ? Qu'est ce que ça fait?"

"Il décompose la lumière", répondit Hamerly , "au moyen d'un prisme, comme un lustre prismatique ou un thermomètre en verre prismatique projette le spectre d'un rayon de soleil sur le sol, brisant la lumière blanche du soleil en une masse changeante de couleur qui passe du rouge à l'orange et au vert jusqu'au violet. Chaque gaz incandescent émet une lumière légèrement différente. Le spectroscope nous permet de savoir si la lumière émise par ce gaz est la même que celle que nous avons connue auparavant, ou si elle est différente. Si les ondes lumineuses émises ne ressemblent à aucune autre connue auparavant, nous pouvons être sûrs que nous avons un nouveau gaz.

Tom tournait une vis, l'œil rivé sur un petit télescope. « Changez ce tube un peu vers la droite, Hamerly », dit-il, et il fut changé. «Maintenant, un peu plus haut. Non, pas si haut, un peu plus bas maintenant. Te voilà."

Il regarda longuement et attentivement, puis se leva, faisant signe à Hamerly en silence de prendre sa place. Dorothy suivit Hamerly et Swenton la suivit. J'ai terminé, mais je ne distinguais rien d'autre que quelques lignes traversant une échelle placée à l'intérieur du tube. Alors que je me levais du tabouret, Tom leva la main pour allumer les lumières. Alors qu'il se tournait vers lui, Hamerly le rencontra avec la main tendue.

« Il n'est donné qu'à une poignée de scientifiques en un siècle, dit-il, de trouver un nouvel élément, de découvrir l'une de ces unités à partir desquelles le monde est constitué. Je crois que vous l'avez fait cet après-midi.

"C'est un nouveau gaz élémentaire", a déclaré Dorothy. "Tu l'as trouvé, Tom, quand tu as grimpé sur cette table."

« Cela me fera beaucoup de bien, en ce qui concerne cela, » remarqua Tom. « Pour autant que nous le sachions, tout ce qu'il y a au monde se trouve dans ce tube. Je ne sais pas comment produire davantage et je ne peux rien publier à ce sujet, car cela gênerait notre recherche de l'homme.

"Vous n'avez pas le droit de dire que cela ne sert à rien", a déclaré Dorothy. « À mesure que nous avancions, les moindres imprévus sont devenus les plus importants. Je crois que ce tube de gaz inconnu pourrait être le maillon le plus important de la chaîne.

"Très bien," dit Tom. « Exactement comme tu le dis. Vous pouvez être sûr que je n'allais pas le jeter à la poubelle.

Pendant que Swenton s'éloignait, nous sommes tous allés dans la pièce en bois. Hamerly traversa et ouvrit un des volets en bois. "Le brouillard se dissipe", a-t-il déclaré.

Nous avons regardé dehors et avons vu que l'autre côté de la rue devenait peu à peu visible. Dorothy s'est assise près de la fenêtre et nous l'avons rejointe.

« Je ne sais pas s'il pourrait y avoir un meilleur moment, commençai-je, que ici et maintenant, pour découvrir exactement où nous en sommes. Pour ma part, je veux comprendre la relation entre le nouveau gaz et tout ce qui l'a précédé. Si nous rassemblons toutes nos informations, n'y aura-t-il pas une meilleure chance d'avoir une idée de notre prochain mouvement ? »

"Nous avons deux choses entre nos mains", dit Tom pensivement. « Ce tube de gaz ici et l'étui à cigarettes. Nous savons que les navires ont réellement disparu, car Jim s'est rendu au fond du port de Portsmouth et a vu les hommes qui s'y trouvaient. On sait du même coup que cette force tue, par une sorte de paralysie, tout homme qu'elle attaque. Oh, ça me rappelle, s'exclama-t-il en se vérifiant. « Fais-moi revoir cet étui à cigarettes, si tu veux, Hamerly ? Une fois l'étui en main, il l'examina avec minutie. "Isolé dans la paraffine par caema , tu ne trouves pas ?" il a demandé à Dorothy.

Après une brève inspection, elle hocha également la tête. "C'est du caema , d'accord."

"Peu importe le caema , maintenant, quoi que ce soit", dis-je. « Continuons nos affaires. Que savons-nous d'autre?"

Hamerly a repris l'histoire. « Nous savons avec une certitude raisonnable que le Dr Heidenmuller a été le premier homme à trouver la source de ce pouvoir et qu'il est mort lorsqu'il s'est accidentellement libéré. On sait qu'une partie de cette substance, probablement sous forme de poudre comme le radium, était conservée dans l'étui à cigarettes en cuir, isolé par de la paraffine et du caema . Il fit une pause.

"Nous savons", poursuivit Dorothy, "que lorsque l'homme qui tente d'arrêter toute guerre utilise cette force, une énorme quantité d'énergie radioactive est générée, suffisamment pour affecter les réflectoscopes de la moitié du monde."

« Nous savons qu'il y a quelque chose qui est encore plus que toutes ces choses », interrompis-je. « Nous savons qu'il y a un homme qui massacre des hommes par centaines, à la poursuite de son idéal, et que c'est notre affaire, en plus. plusieurs façons de le renverser. Comment les données dont nous disposons nous permettront-elles d'y parvenir ?

Pendant que je parlais, Dorothy était assise, regardant méditativement par la fenêtre. Le brouillard s'était un peu plus dissipé. Hamerly se redressa sur sa chaise.

« Mademoiselle Haldane, dit-il, si vous regardez de l'autre côté de la rue, vous pourrez voir l'endroit d'où est tombée l'enseigne le jour de la mort du Dr Heidenmuller .

Dorothy s'est retournée sur sa chaise et nous nous sommes tous rassemblés autour d'elle. Hamerly désigna l'autre côté de la route. Là, contre le mur de briques d'une vieille maison noircie par la fumée de plusieurs années de suie, deux petits rectangles se dessinaient en léger relief sur l'obscurité environnante. La vue de ces endroits, où se trouvaient autrefois les supports de l'enseigne, m'a rappelé toute l'horreur de la chose plus fortement que toute autre chose. C'est la petitesse et la simplicité de l'objet qui l'ont poussé à se faire sentir. Les effets accumulés des électroscopes chargés, de la machine à mesurer les vagues, des corps au fond de l'océan, de la mort du Dr Heidenmuller et du gaz que nous venions de trouver. , s'élevaient jusqu'à leur sommet dans ces petites taches gris clair, moins souillées que le reste du mur.

"Et c'est là que le panneau en bois est tombé et ses supports en fer ont disparu", dit Tom pensivement. «Jove, j'aurais aimé voir cela se produire. Mais si quelqu'un l'avait vu, il n'en aurait pas cru ses yeux.

Nous étions toujours debout, regardant à travers la brume montante, lorsque Dorothy parla avec enthousiasme. "C'est le prochain indice, il n'y a rien d'autre qui fera aussi bien l'affaire : la chasse au fer disparu."

"A quoi cela servira-t-il ?" dit Tom. « Nous savons où le fer a disparu et nous avons tout exploré autant que possible. Il est peu probable qu'Heidenmuller ou cet homme aient tiré des pancartes pour s'amuser.»

"Bien sûr que non", répondit Dorothy avec impatience. « Mais ne voyez-vous pas que cet homme devait avoir un laboratoire, ou un logement, de toute façon, quelque part à Londres, s'il a obtenu ses données et son pouvoir du Dr Heidenmuller ici. Lorsque le Dr Heidenmuller laissa échapper sa découverte, celle-ci le tua et fit disparaître tout le métal qu'elle atteignait. Or, l'homme n'a pas été tué par son arme, à moins que cela ne se soit produit très récemment, mais il est parfaitement possible qu'il ait laissé une partie de sa substance magique s'échapper sans se blesser. Si cela se produisait, cela détruirait tout métal disponible. Si nous parvenions à trouver un endroit où le fer a disparu, nous pourrions avoir un indice direct sur l'endroit où se trouve cet homme. Quoi qu'il en soit, ça vaut la peine d'essayer.

«Je suis sûr que oui», ai-je pleuré. "Tom, vieux sceptique, parle et admets que Dorothy en sait deux fois plus que toi et moi réunis."

"Je suppose que non," dit fermement Tom. « Il y aurait peut-être quelque chose là-dedans, si nous pouvions retrouver la trace de tout ce qui concerne la disparition du fer, à Londres ; mais, poursuivit-il, parlez d'une aiguille dans une botte de foin. Vous vous êtes heurté à une proposition assez difficile en détruisant le laboratoire de Heidenmuller ici, mais ce nouvel accord est bien pire. Vous ne pouvez pas faire de publicité.

« Non, je ne vois pas comment vous pouvez le faire », remarqua Dorothy, un peu découragée.

"Oh, c'est assez simple," interrompis-je. "J'aurais aimé que tout soit aussi simple. D'ici deux jours, j'aurai toutes les informations dont dispose Londres concernant la disparition du fer.»

"Comment pouvez-vous l'obtenir?" crièrent les trois à l'unisson.

CHAPITRE XIV

"En utilisant l'appareil qui sert à la fois la vanité et la nécessité de l'homme, le bureau de coupure", répondis-je. « Nous nous abonnerons à ce distributeur d'informations spéciales et recevrons toutes les coupures des six derniers mois concernant les stores tombés, les panneaux perdus ou le fer volé. Ils peuvent fouiller les dossiers pour nous et nous envoyer le résultat de leur travail.

"Juste l'astuce", s'écria Tom avec enthousiasme. « Nous allons directement nous mettre au travail. Maintenant, sortons d'ici.

Munis de notre précieux tube de gaz, nous sommes repartis, laissant Swenton fermer le laboratoire et le suivre plus tard. Aucune errance aussi délicieuse n'était prévue pour notre retour comme pour notre venue. Bien trop tôt, nous étions de retour au Savoy, notre journée de travail terminée, prêts à suivre la nouvelle piste partout où elle pourrait nous mener.

Deux matins après la journée mouvementée dans le laboratoire de Heidenmuller , j'ai frappé à la porte de Dorothy et, en entrant, j'ai trouvé la large table de son salon ensoleillé couverte de tas de coupures de coupures soignées, chacune avec une fiche en haut. Le bureau de coupures de presse avait dépassé mes meilleurs espoirs et avait fourni des informations en grande quantité. Tom et Dorothy se penchaient sur les piles pour les trier, tandis que la femme de chambre me faisait entrer.

"Si vous ne leur aviez pas dit de trier ces choses dans leur bureau, nous aurions été submergés au-delà de tout espoir de salut", grommela Tom, alors qu'il se tenait debout avec un paquet de coupures de courant entre chaque doigt de ses deux mains. « Où sont les volets Westminster, Dorothy ?

"Les voici", dit Dorothy. «Maintenant, je veux les panneaux de Chelsea. C'est comme le solitaire. Les signes sont mes cartes. Les blinds reviennent à Tom et vous pouvez récupérer le fer volé. C'est du fer volé, ce tas de paquets de l'autre côté de la table.

Je me suis mis à ma tâche. Heure après heure, nous avons trié, lu et rejeté. De temps en temps, une coupure était mise de côté pour référence ultérieure. Parfois, un paquet ou un simple bordereau passait de l'un à l'autre. Le déjeuner a duré une heure, mais après le déjeuner, nous nous sommes retournés à nos travaux, et l'heure du thé de l'après-midi allait et venait avant que nous ayons terminé. Enfin, Tom se leva et bâilla violemment. "Huit, ça a l'air bien", remarqua-t-il.

"Huit de moi", répétai-je.

"Dix", sonna Dorothy.

"Ce n'est pas si mal," dit Tom pensivement. "Il y avait des centaines de coupures là-bas, et nous les avons réduites à un niveau assez bas, tout bien considéré."

Nous avons dîné seuls ce soir-là, et quand le café est arrivé, Tom a fouillé dans sa poche et en a sorti une longue enveloppe contenant les vingt-six coupures de presse. "Qu'est-ce qui vient en premier?" » il a demandé : « Des enseignes, ou des stores, ou du fer volé ?

« C'est à vous de décider », répondis-je, et j'en sortis un souverain. "Je prends les panneaux, vous prenez les volets." Tom a gagné.

"Alors, des volets contre le fer volé", s'écria Dorothy.

"Je serai à ton niveau cette fois", dit Tom. Nous nous sommes encore affrontés et encore une fois Tom a gagné.

"Alors l'un de mes huit volets est l'atout", s'est exclamé Tom. « Je vais les numéroter de un à huit, puis je ferai circuler le groupe afin que nous puissions chacun choisir les deux qui semblent gagnants. Ensuite, je passerai les panneaux pour choisir un deuxième choix.

Dorothy, dans sa robe grise de soie chatoyante, le visage rouge d'excitation de la décision, examina attentivement la petite liste pendant quelques minutes avant de la rendre à Tom, qui me la passa en remarquant brièvement : « J'ai inventé mon esprit quand j'ai choisi les huit parmi le groupe. J'ai relu trois fois la liste qui parlait de stores tombant les jours calmes et blessant les passants. Tom avait éliminé les récits faisant état de pancartes et de volets arrachés par des vents violents. Il pouvait facilement arriver qu'un coup de vent et la fuite de la puissance destructrice se produisent simultanément, mais ce que nous recherchions était l'inhabituel ; C'est là, surtout, que résiderait l'indice que nous cherchions. Finalement , j'ai pris une décision et j'ai levé les yeux. "Un dans le premier lot et trois dans le second", dis-je.

"Un et trois", répéta Dorothy.

"La même chose", dit Tom. « C'est une bonne chose d'être unanime. Lisez-les à haute voix, Jim. J'ai obéi.

« Un volet tombé d'une maison de Gower Street, juste à côté de Tottenham Court Road, a frappé un ouvrier qui passait hier matin et lui a infligé des blessures si graves qu'il a été immédiatement transporté, inconscient, à l'hôpital. Son identité n'a pas encore été établie. C'est le numéro un.

"'Une grande pancarte tombée hier d'un deuxième étage à Chelsea s'est brisée en morceaux sur le trottoir en dessous, mais n'a heureusement infligé aucune blessure grave.' C'est le numéro trois. Lequel choisissons-nous ?

"Ces deux me semblent plutôt bien", répondit Tom. «Mais je pense que celui près de Tottenham Court Road est le meilleur. Les chances de trouver le laboratoire de cet homme seraient plus grandes à Bloomsbury que plus loin. Dorothy hocha la tête en signe d'approbation.

"Très bien", dis-je alors que nous nous levions. "Le corps se déplacera vers Bloomsbury à l'aube, sous le commandement du général Dorothy Haldane."

"L'aube étant interprétée à neuf heures trente, nous le ferons", répondit Dorothy en riant.

Le lendemain matin, nous nous trouvâmes en train de rouler vers notre destination, discutant entre-temps de la méthode d'attaque. "Laissons faire à l'inspiration", dis-je alors que nous nous arrêtions devant la porte. "Laissez-moi jouer seul là-dessus."

La chance était avec moi. Il y avait une pancarte « Lodgings » sur la fenêtre. En sautant, j'ai monté les marches et j'ai sonné pendant que le taxi continuait sa route dans la rue. La femme de ménage qui a ouvert la porte était plus fine que ce à quoi je m'attendais. La maîtresse du logis, lorsqu'elle apparut, quoique parfaite montagne de chair, montrait des signes d'une intelligence très considérable. « Oui, il y avait des logements. Une façade aux deuxième et quatrième étages. En haut des escaliers, la grosse hôtesse haletait et sifflait, tandis que je suivais sa suite. Au quatrième étage, nous nous sommes arrêtés et sommes entrés dans la petite chambre du hall en haut des escaliers. J'ai ouvert la fenêtre, je me suis penché et j'ai regardé de haut en bas dans la rue.

"C'est une mauvaise chose si un volet tombe d'ici", dis-je. « N'est-ce pas dans une des maisons voisines que le volet est tombé et a blessé un ouvrier il y a quelques mois ?

La propriétaire a saisi mon avance instantanément. «C'était le volet de droite », dit-elle, «dans la fenêtre même par laquelle vous regardez maintenant.»

Je me suis penché avec impatience pour regarder les charnières. Ils étaient neufs, tandis que ceux de l'autre côté étaient fatigués et usés par des années d'exposition au vent, au soleil et à la pluie.

"Vous ne le dites pas," répondis-je. "Plus intéressant. Je suppose que les charnières ont rouillé et se sont cassées.

« Non, » dit l'hôtesse, « c'était une des choses les plus bizarres. Une fois tout cela terminé, et que je suis venu regarder l'endroit où le volet est tombé, il n'y avait aucune trace de charnière. Il a dû s'arracher de la brique, et quand je suis allé le lendemain voir les volets de la cuisine, les charnières, les vis et tout avaient disparu, et je n'en ai jamais vu la moindre trace depuis ce jour jusqu'à aujourd'hui. Nous avons fait poser le nouveau volet une semaine plus tard.

"Quelle chance!" Je me suis dit en regardant autour de moi par-dessus les toits adjacents. « Frappez-le du premier coup en essayant. Quelque part, derrière ces toits, se trouve le laboratoire de l'homme qui tente d'arrêter toute guerre. » Je me suis séparé de la propriétaire, en promettant une décision rapide, et je suis parti à la recherche de Tom et Dorothy.

Ils descendirent de la voiture à mon approche et se précipitèrent vers moi. « Le fer du volet a disparu », dis-je d'un ton significatif.

Tom émit un long et faible sifflement qui témoignait toujours pour lui d'un intérêt et d'une surprise.

"Vous pensez donc que le laboratoire de cet homme se trouve quelque part près d'ici," demanda Dorothy avec enthousiasme.

"À en juger par l'expérience de Hamerly avec le panneau en face du laboratoire du Dr Heidenmuller , c'est certainement le cas", répondis-je sérieusement. "Cela s'est probablement produit de la même manière."

« Alors, » dit Tom, « c'est probablement à nous de faire une étude maison par maison du quartier. Il me semble que les chances étaient meilleures dans l'un des immeubles de Tottenham Court Road que dans n'importe quelle maison des environs.

"C'est vrai," répondis-je brièvement. « Dites- vous ce que nous ferons. Nous demanderons à chaque magasin s'ils connaissent un laboratoire de chimie. Dites- leur que nous recherchons un homme qui travaille dans un tel laboratoire. Posez-le épais et donnez- leur beaucoup de détails. C'est ainsi que vous obtiendrez les informations que vous souhaitez.

« Je vous attendrai dans la voiture au coin de la rue », nous a appelé Dorothy alors que nous partions.

De boulangerie en laiterie, de magasin de meubles en magasin de chaussures, j'ai voyagé, à la recherche de nouvelles de mon pauvre cousin George, qui avait travaillé dans un laboratoire quelque part au coin de Tottenham Court Road et de Gower Street, et qui avait disparu. Toujours diplomate, j'ai continué mon chemin, sous rebuffade après rebuffade, sans laisser de magasin jusqu'à ce que j'aie une idée assez précise des diverses occupations qui habitaient à chaque étage de son bâtiment. Alors que je partais après avoir reçu une réponse particulièrement cinglante, j'ai aperçu Tom de l'autre côté de la rue, me faisant signe. Je l'ai suivi à une petite distance jusqu'à ce qu'il prenne un virage serré dans une petite ruelle. Il semblait légèrement échevelé en se retournant.

« Regardez, » dit-il brusquement, « j'ai peur que nous soyons percutés si nous continuons ainsi plus longtemps. J'ai déjà été dans une rangée. J'ai dû abattre un homme qui faisait des remarques caustiques sur les voleurs sournois. De toute façon, qu'est-ce que tu as mis la main ?

"Je n'ai rien mis la main", répondis-je.

"Eh bien," dit Tom, "retournons en arrière et jetons un autre coup d'œil à la topographie, juste à l'endroit où le volet est tombé."

De retour, nous parcouruons à nouveau le sol et nous nous arrêtâmes pour examiner avec précaution la fenêtre au store vert.

"C'est une pièce d'angle au quatrième étage", dit Tom d'un ton réfléchi, "et la maison à côté n'a que trois étages. Eh bien, espèce d'aveugle, reprit-il soudain, un seul côté du volet est tombé, donc l'attaque ne pouvait pas venir de face. Cela devait venir de l'arrière de la maison. Faisons le tour et voyons ce qu'il y a derrière tout cela.

Nous avons fait le tour de la place et avons finalement atterri devant un immeuble d'environ cinq étages, dont le premier étage montrait les étagères et la vitrine encombrée d'une librairie d'occasion. À côté du magasin, un escalier menait aux étages supérieurs. Aucun signe ne témoignait d'une quelconque activité exercée au-dessus du premier.

"Voici la librairie", dit Tom, et nous sommes entrés.

Un grand garçon voûté, d'une taille exagérée, avec une moustache élancée et rouge flamboyante, s'avança avec lassitude, étouffant un bâillement caverneux en venant. Nous lui avons répété notre demande de stock. Nous étions des colons d'Australie à la recherche de notre cousin George, qui travaillait dans un laboratoire. Notre ami à la moustache rouge connaissait-il un laboratoire à proximité ? Une lueur d'intérêt éclaira ses yeux légèrement larmoyants.

"H'je ne sais pas vraiment si les coups Ha laboratoire " Ou pas", commença-t-il, "mais il y a une sorte de spectacle florissant qui occupe heure notre 'ole cinquième. Je n'ai jamais pu le voir à l'intérieur bonjour . Tu pourrais essayer de tirer sur bonjour , c'est fini .

Nous avons reçu la volée d'aspirations égarées avec un cœur joyeux, remarquant la lueur d'une curiosité avide dans les yeux larmoyants, tandis que l'employé pensait au mystérieux laboratoire du dernier étage. Tout ce qu'il pouvait dire, c'était que le dernier étage avait été loué quelques mois auparavant à un homme de grande taille. Avec le flou habituel de son type d'esprit, c'était tout ce qu'il pouvait aller. Il répétait sans cesse la même phrase indéfinie : un homme de grande taille. Lorsque l'homme a emménagé, deux fourgons avaient apporté des meubles étranges, un petit fourneau, de la verrerie et des étuis à instruments. Tout à l'heure, un assistant était apparu, un étranger qui ne connaissait pas l'anglais, ou du moins refusait de comprendre cette langue. Les deux hommes, l'homme et son assistant, travaillaient souvent ensemble jusque tard dans la nuit. Parfois, croyait l'employé, ils travaillaient toute la nuit. Quant à lui, il aurait répété la chose à la police. Il ne croyait pas à l'existence de tels mystères, mais son maître, le propriétaire de la librairie, refusait de se séparer des locataires réguliers. Oui, monsieur, il avait essayé encore et encore de voir ce qu'ils faisaient, mais il y avait un rideau au-dessus de la porte et on ne pouvait rien voir à travers le trou de la serrure. La porte était toujours fermée à clé, de sorte que l' esprit aventureux du commis devait se contenter d'imaginer les crimes horribles perpétrés derrière la porte à rideaux.

Cela avait certainement l'air bien. Le cœur anxieux, Tom et moi avons commencé à monter les escaliers à la recherche d'une fois de plus notre cousin George, nous arrêtant cependant au deuxième étage, une fois que l'employé fut laissé en sécurité derrière.

"Cela ressemble certainement à une rue bizarre, de toute façon", remarqua Tom pensivement. « Cela peut être l'homme, ou bien une bande de faussaires ou d'autres criminels. Je ne vais pas reculer une minute, mais je pense que l'un de nous ferait mieux de retrouver Dorothy, de lui dire où nous sommes et de lui demander de mettre la police sur la piste, si nous ne nous présentions pas à -nuit. Il me semble que ce ne serait qu'une précaution élémentaire.

«Je vais le faire», dis-jc. "Vous regardez ici."

Avant que Tom puisse protester, j'étais à mi-chemin dans les escaliers et dans la rue. Sur Tottenham Court Road, j'ai trouvé Dorothy qui faisait des allers-retours. Elle se pencha en avant d'un air interrogateur alors que je sautais. J'acquiesçai en réponse : « Oui. Nous avons l'endroit, mais nous avons besoin de votre aide maintenant. Averti par l'expérience de sa nécessité, j'avais soigneusement tracé mon argumentaire, au fur et à mesure de ma hâte. "Nous avons l'endroit idéal, mais nous voulons que vous restiez dehors et que vous nous envoyiez de l'aide, si nous avions des ennuis."

Le visage de Dorothy tomba. «Je veux t'accompagner de la pire manière», dit-elle. « Pourtant, je n'aime pas l'idée que vous soyez tous les deux en danger sans aucune aide extérieure. Qu'as-tu découvert ?

Ce n'était pas une tâche facile de la convaincre, mais quand Dorothy a vu l'état des choses, elle n'a vraiment rien pu faire d'autre que céder. Pour nous d'explorer ce territoire inconnu, sans aucune ligne à l'extérieur pour nous protéger en cas de péril. , était manifestement imprudent. Il ne nous était certainement pas possible de laisser passer un indice aussi évident.

À mon ordre, le cocher passa devant la vieille librairie, remonta la rue et fit le tour de la place. De retour sur l'artère principale, je me préparai à revenir et à rejoindre Tom.

« Vous avez clairement fixé l'endroit en tête ? Ai-je demandé en la regardant depuis le trottoir.

À ma grande surprise, les yeux de Dorothy étaient remplis de larmes et sa voix était suppliante. «J'aurais aimé que tu ne te sentes pas obligé de partir. Je ne sais pas pourquoi je me sens si étrange à propos de ton départ, mais je le sais. N'y a-t-il pas une autre issue ?

Je sentis ma résolution faiblir, alors qu'un désir presque irrésistible de la saisir dans mes bras, face à Bloomsbury choqué et respectable, m'envahit.

"Nous devons suivre la piste jusqu'au bout, Dorothy," répondis-je. "Tout ira bien, ne t'inquiète pas."

En me détournant, j'ai senti un léger contact, presque comme une caresse, sur la manche de mon manteau. Accident ou pas, aucun chevalier n'est jamais allé au combat plus inspiré par le calibre de sa dame que moi, portant cette distinction, me suis dirigé vers la vieille librairie et le mystérieux laboratoire du cinquième étage.

Tom m'a accueilli avec impatience alors que j'atteignais le deuxième étage. "Pas un bruit venant du laboratoire", commença-t-il. « Et, heureusement, il y a une pièce ouverte et vide en face, où nous pouvons attendre. Monte."

Nous montâmes les escaliers et pénétrâmes dans la pièce vide, nous arrêtant brièvement pour examiner la porte vide et lourde des mystérieux ouvriers fermée par de lourdes serrures. Notre lieu d'attente n'était rien d'autre qu'une chambre mansardée nue, avec une vue restreinte sur les toits et les cheminées.

« Ce n'est pas exactement la demeure du luxe », dis-je en jetant un regard critique autour de moi, « mais tout dépend du travail quotidien. J'ai attendu dans des endroits pires pour des enjeux beaucoup plus petits.

Pliant son grand manteau comme coussin, Tom s'assit contre le mur. Il avait laissé la porte entrouverte. « Je suis pratiquement sûr qu'il n'y a personne là-dedans maintenant, et nous attendrons ici jusqu'à ce qu'ils arrivent. Nous serons sûrs de les entendre lorsqu'ils monteront les escaliers. Par Jupiter, je n'y avais jamais pensé. Pas quelque chose à lire avec nous. Il y a la librairie en bas ; Je me demande si j'ose tenter une sortie. Il réfléchit un moment. « Non, pas encore, en tout cas. Je vais vous dire ce que je ferai. Voici une proposition sportive pour vous. Il sortit son canif et l'ouvrit. «Voici un sol nu et tyrannique. Je vais vous faire une partie de couteau à bâton pour passer le temps.

Personne d'autre qu'un éternel garçon comme Tom n'aurait conçu un jeu de couteau pour passer le temps d'attente devant le mystère caché par le visage vide de la porte en chêne de l'autre côté du passage. Personne d'autre qu'un éternel garçon n'aurait gagné de manière aussi exaspérante. Expert dans toutes les subtilités de l'art, Tom m'avait de loin distancé en tant que jongleur de couteaux et j'étais loin en arrière, lorsque nous entendîmes la fermeture silencieuse de la porte cinq étages plus bas. En un instant, nous étions debout, attendant les pas lourds qui montaient. Le visage mobile de Tom se raidit en lignes rigides alors qu'il s'accroupissait, se tenant près de la porte, tandis que je me tenais prêt à ouvrir la porte et à sauter si nécessaire sur l'homme qui venait. Alors que les pas s'arrêtaient sur le palier devant nous, Tom se pencha vers moi.

« L'assistant, murmura-t-il, laisse-le ouvrir la porte et nous nous frayerons un chemin avec lui. »

Tout s'est passé en un clin d'œil. Le tintement des clés, le léger grincement de la porte qui s'ouvrait, puis un bond soudain et nous étions de l'autre côté du couloir et dans une antichambre face à un homme abasourdi, visiblement un Norvégien, dont le visage blond était encadré de cheveux de lin et d'une barbe de lin en forme de pelle. , et dont les yeux quelque peu vaches sortaient de lunettes à monture massive. Il était vêtu d'un étrange manteau long et droit, bleu, avec un pantalon volumineux, presque semblable à celui d'un marin. En nous voyant debout de chaque côté de lui, il recula un instant, puis s'arrêta net, ses clés toujours suspendues à sa main.

"Pardonnez cette entrée un peu soudaine", dis-je de mon ton le plus poli, "mais nous sommes des inspecteurs pour visiter le laboratoire."

Un flot de gutturales inintelligibles suivit ma déclaration. Cela s'accompagna de démonstrations véhémentes de la porte par laquelle nous étions entrés et qui était maintenant fermée, avec Tom devant elle. Je me suis assis sur la table en balançant mes jambes jusqu'à ce que le torrent passe. Puis, tandis qu'elle s'éteignait, je me dirigeai hardiment vers l'une des deux portes du côté opposé à celle par laquelle nous entrions, je l'essayai, puis j'essayai l'autre. Les deux étaient verrouillés. En observant attentivement le visage de l'assistant, j'ai d'abord montré les clés qui pendaient encore, oubliées dans sa main, puis j'ai montré la première porte que j'avais essayée, en m'approchant et en secouant la serrure. À notre grande surprise, l'indignation sur le visage de l'homme cessa soudainement. Un léger acquiescement brillait derrière ses lunettes et, s'avançant, il déverrouilla la porte, l'ouvrit au crépuscule et entra. Nous trébuchâmes dans la pénombre , Tom fermant la porte derrière nous. En entrant, j'ai trébuché sur une chaise et je suis tombé tête baissée, projetant Tom qui me suivait. Alors que je me relevais, un rire guttural résonna à mes oreilles et une porte claqua. Il y eut un bruit de verrous alors que je me précipitais en avant, pour ensuite me heurter tête baissée à une porte fermée. Je me précipitai vers la porte par laquelle nous étions entrés et la secouai en vain, entendant, à mon amère mortification, un verrou s'enclencher dans son coulisseau tandis que je la secouais, un son suivi d'un autre éclat de joie germanique du Nord. Déjoué des deux côtés, je me retournai pour regarder autour de moi et vis Tom faisant déjà une rapide enquête sur les lieux.

Nous étions dans une petite pièce, peut-être dix par douze, entourée de murs vierges, à l'exception des ouvertures faites par les deux portes des côtés opposés. Le seul passage vers l'air extérieur se faisait par une plaque de fer, d'environ neuf pouces sur trois pieds, placée dans le toit plat. Dans celle-ci étaient placés de petits yeux de bœuf en verre, du même type que ceux utilisés pour éclairer les sous-sols depuis les trottoirs. Quelques tabourets en bois constituaient le seul mobilier de la pièce. Tom s'est tourné vers moi à la fin de son inspection et a secoué la tête.

« J'ai fait de nombreuses mauvaises passes dans ma vie, » dit-il avec regret, « mais venir ici après toi et fermer cette porte est le pire qui soit. Cet assistant, avec sa tête idiote, m'a complètement trompé.

« Pareil ici, répondis-je, mais ça ne sert à rien de perdre du temps à en parler. S'il existe un moyen possible de le faire, nous devons sortir d'ici avant que l'homme puisse avertir le maître.

"Bien", dit Tom. "Essayons d'abord de nous frayer un chemin à l'aide de ces tabourets."

Dans la pause qui suivit cette proposition, nous entendîmes le pas lourd et lent de l'assistant traverser l'antichambre, nous entendîmes l'ouverture et la fermeture de la porte extérieure. Nous sommes restés seuls.

"Bien", dit Tom, "Maintenant, nous pouvons faire tout le bruit que nous voulons."

Accordant l'action à la parole, il frappa violemment la porte avec le tabouret en bois. La porte se dressait comme un rocher, mais le tabouret vola en morceaux, les fragments de son siège me manquèrent de peu en passant.

"Une porte bien faite", dit Tom pensivement. "Il n'y a pas de portes comme celle-là dans la plupart des maisons modernes."

Tout en parlant, il traversait la pièce pour examiner la porte du côté opposé. «Même robustesse», remarqua-t-il d'un ton judiciaire. « Nous ne pourrions pas être mieux enfermés, à l'extérieur d'une prison. Je suis un peu plus léger que toi, Jim, poursuivit-il, laisse-moi monter sur tes épaules et essayer cette petite fenêtre de toit.

Il monta et redescendit au bout d'une minute ou deux. "Cadenassé avec une barre de fer et une agrafe de l'extérieur", dit-il brièvement. « Il ne reste plus qu'une chose. Pour sortir avec nos couteaux à travers cette porte en chêne massif. Bien sûr, je ne sais pas si nous pouvons le faire ou non, mais je pense que c'est la seule alternative.»

"C'est une façon, mais pas la seule", dis-je. "Une chose que nous pouvons faire en premier, émettre un signal pour Dorothy."

« Comment pouvez-vous signaler Dorothy ? » demanda Tom.

« Faites un trou dans l'un de ces yeux de bœuf en verre, là-haut », répondis-je, « et passez un barreau du tabouret cassé à travers, avec mon mouchoir attaché dessus. »

"Bon travail", a déclaré Tom. "Juste le billet."

En deux minutes , notre drapeau de détresse flottait sur le toit.

"Maintenant, à la porte", criai-je, et nous nous mimes tous les deux à travailler sur le chêne dur autour de la serrure. Le chêne britannique est proverbialement dur, mais ce chêne était le plus résistant jamais sorti des forêts vierges de Grande-Bretagne, je le crois sincèrement. Après avoir travaillé dessus pendant ce qui nous parut un temps interminable, nous n'avions qu'un léger sillon de chaque côté de la serrure, et deux lames cassées témoignant de notre travail. Toujours nous avons continué avec acharnement, ciselant et coupant, petit à petit, jusqu'à ce qu'une impression commence vraiment à se faire. Enfin Tom se redressa péniblement.

« C'est un travail éreintant, d'accord », remarqua-t-il avec un gémissement. "Jusqu'à présent, je n'avais jamais su à quel point je sympathisais avec les prisonniers en fuite."

Alors que nous nous appuyions contre le mur, j'ai entendu un léger mouvement à l'extérieur. "Chut," marmonnai-je, "il y a un bruit."

Le bruit devint plus fort. C'était une clé qui tournait dans la porte intérieure. Alors, non pas une, mais trois ou quatre personnes se précipitèrent à travers la salle vers la porte par laquelle nous étions entrés. Tom saisit le tabouret tout entier et le prépara à se précipiter, tandis que je saisissais un barreau du tabouret cassé. Le verrou revint, la clé tourna, la porte s'ouvrit et, dans le rectangle, se trouvaient Dorothy, Hamerly , l'assistante qui nous avait emprisonnés et un vieil homme inconnu. En un instant, Dorothy était dans les bras de Tom, mais sa main cherchait la mienne alors qu'elle s'accrochait à lui. Elle ne sanglota qu'un instant, se reprenant presque aussi vite qu'elle s'était effondrée.

"Bon travail, vieille fille", dit Tom en la tapotant. "Je ne pense pas, franchement, avoir jamais été aussi heureux de te voir de toute ma vie."

Alors que Dorothy, toujours avec un sourire légèrement tremblant, se tournait vers moi, Tom tendit la main à Hamerly .

« Comment Dorothy a-t-elle fait ce tour, de toute façon ? » Il a demandé.

« J'ai vu votre signal de détresse de l'autre côté de la rue », interrompit Dorothy, « et je suis allée directement au musée pour un de nos amis là-bas. Je ne voulais pas m'embêter avec la police si je pouvais m'en empêcher. J'ai rencontré M. Hamerly là où vous l'avez rencontré auparavant, sur les marches. Et pensez-y, cet homme bon ici est le libraire. Nous l'avons rencontré alors que nous descendions vers la porte après avoir essayé l'endroit.

« Alors toi et Hamerly avez chargé seuls la fosse aux lions, n'est-ce pas ? » Je l'ai interrompu.

"Eh bien, bien sûr", dit Dorothy.

"Tout est dû à elle", a déclaré Hamerly .

"Non, c'est parce que l'assistante a peur", a déclaré Dorothy. "N'est-ce pas, M. Elder?"

« Si vous n'aviez pas été là, Miss Haldane, dit le propriétaire de la librairie, je n'aurais jamais dû savoir ce qu'il cherchait. Je ne pouvais pas comprendre du tout.

« De quel genre de laboratoire s'agit-il ? Ai-je demandé, déterminé à ne pas me laisser tromper.

Le vieil homme rit. « J'imagine que mon employé vous a raconté des choses étranges. Je ne lui ai jamais dit tout ce que je savais. Cela ne me dérange pas de le laisser réfléchir. C'est le laboratoire de mon frère, et quant à ce qu'il fait, regardez ici !

Il a ouvert la deuxième porte et nous avons regardé à l'intérieur. Des ensembles de fausses dents, des boîtes de fournitures de dentiste et des appareils dentaires se sont présentés à notre vue. J'ai soudainement commencé à rire. Tom m'a regardé un instant et a éclaté de rire, tandis que toute la foule, même l'assistant, qui nous regardait avec inquiétude entre-temps, s'est finalement jointe à nous. Finalement, faible de rire, j'ai demandé : « Pourquoi ? est-ce que l'assistant nous a fait taire ?

« Il pensait que vous étiez des cambrioleurs, expliqua le libraire, et comme mon frère n'est pas en ville, il a couru vers moi. Mon frère fait un peu attention à qui il laisse entrer, car il fait ses affaires principales ailleurs, et ceci n'est qu'une affaire secondaire.

C'est ainsi que l'incident du laboratoire de fausses dents s'est terminé.

L'air extérieur ne m'avait jamais paru aussi bon , sauf deux fois auparavant : lorsque je quittai la prison de New York dans l'automobile de Tom en direction de Dorothy, et lorsque je remontai du fond du port de Portsmouth. J'en inspirai longuement pendant que nous nous dirigions vers la voiture et que nous nous dirigions vers l'hôtel. Dorothy restait silencieuse à côté de Tom, mais de temps en temps je rencontrais ses yeux et ils tombaient. L'ancien look semblait disparu. Il y eut un changement, une timidité nouvelle et très douce.

En entrant dans l'hôtel, Tom inspira longuement. « Une bonne nuit de sommeil », dit-il, « et nous nous attaquerons à la troisième coupure. »

"D'accord", dis-je.

"D'accord", répondit Dorothy, "à condition que tu m'emmènes avec toi. Mais je ne passerai un autre après-midi comme celui-ci pour personne.

CHAPITRE XV

J'étais sur le point de m'endormir cette nuit-là lorsque j'ai entendu un coup sec à ma porte. En sautant, je l'ai ouvert et Tom s'est précipité à l'intérieur.

«Je viens de penser à quelque chose, Jim. Les charnières ont disparu de ce store. Nous nous sommes trompés de maison aujourd'hui, mais nous ne devons pas abandonner pour cela. Supposons que vous retourniez au gîte le matin et que vous voyiez si vous pouvez avoir plus de lumière .

"Bien sûr," répondis-je. "Mais maintenant, pour l'amour du ciel, laisse-moi dormir."

"Bien sûr," dit Tom d'un ton lésé. "Mais je pensais que tu voudrais en entendre parler dès que je l'aurais frappé."

"Bien sûr," répétai-je encore. "Seulement, maintenant que je le sais, va te coucher et laisse-moi faire de même." Ma tête a touché l'oreiller lorsque j'ai entendu le bruit de la porte qui se fermait, puis j'ai dormi toute la journée.

Le lendemain matin, je suis parti directement pour Bloomsbury, vers ma destination de la veille, le logement. Mon gros ami, la propriétaire, était absent, alors la femme de chambre m'en a informé, mais je pouvais revoir la chambre si je le souhaitais. Une fois arrivé au dernier étage, j'ai ouvert la fenêtre et j'ai regardé autour de moi. Le désert de brique n'a été brisé que par les branches ondulantes qui empêchent cette partie de Londres de devenir un désert morne que la plupart des villes modernes sont en train de devenir, ou sont devenues depuis longtemps. Alors que je me tenais là, m'efforçant de percer le mystère, la servante se tenait au garde-à-vous, chancelante, dans l'embrasure de la porte. Finalement, je me suis retourné.

"J'ai été très intéressé par l'histoire que votre maîtresse m'a racontée sur le volet tombé", dis-je en glissant une demi-couronne entre ses doigts prêts. "J'aimerais beaucoup savoir si, par hasard, une partie de l'ancien volet existe."

Les yeux de la servante brillèrent alors qu'elle jetait un coup d'œil subrepticement à la pièce qu'elle tenait à la main. «L'épave est dans les eaux », dit-elle.

« Vous venez des charbonnages ou des mines », dis-je en souriant en entendant son dialecte.

Une faible rougeur apparut sur sa joue jaunâtre. «Je suis à peu près là, monsieur. Y êtes-vous déjà allé? Il n'y en a pas de pareil.

"J'y suis allé", répondis-je en souriant à nouveau. "Il y a de bons hommes là-bas."

Ses yeux s'illuminèrent une fois de plus. « Est-ce que tu aimerais voir une épave ? Je peux, si tu le veux.

"Juste ce que je voudrais", répondis-je, et la femme de chambre se retourna et descendit les escaliers avec fracas. Au sous-sol, appuyé contre le mur à côté de baignoires, se trouvait le volet détruit. Je l'ai mis en lumière. Les charnières avaient disparu. Pas la moindre trace de fer n'y était visible. Je me tournai vers la servante silencieuse.

"C'est bizarre où sont passées les charnières ?" Dis-je d'un ton interrogateur.

"Noa," répondit-elle. « Vous voyez la boîte en bois là-bas ?

"Oui," répondis-je.

« Thot avait des choses ; Michael les a pris aujourd'hui Le volet est tombé.

Avec impatience, je me penchai sur la caisse en bois grossier et examinai attentivement les charnières, les mesurant avec mon mouchoir et comparant la taille avec les points plus clairs du volet, qui montraient où se trouvaient les charnières. Il ne faisait aucun doute que ce que la jeune fille avait dit était vrai. Un doute subsistait.

"Pourquoi votre maîtresse ne savait-elle pas ce qu'étaient devenues les charnières ?" J'ai demandé.

"La maîtresse est rarement embrumée et elle ne sait pas grand chose qui se passe", expliqua la servante. «Mais pour un homme qui connaît les mines de charbon…» Elle n'a pas fini, mais j'ai compris, et un briquet d'une seconde demi-couronne dans mon sac à main, je suis parti.

Pendant tout le chemin du retour, le caractère ridicule de notre comédie d'erreurs de vingt-quatre heures n'a cessé de croître en moi, et j'ai surpris plus d'un passant avec un rire soudain. Tom et Dorothy surgirent alarmés lorsque j'entrai et s'appuyèrent contre le mur, faibles de rire.

"Es-tu blessé, Jim?" s'écria Dorothy en se tournant anxieusement vers moi.

"Non! Non!" J'ai haleté. «Mais la charnière en fer qui disparaît pour les aveugles appartient à la même classe que le laboratoire du dentiste. « Michael les a mis sur la boîte en bois, dans le lavage . » C'est là qu'ils ont disparu.

Toute la beauté de la situation apparut soudain à l'esprit de Tom, et il éclata d'un rire inextinguible tandis que Dorothy, le visage éclairé de joie, se joignit à lui, un instant plus tard, dans un accord argenté. L'aventure des deux jeunes hommes et de la jeune femme qui chassaient le volet disparu de Bloomsbury s'est terminée dans notre gaieté.

Immédiatement après le déjeuner, nous sommes partis en direction de Chelsea. En remontant le talus, devant le Parlement et la Tate Gallery, près des vastes étendues de l'hôpital de Chelsea où quelques vieux retraités prenaient le soleil sur les promenades, notre automobile nous a transportés jusqu'aux abords de la vieille banlieue pittoresque. Notre chauffeur n'avait jamais entendu parler de la rue nommée dans la coupure, et ce n'est qu'après des recherches assidues que nous avons trouvé la petite ruelle, une ruelle, où écuries et chenils alternaient avec des maisons d'écuyers et de maréchaux-ferrants, où des palefreniers en leggings les chrysalides , et les cochers pompeux en livrée sévère, les papillons adultes , se rencontrèrent sur un pied d'égalité.

Au bout de la petite rue se trouvait une petite maison publique au profit des Jéhus qui se rassemblaient dans le quartier. Alors que nous le dépassions, Tom arrêta le chauffeur.

«Je vais courir ici», dit-il, «et voir ce que je peux trouver.» Dix minutes plus tard , il était de retour.

"Avez-vous trouvé quelque chose?" » demanda Dorothy en se penchant en avant.

Tom hocha la tête. « Nous allons laisser la voiture ici », dit-il laconiquement. "Venez avec moi."

Dans la petite rue et dans une cour intérieure, Tom montra le chemin. Enfin, il entra dans une porte dont l'arc arrondi soutenait une tête de cheval sculptée et pittoresque, qui aurait très bien pu voir les équipages d'il y a un siècle ou plus se traîner en dessous. À l'intérieur se trouvait une cour carrée pavée ; tout droit, une écurie en pension ; à droite, une ancienne boutique de maréchal-ferrant, dont les soufflets et la forge désaffectés se voyaient à travers une vitre poussiéreuse ; à gauche, une habitation sale. Une pancarte sur l'écurie et le magasin indiquait que l'ensemble des locaux était à louer. "Renseignez-vous à gauche de la cour."

"Ils m'ont dit au pub qu'il y avait une pancarte avec une tête de cheval sculptée accrochée au-dessus de l'entrée", a expliqué Tom. « On l'appelait le signe des trois chevaux. Je vais voir s'ils sont au courant à la maison.

Dorothy et moi avons attendu près de la porte d'entrée pendant que Tom traversait la cour. Alors qu'il avançait, la porte s'ouvrit et une grande femme rectangulaire en sortit, une pince à linge dans la bouche et un morceau de linge dans les mains. Une conversation quelque peu à sens unique s'ensuit.

"Je veux voir l'écurie à louer", a déclaré Tom.

"Euh euh euh euh », répondit la femme, de sa bouche à moitié fermée .

"Je vous demande pardon", dit Tom, "mais je ne comprends pas très bien."

Un autre marmonnement suivit, alors que la femme faisait face et entrait dans la maison. Tom nous lança un regard comique.

« C'est ce qui arrive si l'on n'apprend pas la langue du pays dans lequel on va », a-t-il lancé à voix haute. «Je peux parler allemand, français ou italien, lire le latin et essayer le grec, mais je n'ai jamais étudié un mot de pince à linge.»

Alors qu'il terminait, la femme réapparut, tenant toujours le vêtement par la corde, mais lui tendant également deux lourdes clés de fer. Tom les a pris et s'est tourné vers nous, en remarquant simplement : "Nous allons examiner les lieux."

Le grenier, les stalles et la cave de l'écurie ne nous offraient rien, et nous n'obtenions pas non plus davantage des fenêtres avec vue sur les cours encombrées. L'ancienne boutique du maréchal-ferrant était plus belle. Tom enfonça la lourde clé dans la serrure et repoussa la lourde porte. Là où le soleil projetait sa lueur sur le sol poussiéreux se trouvait un petit tas de planches peintes. Je me suis précipité en avant.

« Des animaux en tranches », ai-je appelé aux autres, tandis que j'avançais les six ou sept vieilles planches et commençais à les mettre en place. Je les ai fait trier et arranger en un tour de main. Brisées comme elles l'étaient par leur chute, les têtes des trois chevaux sur le panneau étaient encore claires, même si l'effet du temps avait atténué les teintes flamboyantes de l'artiste grossier.

«Pas un clou ni un morceau de fer, bien qu'il y ait six trous de clous sur chaque planche. Cela ne peut pas être un autre cas de charnière en bois », ai-je remarqué.

Alors que nous nous penchions tous avec impatience sur le panneau, une voix nous intervint. "Cette pancarte nous a presque coûté un joli centime."

Nous nous redressâmes rapidement. Dans l'embrasure de la porte se tenait un gros homme aux moustaches rouges.

« Je suis l'agent de la propriété », a-t-il déclaré. « J'ai entendu dire que vous l'examiniez, alors je suis tombé sur. Nous sommes prêts à le remettre en bon état pour tout locataire recherché. Il existe peu de propriétés aussi stables dans les écuries de Chelsea.

« Vraiment », dit Tom, « je ne suis pas sûr que cela réponde à mes besoins ou non. Nous avons juste examiné les choses et sommes tombés sur ce signe. Il a dû recevoir un coup assez violent, car toutes les vis sont arrachées.

« Eh bien, monsieur, » dit l'agent avec empressement, « c'est la chose la plus étrange que j'aie jamais vue. J'ai vu le panneau descendre . J'étais juste de l'autre côté de la cour, dans ce coin, et je regardais par l'arche. Il n'y avait pas de vent, pas un souffle d'air, et pourtant, tout d'un coup, la vieille enseigne s'est effondrée. Un homme était passé à peine une minute auparavant. Cela pourrait aussi bien le frapper que non, ou me frapper, d'ailleurs. Et le poteau qui le tenait, ainsi que les clous, les charnières et tout, ont dû s'envoler lorsqu'il a heurté. Du moins, je ne vois pas ce qui aurait pu leur arriver d' autre . Ils n'étaient pas là quand je suis arrivé, et ils étaient aussi du bon fer. J'ai moi-même examiné ce panneau en deux mois pour m'assurer que tout allait bien.

Notre volubile ami s'arrêta pour reprendre son souffle. Pendant que Tom s'adressait à lui, j'ai parlé en aparté à Dorothy.

« Il y a des années, j'ai toujours pensé que les Anglais étaient la race la plus silencieuse du monde, mais je découvre maintenant mon erreur. Ce sont les classes supérieures qui se taisent et les gens de la campagne. Votre Londonien peut parler d'une manière bleue, une fois qu'il est lancé.

Tom était sorti dans la cour avec l'agent pour nous donner une nouvelle chance de regarder par-dessus le panneau, et nous étions sur le point de procéder à un nouvel examen des trous de clous, quand Tom nous a chanté : « Sortez ici, voulez-vous ? ?"

Nous sommes sortis et avons vu l'agent s'éloigner en toute hâte et Tom, la clé en main, prêt à fermer à clé.

"Je crois vraiment que nous avons quelque chose, cette fois", dit-il à voix basse. « Il paraît que ce type est l'homme de confiance de l'agent du duc de Moir, qui possède toutes ces propriétés par ici. Il me raconte qu'il a loué trois chambres à un nommé Cagent , qui les a occupées de temps en temps comme atelier ou laboratoire pendant quelques mois, et est parti il y a environ deux jours. Parfois, il était absent pendant des mois. L'homme est parti chercher les clés maintenant. Il va nous laisser traverser les lieux. Il me dit que Cagent a probablement fait quelques changements, même s'il n'est pas encore entré dans les lieux.

Tom a terminé, l'agent est revenu avec les clés et nous avons continué. Juste au-delà de l'écurie, dans la rue voisine, l'agent monta quelques escaliers à côté d'une petite boulangerie.

L'homme aux moustaches rouges glissa une clé dans la serrure et ouvrit la porte. Nous nous y sommes précipités. Les pièces nues montraient quelques légers détritus laissés par leur ancien occupant, du papier d'emballage, des bouts de fils isolés cassés, une étagère qui montrait derrière elle de lourds fils déconnectés qui devaient conduire à un moteur-générateur, un évier avec des oies hautes. robinet de cou.

"C'était un laboratoire, d'accord", dis-je à Dorothy, qui hocha la tête et passa dans la troisième pièce. Elle se dirigea directement vers la lunette arrière.

"Regarde ici, Jim," appela-t-elle doucement.

Tom et l'agent ont été laissés dans la grande pièce centrale . J'ai suivi du regard le doigt pointé de Dorothy, alors que j'atteignais son côté. Là, entre les bâtiments, se dessinait une bande étroite et ouverte, qui se terminait par l'ombre d'un arc sombre, couronné par une tête de cheval grossièrement sculptée. C'était l'arc où était accrochée l'enseigne des « Trois Chevaux ».

« Si c'était le laboratoire de cet homme, son pouvoir destructeur aurait pu s'échapper de cette fenêtre, murmura Dorothy, passer directement à travers et attaquer ce panneau, sans rencontrer de fer nulle part ailleurs sur le chemin. Oh, Jim, pensez-vous que cette pièce correspondait à la chambre en bois du Dr Heidenmuller ? L'homme pourrait avoir des panneaux de bois aux fenêtres et une double porte, et les démonter en partant.

J'ai secoué ma tête. "Si suffisamment de ces substances mortelles s'échappaient pour détruire le fer de l'enseigne, cela détruirait tous les clous à l'intérieur de la pièce, et voici des clous en fer qui maintiennent le cadre de la fenêtre ensemble."

"C'est vrai", dit Dorothy en inspectant les têtes de clous. "Ceux-là ressemblent à des clous en fer." Puis elle s'est arrêtée. "Tu as ton couteau dans ta poche, Jim?"

En silence, je l'ai produit et ouvert.

"Maintenant, essaie d'arracher ce clou", ordonna-t-elle en en désignant un sur le cadre de la fenêtre.

J'ai obéi, avec l'espoir de briser mon couteau. À ma grande surprise, la lame a coupé directement le clou, avec moins de résistance que celle offerte par le bois qui l'entourait. La tête du clou a été coupée. Dorothy et moi avons sauté au même moment pour le ramasser, et nous nous sommes rencontrés dans une collision soudaine. Ce n'est que grâce à l'extraordinaire présence d'esprit dont j'ai fait preuve en serrant Dorothy étroitement dans mes bras qu'un déversement complet a été évité. Une douce vrille des doux bois printaniers balayait ma joue, le pétale de velours d'une fleur effleurait mes lèvres, et tout mon corps était en feu. À peine une fraction de seconde, Dorothy était dans mes bras, et pourtant, c'était comme si des éternités de vie s'étaient écoulées. Alors que nous nous relevions, je sentais mon visage s'enflammer. J'ai regardé Dorothée. Son visage était aussi imprégné que le mien. À ce moment-là, Tom entra et nous regarda avec un sourire interrogateur. « Collision frontale », s'est-il exclamé, faussement alarmé. "Un autre gros accident." Pas un mot Dorothy ne répondit à son badinage. Elle se dirigea d'une manière particulièrement majestueuse vers la fenêtre et resta là à regarder dehors, tandis que je m'occupais énergiquement à chercher une fois de plus le bout de l'ongle que mon couteau avait coupé. Il gisait juste à côté de moi et lorsque je le ramassai, il s'effondra.

"Eh bien, ces têtes de clous sont du mastic", m'écriai-je avec étonnement. "Ce ne sont que des imitations de clous."

En une minute, le couteau de Tom était dans sa main et, oubliant complètement tout le reste, il s'attaquait à un endroit où apparaissait une autre tête de clou.

"Du mastic sur le dessus pour représenter une vieille tête de clou, et une cheville en bois qui fait le travail en dessous", a-t-il éjaculé. "Je ne crois pas qu'il y ait un peu de fer dans cet endroit."

Tom a creusé tête de clou après tête de clou, et chacun s'est envolé. "Dorothy, c'est une pièce en bois", cria-t-il.

"Oh, vraiment", dit Dorothy d'un ton totalement monotone.

« Et il y a la tête du cheval par cette fenêtre. Il fallait être aveugle pour ne pas l'avoir vu auparavant.

«Nous l'avons vu», dis-je avec humeur. "Mais tu es tellement impétueux que tu te précipites avant que quiconque puisse te dire quoi que ce soit."

Tom n'a prêté que peu d'attention à mes remarques. Il était sur le rebord d'une fenêtre, fouillant avec son couteau. «Je l'ai», s'exclama-t-il finalement en triomphe. "Voici l'endroit où ils ont accroché les volets en bois avec des piquets en bois, puis ils les ont peints et enduits de mastic lorsqu'ils ont démonté les panneaux."

Il sauta à terre et se dirigea vers l'autre pièce. "Je vais découvrir ce que sait l'agent", répondit-il par-dessus son épaule.

Dorothy se tenait toujours près de la fenêtre, le soleil de la fin de l'après-midi faisant un halo doré sur ses cheveux quelque peu ébouriffés. Tandis que je la regardais, il semblait y avoir quelque chose de moins énergique dans sa posture. Elle était appuyée contre la fenêtre et regardait fixement vers l'extérieur. Elle ne m'a pas du tout remarqué. Pendant dix minutes, nous restâmes dans un silence rompu seulement lorsque Tom revint, agitant triomphalement un morceau de papier sale.

« L'agent ne savait pas où ce type était allé, s'écria-t-il, mais j'ai quand même une ligne sur lui. Voici l'adresse d'un revendeur de matériel électrique, laissée dans un coin sur un bout de papier. Nous irons directement en ville et le chercherons.

En longeant le talus, nous avons dépassé le Savoy et le Temple, traversé la rue Queen Victoria et longé la banque jusqu'à la rue Bishopsgate. Dorothy s'est assise à côté de moi sur le siège arrière de la voiture, Tom à côté du conducteur. Tout au long du chemin, elle ne m'a pratiquement pas dit un mot, répondu à peine aux bavardages occasionnels de Tom. Je n'avais jamais vu sa langue si étrangement silencieuse, sa joue si rouge du cramoisi du matin, ni jamais vu ses yeux plus profondément pensifs, plus doucement beaux.

Nous nous sommes arrêtés devant le magasin de fournitures et Tom s'est précipité à l'intérieur, suivi de Dorothy et moi-même. Il voulait du fil du même type que celui commandé en dernier lieu par M. Cagent . Pourraient-ils consulter la commande et la lui laisser. Certainement. Aucune difficulté du tout. Le commis est retourné examiner le carnet de commandes et je l'ai suivi à ses côtés. Dans le petit bureau sombre à l'arrière se trouvait un bureau haut, avec les grands livres au-dessus dans une rangée ordonnée. C'est tombé C. « Cagent , page 116 », disait l'index. Alors que l'employé se tournait vers la page, j'ai jeté un coup d'œil par-dessus son épaule. "M. H. Cragent . L'adresse de Chelsea était barrée d'un trait ; ci-dessous étaient écrits les mots « 9 Cheapside ». C'était tout ce que je voulais. J'ai fait un signe de tête à Tom, qui a donné une commande précipitée pour le télégramme, et nous étions libres pour la nouvelle adresse.

"C'est la bonne", dit doucement Dorothy alors que nous quittions le magasin.

"Comment savez-vous?" demanda Tom. "Ça a l'air bien, je l'admets, mais je ne vois pas comment tu peux le dire."

"Je ne sais pas comment je peux le dire", répondit Dorothy à voix basse, "mais j'en suis sûre, cette fois, comme jamais auparavant."

Dix minutes plus tard , nous étions au coin le plus proche de la nouvelle adresse, nous avions laissé la voiture et marchions dans la rue animée.

L'enseigne au-dessus de la porte du 9 Cheapside annonçait la présence d'une mercerie à l'intérieur. Le deuxième étage montrait un marchand d'idées, et les troisième et quatrième ne contenaient aucune pancarte.

"Il y a des fils du circuit électrique qui mènent au quatrième étage", a déclaré Tom alors que nous passions. «Voici la porte. Pas de cartes de visite pour tout ce qui dépasse la seconde. Allez, essayons à côté.

Nous montâmes les escaliers près d'une boutique de modiste, après le troisième étage, jusqu'au quatrième. Une aile reculait, avec une galerie qui s'ouvrait d'un côté. À l'arrière se trouvait un petit escalier, surmonté d'un auvent, qui ouvrait sur le toit. Par chance, celle-ci a été déverrouillée et nous avons grimpé, sur le toit plat, dans le dédale de cheminées. Tom était un peu en avant et atteignit le parapet du côté du numéro 9, alors que nous étions encore à l'auvent. Alors qu'il se tournait vers le bord, il se retourna et nous fit signe de manière expressive. Nous nous sommes dépêchés d'avancer. En bas, au quatrième étage, trois fenêtres à volets nous faisaient face. Dans celui du centre , le vent avait ouvert à moitié le store. Derrière, nous contemplions un panneau de bois massif qui remplissait la fenêtre de haut en bas, d'un côté à l'autre, derrière la vitre.

— Une copie exacte des panneaux de fenêtre de la chambre en bois de Heidenmuller , murmurai-je. Tom et Dorothy hochèrent la tête en silence.

CHAPITRE XVI

Nous nous retirâmes tranquillement du parapet et, fermant l'auvent derrière nous, nous nous mîmes à descendre les escaliers étroits. A leur base, Dorothy s'arrêta brusquement. Alors que Tom arrivait, il remarqua son retard et s'arrêta, la main sur le loquet. "Qu'est-ce qu'il y a, ma fille ?" » demanda-t-il presque tendrement.

« Vous pensez que nous devrions continuer, n'est-ce pas ? » demanda Dorothy avec hésitation.

" Bien sûr que nous continuons", a déclaré Tom. « Cela ne fait aucun doute. C'est pour cela que nous sommes ici. Qu'est-ce qu'il y a, de toute façon ?

"Franchement, je ne sais pas," dit lentement Dorothy. « Si nous nous en sortons bien, j'essaierai de ne plus jamais dire un mot, mais d'une manière ou d'une autre... d'une manière ou d'une autre... » Elle s'interrompit sans terminer.

"Rassure-toi, vieille fille," réconforta Tom en mettant son bras autour de sa taille. « Que devrions-nous faire sans votre vaillant esprit ?

Je restais là, muet. C'était une nouvelle Dorothy, une femme silencieuse et interrogatrice, différente de celle que je connaissais, et pourtant comme elle. Je n'arrivais pas à rassembler suffisamment mes esprits dispersés pour pouvoir rendre quelque service que ce soit.

Avec un effort, Dorothy redressa les épaules. "Allez," dit-elle fermement, et nous nous dirigeâmes vers la porte, Tom et moi quelques pas derrière.

« Tant mieux pour vous », murmurai-je alors que nous nous tournions près de la mercerie et que nous montions les escaliers, au sommet desquels nous étions obligés de croire que se trouvait le laboratoire de l'homme que nous recherchions, l'atelier de l'homme qui essayait d'arrêter. toute la guerre.

Alors que nous atteignions le deuxième palier, Tom se tourna vers moi. "C'est le mélange le plus étrange d'ignifuge et de piège à feu dont j'ai jamais entendu parler", a-t-il éjaculé. « Escaliers en fer et paliers en bois, avec deux portes de chaque côté. Je me demande si ça continue comme ça jusqu'au bout ? » Ça faisait; des escaliers de fer et des paliers de bois se succédèrent, jusqu'à ce que le quatrième étage présentât deux portes, une de chaque côté d'un palier faiblement éclairé par une lucarne.

"C'est l'un des deux", murmura Tom.

Il essaya doucement une porte , verrouillée. J'ai essayé l'autre. À ma grande surprise, elle s'ouvrit et une pièce nue, semblable à celle où Tom et moi avions attendu pendant de longues heures à Bloomsbury, apparut devant nous. Juste à ce moment-là, nous entendîmes un bruit de pas sur l'escalier de fer en contrebas, et au détour du virage, nous aperçûmes le manche d'un balai, suivi d'un bras enveloppé dans la manche d'un gros pull. Le concierge s'arrêta avec étonnement en voyant notre phalange de trois personnes debout dans la pièce vide. Avant qu'il puisse ouvrir la bouche, je lui ai adressé la parole.

«Je veux louer cette chambre», dis-je. « Cela me convient à bien des égards. Quel est le loyer ?

« Quatre livres par mois, monsieur, merci », fut la réponse.

"Quelqu'un d'autre sur cette même histoire?" J'ai demandé.

« Juste un M. Cagent , merci, monsieur, qui a un atelier en face. Il est absent pour de bon aujourd'hui, mais il est entré et sorti assez souvent ces quelques jours où il est là, merci, monsieur. Je pense qu'il ne vous posera aucun problème, monsieur.

J'ai regardé Tom et Dorothy, qui ont signé par l'affirmative. «Je vais le prendre», dis-je. "Dois-je voir l'agent?"

"Non, monsieur, merci", répondit l'homme, "je suis l'agent intérimaire pour ce bâtiment."

"Très bien alors. Te voilà." J'ai remis quatre livres pour le premier mois de loyer et je suis retourné pour examiner plus attentivement mon nouveau logement. C'était évidemment l'une des deux pièces de devant donnant sur la rue. L'autre pièce de devant avec les pièces de l'aile qui s'étendent en arrière doivent appartenir au mystérieux Cagent . Saliée par le brouillard et la fumée, notre maison était un bureau typiquement londonien, dont la cheminée et la grille en marbre gris constituaient le seul relief des murs nus.

Le concierge, sans aucun signe d'étonnement devant notre soudaine invasion de ses locaux, se tourna avec son balai et dévala les escaliers en fer. Tom, Dorothy et moi sommes entrés et avons presque fermé la porte, la laissant entrouverte à des fins d'observation.

"Tant que nous devons être ici de temps en temps pendant une semaine ou plus, nous pouvons tout aussi bien être à l'aise", dit Tom à voix basse. « Deux d'entre nous peuvent rester ici, pendant que l'autre ira chercher des chaises et un peu de charbon. Dorothy et toi restez à l'affût, pendant que je récupère suffisamment de meubles pour nous mettre à l'aise pendant quelques heures.

"Bien sûr", dis-je, mon cœur bondissant à l'idée d'un court tête-à-tête avec Dorothy.

"Je viens avec toi, Tom," dit Dorothy. "Jim peut regarder seul, d'accord", et elle partit sur le palier devant son frère.

Tom me jeta un coup d'œil. "A bientôt", dit-il, et il le suivit. J'ai repris ma place de veille.

Une demi-heure s'écoula et Tom et Dorothy étaient de retour avec des porteurs portant une table, des chaises et du charbon. Dix minutes après leur arrivée, il y eut un vif feu dans la cheminée, nous étions confortablement installés et les porteurs étaient partis. Dorothy regardait le feu avec ce même calme rêveur qui avait si caractérisé son apparence ces derniers jours. Je restais assis à regarder Dorothy et Tom était occupé à allumer sa pipe. Soudain, j'entendis un bruit léger et répété. Faisant signe à Tom, je me levai et me dirigeai vers la porte sur la pointe des pieds. Personne ne venait. Je suis allé au palier et j'ai écouté. Plus de résultat. Pourtant j'avais sûrement entendu des pas. Je suis retourné dans la pièce et j'ai fermé la porte. Tom fut à côté de moi un instant plus tard, la pipe à la main, mais, alors que je jetais un rapide coup d'œil autour de moi, je vis que Dorothy n'avait pas bougé. Elle était toujours assise, la tête sur la main, regardant les braises incandescentes. Les pas étaient maintenant plus forts et je me suis dirigé vers un mur d'enceinte, puis vers un autre. Il y avait quelqu'un qui faisait les cent pas dans les appartements de Cagent . Tom était à côté de moi alors que je me penchais pour écouter, son visage reflétant l'empressement.

"Il devait y avoir quelqu'un là-dedans tout le temps", murmurai-je. "Mais si c'était le cas, j'aurais dû penser qu'il aurait été dérangé par notre emménagement et qu'il serait ressorti."

"Le concierge m'a dit que Cragent n'était pas entré et que personne ne travaillait avec lui", marmonna Tom. "Je ne vois pas à travers ça."

Les marches allaient et venaient. Tom mit sa pipe à la bouche et commença à fumer à grandes bouffées régulières.

"Je crois qu'il y a une autre entrée dans ces pièces", dit-il finalement. "Je sors en reconnaissance ." Silencieusement et prudemment , il sortit sur la pointe des pieds, sans que Dorothy soit au courant de son départ. J'ai rapproché ma chaise du mur et je me suis assis pour attendre.

Un silence suivit, interrompu seulement par le rugissement sourd et incessant de la ville, ce rugissement qui, pour l'oreille attentive, dans ses basses profondes et fermes, se différencie entièrement du staccato aigu de New York, des tons plus graves et plus rapides de Paris, ou du milieu -tonique, bourdonnement ordonné de Berlin. De l'autre côté du mur les marches continuaient, un, deux, trois, quatre, cinq, six, sept, huit, neuf, dix, onze, douze, tour, un, deux, trois, quatre, cinq, six, sept, huit, neuf, dix, onze, douze, tour à tour. Encore et encore, avec une régularité invariable, marchait le pas lourd et poussé qui se répercutait sur le vieux sol. Dorothy était assise immobile, les yeux toujours fixés sur le feu, inconsciente du monde, ses cheveux doux contrastant avec la riche fourrure de son manteau drapé sur le dossier d'une vieille chaise. J'entendis le lent grincement d'une porte qui s'ouvrait et me dirigeai doucement vers un bras gris qui me faisait signe.

"Je n'entrerai pas", murmura Tom avec enthousiasme, "J'ai le truc. Il y a une autre entrée dans ses appartements. De toute façon , nous allons le mettre en cage entre nous et bien l' observer. Il y a un petit bureau correspondant à ça de l'autre côté, où je peux attendre. Restez près de la baie vitrée et surveillez-moi. S'il vient vers moi, faites-moi signe. S'il vient chez vous, je vous ferai signe. Eh bien ! Je n'ai pas eu plus de plaisir depuis un siècle.

Tom partit, descendit les escaliers, marchant avec une prudence exagérée, et je me présentai en souriant. Dorothy ne s'était pas réveillée à cette interruption. J'ai commencé à m'inquiéter un peu de cette étrange abstraction. Est-ce qu'elle pourrait aller très bien ? Non, c'était tout à fait stupide, car elle semblait être l'image d'une bonne santé. Puis les pas ont retenu mon attention pendant un moment : un, deux, trois, quatre, cinq, six, sept, huit, neuf, dix, onze, douze, tournez-vous et répétez. C'était comme le piétinement des pieds dans le « Conte de deux villes ». Le simple pas semblait se transformer en un rugissement de troupes en charge. Ce marcheur était-il l'homme qui essayait d'arrêter toute guerre ? Les pas étaient-ils au-dessus et autour de ceux des milliers de personnes qu'il avait tués ou qu'il allait tuer ? Marchions-nous parmi les ombres fantomatiques du futur ? Étions-nous dans cette foule ? Quel terrible mystère se cachait derrière les panneaux de bois de ces fenêtres ? Je me suis mis à spéculer sur l'apparence de l'étranger derrière le mur, et toujours la forme de l'homme qui essayait d'arrêter toute guerre prenait la forme légère et gracieuse d'un Sudiste, et le visage était le visage basané et clair de Régnier . Même si j'essayais, je ne pouvais pas donner à l'homme sombre que nous poursuivions un autre visage ou une autre forme. Les pas continuaient encore et encore.

Dorothée excitée. "Où est Tom?" dit-elle en regardant autour d'elle.

"Il est absent pour un moment", dis-je légèrement mensongère. "Il reviendra bientôt."

« Il aurait dû me dire qu'il partait », dit-elle avec un peu d'impatience, mais sa rêverie se révéla trop forte pour qu'elle puisse s'échapper, et elle replongea dans son abstraction rêveuse. Le crépuscule a commencé à descendre alors que nous regardions et que j'écoutais. En tombant, la rose du feu jouait encore plus doucement sur les belles mains de Dorothy posées sur le bras de son fauteuil, montrant une joue un peu arrondie et une oreille translucide en forme de coquille. Petit à petit, j'ai oublié toute ma mission. L'homme est devenu un fantôme et a disparu silencieusement. Tom qui attendait sur la pointe des pieds dans le bureau d'à côté était complètement oublié. Dorothy et moi et le feu. Cette nouvelle Dorothy, rêveuse, tranquille, presque collante, avec ces nouvelles profondeurs dans les yeux, me portait bien au-delà de moi-même.

"Dorothy," dis-je à voix basse, "Dorothy."

Elle a tourné. "Qu'est-ce qu'il y a, Jim?" dit-elle.

J'ai essayé de parler mais je n'ai pas pu. Les mots précipités m'ont submergé. Je n'arrivais pas à me faire comprendre, et j'étais assis là, frissonnant sous l'intensité de mes sentiments, et pourtant incapable de dire ce que je souhaitais. J'ai retrouvé ma voix. "Dorothy," commençai-je, "je veux te le dire."

Les yeux de Dorothy rencontrèrent les miens pendant un moment, puis ses longs cils tombèrent. « J'ai pensé, balbutia-t-elle , je pensais, je pensais, je me penchai avec impatience, à notre ancienne maison dans le détroit de Long Island. Les mots venaient avec précipitation, comme si elle venait de les saisir dans les airs. « Vous n'y êtes jamais allé, mais c'est le plus bel endroit », poursuivit-elle précipitamment. "La mer, dans une grande baie en forme de croissant, pavée du sable le plus blanc, et une vieille maison coloniale sur une petite colline." Elle parlait à toute vitesse maintenant.

"Mais, Dorothy," interrompis-je, "je veux que tu saches..."

Elle ne m'a donné aucune chance de finir. « Tom a un laboratoire qu'il a aménagé près du rivage, » continua-t-elle encore plus rapidement, les mots s'entrechoquant, « et nous y travaillons quand nous ne sommes pas sur la Flèche Noire. Quand nous reviendrons, je descends tout droit ; J'ai tellement envie de voir cet endroit.

"Dorothy," recommençai-je.

"Oh, et avez-vous vu le récit de la réception chez l'ambassadeur", dit Dorothy aussi précipitamment qu'avant. « Ils ont tout renversé ; les noms sont tous mélangés. Ils portent le nom de Tom, Professeur Thomas Orrington, et vous, James. Elle s'arrêta net.

« Comment ont-ils obtenu le vôtre ? » Ai-je demandé avec impatience.

"Avez-vous vu qu'ils sont en train de démolir le remblai près de l'obélisque ?" fut la réponse extrêmement pertinente. Comme nous avions passé tous les trois un quart d'heure un jour ou deux auparavant à observer ces mêmes opérations, il paraissait probable que je les avais vues.

"Mais, Dorothy," suppliai-je. « Juste une minute, je veux… »

Dorothy sauta de sa chaise et se dirigea vers la porte. «Je vais trouver Tom», dit-elle.

« Arrêtez », ai-je appelé à voix basse. « 'L'homme' est de l'autre côté de la cloison, marchant de long en large. Écouter!"

Dorothy resta immobile un moment, dans l'équilibre même de la fuite, et nous écoutions tous les deux attentivement. Le rugissement de la ville était le seul bruit. Les pas mesurés avaient cessé. Quand ils se sont arrêtés, je n'en avais aucune idée. Je m'étais révélé un observateur infidèle.

"Alors, pour l'amour du ciel, où est Tom ?" J'ai pleuré en me précipitant vers la fenêtre.

Dorothy, surprise de son attitude, m'a suivi. J'ai regardé par la fenêtre de haut en bas les façades des maisons et la rue. Tom n'était nulle part en vue. Dorothy s'est penchée en avant à côté de moi pour regarder dehors et dans l'ivresse de sa présence immédiate, toute idée autre que mon souhait de lui dire mon amour a été balayée. Je lui saisis la main.

"Dorothy", m'écriai-je, "tu dois et tu devras entendre ce que je vais dire."

Sa main, d'abord palpitante et cherchant à s'échapper, abandonna sa lutte, et elle resta silencieuse, écoutant, la tête détournée.

"Dorothy," recommençai-je.

A ce moment précis, la porte s'ouvrit et Tom, rouge et essoufflé, se précipita dans la pièce. Dorothy s'est précipitée vers lui comme un faon effrayé, et je me suis retrouvé avec la main tendue, le Tantale moderne de Londres. Tom était trop excité pour remarquer nos positions.

"Eh bien, je dois dire que vous êtes un joli couple", s'est-il exclamé. « Tout ce travail et ces ennuis n'ont servi à rien, parce que vous n'avez pas fait un peu attention à la fin. Vous vous considérez comme un journaliste. Il n'y a qu'un seul service que vous puissiez gérer et c'est la rubrique Nécrologie.

"Quel est le problème?" Ai-je demandé en redescendant sur terre.

« C'est important, » s'écria Tom avec dégoût, « tout est réglé en ce qui concerne cet indice, et nous devons tout recommencer. J'ai vu « l'homme », et si vous aviez été raisonnablement alerte , vous l'auriez vu aussi, et nous l'aurions piégé.

« Vous avez vu « l'homme ». Es-tu sûr?" » demanda Dorothy à bout de souffle.

Tom hocha gravement la tête. "Oui, et je pense que pour une raison quelconque, il me connaissait," répondit-il plus lentement. «Quand je t'ai quitté, je suis allé au bureau de l'autre côté et j'ai attendu. Je me suis assis juste là où je pouvais voir si quelqu'un ouvrait de mon côté. J'étais là depuis environ une demi-heure lorsque la porte s'est ouverte et un homme au chapeau mou, dont le visage était caché dans la pénombre de la salle, en est sorti. Au moment où il m'a aperçu, il a reculé d'un bond et a verrouillé la porte. «C'est le moment pour Jim», me suis-je dit, et j'ai couru vers la fenêtre et j'ai fait un signe de la main. J'aurais pu lever mon bras, je crois, et vous ne l'auriez jamais su, alors quand j'ai réalisé cela, je me suis précipité vers ces escaliers. Au troisième vol, j'ai entendu des pas descendre le quatrième. Je me suis approché très doucement et là, en train de descendre, se trouvait l'homme au chapeau mou. Quand il m'a vu, il a levé son bras sur son visage, a dit ce qui m'a semblé être « encore toi » et a reculé dans l'obscurité du coin. Je l'ai suivi, mais avant que je puisse l'atteindre, une porte derrière lui s'est ouverte et il s'est précipité à l'intérieur, me la claquant au visage. J'ai volé contre la porte et elle a cédé. Au moment où j'étais dans la pièce, il était de l'autre côté et sortait par l'autre porte. Je l'ai suivi dans les escaliers mais je l'ai perdu dans la rue. Si vous aviez été assez bien aux aguets, nous aurions eu quelque chose, mais maintenant il sait que nous le poursuivons et il va tout simplement disparaître d'ici. Mais je crois avoir déjà vu ce type quelque part. Il y avait une étrange familiarité chez lui, et que voulait-il dire par : « Encore toi ? Il est à peine possible que votre vieille théorie soit vraie, Jim, ou que vous ayez tellement enfoncé Régnier dans ma tête que j'ai cherché à le trouver chez un homme que je ne connais pas du tout.

"Eh bien, je sais", dit Dorothy, avec un soudain retour à son ancien esprit indépendant. « Ce n'est pas le cas. Mais comment se fait-il que l'homme ait en main les clés de ces portes de l'histoire ci-dessous ? Je ne comprends pas ça.

"Je ne sais pas, j'en suis sûr", a déclaré Tom. « J'étais trop pressé de m'approcher de ce type pour prêter attention à la façon dont il déverrouillait les portes. Bien sûr, il y a une faible chance que cet individu soit un citoyen inoffensif qui m'a pris pour un voleur de grands chemins ou pour un fou.

"Pas avec les panneaux de bois aux fenêtres", a déclaré Dorothy. " Descendons et regardons les portes. "

À regret, j'ai verrouillé la porte et j'ai quitté le feu vif et la pièce aux murs nus où Dorothy s'était approchée si près pour m'écouter. J'étais déçu – bien sûr, j'étais déçu de mon insouciance en perdant l'homme que je cherchais, mais – la main de Dorothy s'était posée dans la mienne sans lutter le dernier instant avant que Tom n'entre. Il y avait du baume en Galaad. Pourtant, les retards sont dangereux et j'ai senti que je ne devais pas perdre de temps à exploiter les avantages acquis.

Alors que je tournais au coin des escaliers, j'entendis une faible exclamation du sifflement expressif de Dorothy et Tom. Ils étaient penchés sur une porte ouverte, examinant la serrure avec une allumette que Tom tenait protégée entre ses paumes. Alors que je les rejoignais, Tom montra sans commentaire l'endroit où se trouvait l'écluse. Son bois nu présentait des surfaces plus claires, car les panneaux montraient les marques du travail de « l'homme » et des trous de clous indiquant la disparition du métal.

"Comment ça se passe pour un crochetage," dit Tom. « L'autre a été ouvert de la même manière. Cagent est l'homme et je l'ai vu, mais je n'ai pas pu l'atteindre. Quelle maîtrise il doit avoir sur son instrument pour pouvoir détruire un cuirassé et ouvrir la serrure d'une porte au moyen d'un métal qui disparaît.

Dorothée frémit. « Il fait sombre ici et il fait froid. Je veux retourner à l'hôtel », dit-elle un peu tremblante. « Tout ira bien demain matin et j'irai avec toi après « l'homme », mais maintenant je suis fatigué – fatigué.

Je pense que l'horreur de la chose nous a tous un peu assombris dans cette vieille maison sombre de Londres. L'obscurité des coins, l'homme qui avait tué tant de ses semblables, séparés de nous par une seule cloison, semblait horrible et assourdissant. Ces pas qui montaient et descendaient signifiaient-ils davantage de massacres, de nouvelles inventions ? Était-ce l'homme mystérieux que nous avions recherché, la figure familière que Tom avait imaginée ; et pensée dominante de tous, la main de Dorothy s'est-elle posée dans la mienne sans lutter jusqu'au dernier moment ? Il y avait de quoi garder mes pensées au travail sur le chemin du retour, même si Dorothy regardait avec persistance depuis la fenêtre du quatre-roues et ne prononçait jamais un mot.

Alors que nous quittions la voiture, Tom rompit le silence. "Si vous en avez envie, Jim, je pense que ce ne serait pas une mauvaise idée de consulter Hamerly ce soir et de voir ce qu'il dit de tout cela."

"Une bonne idée", dis-je. « Je vais m'empresser de manger un morceau et je cours là-haut. Cela ne sert à rien de perdre du temps.

"Très bien", dit Tom, et Dorothy, alors que nous nous séparions, me lança un regard timide qui me renvoya dans un labyrinthe doré de joie et d'espoir.

Hamerly était absent lorsque je suis arrivé à son logement, appelé soudainement pour quelques jours, a rapporté la femme de chambre.

Cependant, sur le chemin du retour, je suis arrivé à une conclusion très précise. Hamerly a dû voir l'homme face à face dans le laboratoire du Dr Heidenmuller . Il pourrait de toute façon régler une question épineuse. J'allais trouver une photo de Régnier s'il y en avait une.

J'ai atteint le Savoy pour trouver un message de Tom indiquant que lui et Dorothy étaient allés au Cecil pour voir des amis. J'ai suivi, laissant savoir au bureau que j'étais parti. Alors que j'attendais dans le couloir, un téléphoniste est arrivé et m'a appelé au téléphone. J'ai pris le combiné avec un profond frisson d'anticipation. "Orrington?"

"Oui." C'était un de nos correspondants.

« La guerre vient d'être déclarée entre l'Angleterre et l'Allemagne. J'ai des informations privilégiées selon lesquelles les flottes se retrouveront demain dans la Manche, au large de Douvres. Je suppose que tu vas chasser ton homme là-bas ?

« Je pars sur le lieu de la bataille par le premier train », répondis-je. "Beaucoup obligé", et j'ai raccroché.

Alors que je sortais sous le grand auvent au fond de la cour, la gaieté et la vie de la pleine marée du soir se déferlaient. Des femmes bien habillées, des hommes vaillants, la vie, la jeunesse et le plaisir, et demain, quoi ? Est-ce qu'un seul de ces puissants navires, un de ces courageux marins reviendrait ? Alors que je me tenais là, un silence se fit. La nouvelle que j'avais entendue venait d'arriver. Puis vint un puissant rugissement : « Guerre, guerre, guerre ». Puis, alors qu'il s'éteignait, une grande vague croissante de chants éclata , la multitude entière se joignant à un puissant chœur : « Dieu sauve le roi ». J'ai vu Dorothy se précipiter vers moi, les lèvres tremblantes.

"Jim, tu dois aller en mer ?" dit-elle en balbutiant. «J'ai tellement peur qu'aucun bateau ne revienne jamais», et elle a terminé par un sanglot. Je ne pouvais plus attendre.

"Cher amour," dis-je, "je le dois, mais je t'aime, mon cher, et si je meurs demain ou dans cinquante ans, je t'aime et toi seul", et là, alors que les dernières mesures de la chanson sonnaient en pleine marée d'exaltation, alors que la clameur de la rue bondée à l'extérieur atteignait son paroxysme, Dorothy et moi sommes arrivés chez nous.

CHAPITRE XVII

Alors que nous restions là dans le silence qui suivait les dernières mesures de la chanson, Tom s'est approché de nous. Dorothy se tourna vers lui, les yeux étoilés, et il me regarda rapidement. J'ai hoché la tête. Tom sourit largement en tendant la main.

« Personne d'autre au monde ne l'aurait autant désiré, vieil homme », dit-il en m'arrachant presque la main. Puis se tournant vers sa sœur : « Eh bien, petite fille, tu as enfin pris conscience de la réalité des choses. » Dorothy s'accrochait à son bras.

"Tom, mon cher, je l'ai fait et je suis très heureuse, mais..." sa voix se brisa. « Ce n'est peut-être que pour ce soir. Jim part aussitôt vers la flotte. Il sort pour assister à la bataille, et si cet homme envoie ses vagues pour couler ces navires, j'ai peur qu'il coule tous les autres bateaux à proximité.

"C'est ici, mes enfants," dit Tom avec un geste fluide, "c'est là que votre vieil oncle Thomas intervient en tant que fée bienveillante qui sauve le bel amant de la belle jeune princesse."

Dorothy le regardait, toute son âme dans les yeux. « Tom, ne plaisante pas. Avez-vous un moyen par lequel Jim pourrait partir et être en sécurité ? Je ne peux pas lui demander de rester derrière moi, alors qu'il devrait partir.

"Dorothy," dit Tom sérieusement, "Je pense que Jim peut y aller et être parfaitement en sécurité. J'ai réfléchi à toute cette affaire en venant dans le bateau. N'étant pas complètement et totalement aveugle, j'avais prévu l'événement inévitable qui se produirait inévitablement, et je ne voulais pas perdre Jim pour mon propre bien, ainsi que celui de ma sœur. J'ai ça en tête depuis que nous avons quitté Portsmouth. Je savais qu'il penserait qu'il devrait y aller ; aussi, dès mon arrivée à Folkestone, j'ai fait construire un petit yacht, un sloop avec un moteur auxiliaire, qui n'a pas un clou. Elle est entièrement en bois, en caoutchouc et en toile, à l'exception du moteur, et si le moteur disparaît, il y a un jeu de valves en caoutchouc qui ferme instantanément le trou de l'arbre. « L'homme » peut s'approcher, se lever et lui lancer des vagues, et elle ne peut pas couler. J'ai reçu ce soir un télégramme de là disant qu'elle avait fini. Ils travaillent dessus vingt-quatre heures sur vingt-quatre depuis que je l'ai lancé, et c'est un très joli petit bateau. L'équipage est engagé et il ne reste plus à Jim qu'à en prendre possession.

"Cela devrait sauver le bateau", dit Dorothy en secouant tristement la tête, "mais comment pouvez-vous sauver Jim du sort du Dr Heidenmuller ou des hommes à bord des cuirassés qui sont morts comme lui ?"

"Tu n'as jamais eu une grande opinion de mon cerveau, Dorothy," dit Tom. « Ne pensez-vous pas que j'ai pensé à l'effet que ces vagues auraient ? Vous savez qu'aucun des autres navires du port de Portsmouth n'a été blessé lorsque le navire allemand a disparu. Cela prouve que l'homme a une certaine manière de diriger ses ondes. Il ne fera donc peut-être pas de mal à Jim du tout. Mais je n'ai pris aucun risque là-dessus. J'ai fait construire une cage de caema au-dessus du cockpit, et tout est arrangé pour que le bateau puisse naviguer sans sortir de cette cage.

Dorothy poussa un soupir de soulagement. Elle se pencha et embrassa Tom devant l'assemblée.

"Tom, tu es le meilleur, le meilleur homme du monde, sauf un."

"C'est tout", dit Tom avec un sourire. "Deuxième place pour le vieil oncle Thomas maintenant."

"Mais Tom," dis-je, "je suis bien la construction du bateau, mais pour l'amour du ciel, c'est quoi ce caema dont j'ai tant entendu parler, et à quoi sert la cage ?"

"Oh, j'avais oublié que tu ne comprendrais peut-être pas ça," dit Tom. « Vous savez, ou vous devriez savoir, c'est dans toutes les écoles de physique que si vous placez une cage d'un conducteur comme le cuivre autour d'un instrument qui est facilement affecté par une décharge électrique, les ondes électriques se propagent, suivent la surface de l'instrument. cage, et ne pénètre pas à l'intérieur. L'instrument n'est absolument pas affecté. Eh bien, Caema est le nouveau conducteur organique. Il agit de la même manière avec toutes les ondes radioactives. Ils se sont dispersés partout et n'arrivent pas à passer. J'en ai fait construire une cage pour vous isoler ainsi que tout ce qu'il y a à l'intérieur.

« Pourquoi cela ne fonctionnerait-il pas autour des cuirassés alors ? » J'ai demandé.

« Parce que les cuirassés sont en acier ; et si on mettait une cage comme celle-là autour d'eux, ils pouvaient à peine bouger. Cela n'a fonctionné sur votre bateau que parce qu'il y a du bois dehors.

"Tom," dis-je gravement, "j'imagine que votre prévoyance et vos connaissances me sauveront la vie."

"Je sais que ce sera le cas", dit Tom joyeusement. "Maintenant, à quelle heure partez-vous?"

« Dans cinquante-cinq minutes, depuis Charing Cross, sur le Channel Express », dis-je.

«Nous vous accompagnerons à Folkestone », dit Tom.

"Bien sûr", dit Dorothy.

Quelques minutes au Savoy, un bref trajet sur le Strand éclairé au milieu de la foule bruyante, un moment dans le tumulte de la gare et un long trajet dans l'obscurité, dans un compartiment plein, nous ont ramenés à Folkestone .

Tout au long du trajet, j'ai tenu la main de Dorothy dans la mienne. Tout au long de son parcours, son corps chaud était proche du mien. Malgré toutes les précautions de Tom, quelque chose pourrait mal tourner, mais, si cela se terminait ce soir, nous avions ceci, et l'espoir persistait que cela ne se terminerait pas ce soir, que, d'un autre côté, c'était le début de nombreuses années heureuses. .

L'équipage de trois personnes était à bord du petit yacht, qui dans l'obscurité n'était pas différent de n'importe quel autre bateau, même si, alors que nous approchions dans le skiff, je pouvais juste voir une cage d'une substance sombre au-dessus du cockpit. Nous sommes entrés par une porte grillagée vers la proue, et Tom a examiné pendant une demi-heure chaque partie du bateau avec une lanterne, l' écran caema le plus vigilant de tous. Dorothy et moi étions assis l'un près de l'autre, regardant les lumières et leur reflet dans l'eau. Autour de la jetée, tout était hâte et mouvement. Trois remorqueurs, transportant des correspondants, nous dépassèrent alors que nous étions à l'ancre, ainsi qu'une demi-douzaine de vedettes et de cotres. Tom est enfin venu vers nous.

"Jim, si tu gardes la porte de la cage fermée, rien ne peut t'arriver."

"Mais ne sois pas téméraire, pour mon bien", dit Dorothy.

« Viens, Dorothy, nous devons y aller. Il est temps pour Jim de commencer," dit doucement Tom, et je tendis Dorothy contre mon cœur et sentis sa joue mouillée contre la mienne.

"Je serai de retour sain et sauf, chérie," murmurai-je en l'aidant à monter dans le bateau qui l'attendait.

Tom m'a tordu la main en partant. "Jim, j'irais avec toi, mais je pense que je devrais rester avec Dorothy."

"Je sais que tu devrais le faire", répondis-je, et ils larguèrent les amarres.

Alors que nous commencions dans l'obscurité, le clair « Jusqu'à ce que nous nous revoyions, chérie » de Dorothy furent les derniers mots qui me parvinrent.

Notre bureau de Londres avait pu obtenir des informations assez précises sur la localisation de la flotte, et notre petit bateau était une merveille de rapidité. Ce fut donc sans grande surprise qu'à l'aube du matin, j'aperçus loin devant moi, à bâbord, les navires arrière de l'escadre qui avançaient lentement et, peu après, j'arrivai en vue de toute la flotte. Mes jumelles m'ont montré le plus grand spectacle que j'aie jamais vu. De l'Est et de l'Ouest, du Nord et du Sud étaient venus des navires pressés de protéger les côtes du grand empire insulaire contre les attaques. J'ai compté quarante navires puissants pendant que je regardais. En formation régulière, ils avançaient lentement, avec dédain, fièrement. Quelque part au nord, au-delà de cette ligne grise qui bordait ma vue de tous côtés, une autre flotte arrivait. Au mieux, ce devait être la plus grande épreuve de force navale que le monde ait jamais connue. Toutes les autres batailles navales sombreraient dans l'obscurité avant celle-ci, dans laquelle se trouvaient les plus grandes ressources de l'Allemagne et de l'Angleterre. Au pire, ce serait une série de désastres stupides et impuissants, alors que la flotte, frappée par un ennemi invisible et inconnu, périrait. Près de moi se trouvaient deux bateaux transportant des hommes des journaux. Les hommes à bord se moquaient en voyant notre cage sombre et faisaient des remarques peu flatteuses sur l'apparence de mon bateau. J'ai gardé le silence, regardant la ligne du ciel et de la mer. Au point le plus éloigné, j'ai enfin vu un point, puis une demi-douzaine d'autres, puis encore plus, et j'ai compté jusqu'à trente. À ma droite, une grande éclaboussure d'eau s'éleva et une réverbération sourde retentit. L'Allemagne avait tiré le premier coup de feu. Le vaisseau amiral de l'amiral anglais était le plus proche de moi, à l'extrême gauche de la ligne. Pendant que je regardais, j'ai vu le grand navire tourner légèrement, et j'ai su au bruit qu'ils avaient tiré en retour. La vue ne permettait pas de savoir d'où venait le tir, car la poudre sans fumée la plus récente ne laissait aucune trace. Le navire reprit sa route, le grand drapeau de l'Empire accroché à sa poupe, à peine soulevé par la brise. Je pouvais voir, à travers mes lunettes puissantes, des silhouettes se précipitant sur les ponts, et trois ou quatre officiers sur la passerelle scrutant l'ennemi à travers leurs lunettes. Je m'étais entièrement concentré sur le vaisseau amiral britannique et j'avais observé attentivement son prochain mouvement. Soudain, mes objectifs se sont éteints et je regardais la mer et le ciel. Les vagues grises, montant et descendant, remplissaient le champ. Le cuirassé avait disparu. J'ai laissé tomber mes lunettes, complètement stupéfait. Je me suis retrouvé à répéter une fois de plus les paroles de Joslinn concernant l'Alaska. « Disparu comme une bulle de savon éclatante. » J'ai regardé à droite et à gauche. J'ai levé mes lunettes. De toute cette compagnie d'hommes, de tous ces instruments de guerre et de destruction, il ne restait rien. Oui, il y avait une tache sombre sur une vague montante. Avec impatience, j'ai braqué mes objectifs dessus. Maintenant, la vague est arrivée sur une vague plus élevée. Une lueur de couleur. C'était comme du tissu. Encore une fois, il s'est levé. C'était le drapeau de l'Angleterre. Seul, il avait survécu.

« L'homme » était au travail. Où frapperait -il ensuite ? Le reste de la flotte continua sa route, comme si aucun coup n'était venu. Ce n'est pas par un signe qu'ils montrèrent ce qui leur était arrivé. J'ai jeté un coup d'œil à mon grillage et à mon équipe qui se tenait en groupe. Les correspondants, dans les bateaux à proximité, se tenaient debout, le visage blanc, regardant devant eux. J'ai tourné mes lunettes vers la flotte allemande. Le navire de tête avançait à toute vapeur. Un coup de feu est tombé juste à ma droite, et j'ai réalisé que le péril pouvait venir d'autres sources que de l'homme qui essayait, non, qui *mettait* fin à toute guerre. Mais tout cela était dans le jeu de la vie. Mon rôle dans le jeu à ce moment-là était d'être à cet endroit précis, et j'ai repoussé l'idée de me séparer de Dorothy qui, malgré moi, surgissait.

Je me suis retrouvé à compter à haute voix.

A travers mes lunettes, je regardais fixement le navire allemand qui approchait. Puis, comme auparavant, vint le vide total, le ciel gris et les vagues qui montaient et descendaient. Un navire anglais et un allemand. Où frapperait -il ensuite ? Au moment où je posais la question, un autre navire anglais disparut plus rapidement qu'un léger nuage de fumée dispersé par le vent. Je me suis retrouvé à compter à voix haute. Dans un état d'inconscience totale quant à toute autre chose, j'ai regardé fixement pour voir ce qui allait se passer ensuite. « Quatre », comptais-je alors qu'un croiseur allemand sur la droite tombait. "Cinq! six!" Ils allaient désormais au rythme d'un toutes les deux ou trois minutes. « L'homme » doit être au même endroit, et il a désormais la portée, me suis-je dit alors que deux autres navires disparaissaient. Les navires restants tiraient rapidement. De temps en temps, un coup de feu frappait et un nuage d'acier s'échappait d'une tourelle, ou un grand trou apparaissait sur un côté. Leurs frères mouraient d'une mort atroce, les navires jumeaux de la flotte disparaissaient sous leurs yeux, mais les hommes qui dirigeaient ces bouledogues gris de guerre continuaient. Dans une frénésie d'excitation parfaite, j'ai applaudi à haute voix. "Oh courageux, courageux!" m'écriai-je tandis que les escadrons, resserrant leurs rangs éclaircis, se précipitaient les uns contre les autres. Vingt étaient passés des quatre-vingt-deux, détruits par ce faiseur de miracles. Dix des autres étaient dans une situation difficile. Des coups de feu tombaient de toutes parts autour de moi, mais, dans la folle excitation du moment, je n'y prêtais pas plus attention que s'il s'agissait de boulettes de papier. Puis la machine à tuer parut soudain accélérer son action. « Vingt-cinq, vingt-six, vingt-sept, vingt-huit », comptais-je lentement. Les flottes n'ont jamais changé un point de leur route. Ce n'est pas par un coup de canon que le feu fut ralenti, sauf sur les quelques navires neutralisés par l'ennemi. Le quarantième navire avait disparu depuis dix minutes. Puis, comme d'après une entente commune, le feu de chaque camp se ralentit un instant tandis que les navires, resserrant leurs rangs, manœuvraient vers de nouvelles positions. Dans le vacarme qui s'atténuait, j'entendais le souffle-chug du petit moteur de notre bateau. Ce bruit me ramenait toujours à la nuit où Dorothy et moi cherchions l'homme qui avait vu l'Alaska couler. La côte sombre du New Jersey, la petite chaloupe et Dorothy à mes côtés se sont soudainement dressées devant mes yeux, et j'étais là, et non au milieu de cet horrible carnage. Mais ce n'était que pour un instant. La pause dans l'œuvre de destruction s'est terminée presque comme elle avait commencé. L'un après l'autre, vingt-deux navires supplémentaires tombèrent, et les antagonistes, qui avaient commencé avec quatre-vingt-deux navires les plus fiers qu'aucun empire ait jamais envoyés, furent réduits à un reste brisé de vingt. Puis soudain, ils cédèrent. La chair et le sang n'en pouvaient plus. Lentement, mais fièrement toujours, et sans hâte de fuite, les Allemands se replièrent vers le nord, les Anglais vers le sud. Alors qu'ils se séparaient, un autre navire, puis un autre encore, disparurent. J'ai gémi dans une agonie impuissante. « Épargnez-les, épargnez les autres ? J'ai pleuré sauvagement. "Ne voyez-vous pas qu'ils ont abandonné le combat."

Impitoyable dans son projet, l'homme poursuivit. À maintes reprises, à coups mesurés, il frappa la flotte en retraite. Un à un, leur existence prit fin, et les ondulations désormais éclairées par le soleil de la Manche montaient et descendaient, là où un instant auparavant avaient navigué ces énormes carcasses.

J'ai voilé mes yeux en les fermant, mais je les ai ouverts lorsque j'ai senti un contact sur mon épaule. « Devons-nous aussi être tués, monsieur ? dit mon capitaine avec des lèvres tremblantes et un front plissé où la sueur froide tombait à grosses gouttes. "Pouvons-nous y aller maintenant, monsieur?"

J'ai hoché la tête, engourdi, et nous avons commencé. Les seuls bateaux en vue étaient deux bateaux des journaux, qui étaient restés apathiques près de nous. Lorsqu'ils nous ont vu partir, leurs skippers ont démarré à leur tour. Les correspondants à leur poste étaient assis dans des attitudes frappées. Personne n'écrivait. Ils étaient accroupis, serrés les uns contre les autres, comme des hommes qui meurent de froid. Les trois bateaux coururent vers le rivage, côte à côte. Le regard fixe , je suivis celui de droite. Soudain, elle a également disparu et je suis tombé dans une colère folle. "Espèce d'idiot, espèce d'imbécile", criai-je en serrant les poings. « Vous ne connaissez pas un non-combattant ?

Les hommes sur le bateau de gauche se levèrent effrayés, crièrent de manière incohérente et agitèrent des mouchoirs. Ma fureur s'est soudainement éteinte et je les ai observés avec apathie. Ce serait leur tour ensuite, ou le nôtre. J'avais perdu toute confiance dans les plans de protection de Tom. Une chose allait et venait dans mon cerveau. «Si seulement j'avais épousé Dorothy avant mon arrivée, elle aurait pu porter du noir. Maintenant, dans l'état actuel des choses, le ferait- elle ou non ? C'est la seule chose qui m'a affligé. On dit qu'un homme qui attend une mort instantanée réfléchit à toute sa vie passée. Je ne l'ai pas fait, je m'inquiétais seulement de savoir si Dorothy porterait ou non du noir.

J'ai levé les yeux avec lassitude. La mer était vide. L'autre bateau était parti. " Alors tu es parti en premier," dis-je, assez calmement maintenant. «Je me suis toujours demandé à quoi ressemblerait le monde d'après. Maintenant, je vais le savoir.

Le moteur faisait sans cesse le souffle, le souffle. Dans la navette de ma pensée, la côte de Jersey et le problème de savoir si Dorothy porterait ou non du noir allaient et venaient.

Le bruit cessa en un instant, et je m'en étonnais sourdement. L'équipage était lourdement assis à l'arrière, le skipper tenant la barre. Je voyais ses mains brunes et nouées, blanches de la poigne angoissée avec laquelle il en serrait le bord. Nous restâmes allongés dans la longue houle de la Manche dans un silence complet. Parmi ces milliers de personnes, nous sommes restés seuls, montant et descendant sur les flots, absolument sans énergie et sans la moindre envie d'agir. Le moteur s'est arrêté, nous avons pu hisser la grand-voile de la cage, mais nous n'y avons pas pensé. Pendant des minutes, qui semblaient des heures, nous restâmes là pendant que je regardais l'eau avec indifférence. Un cri rauque du patron m'a réveillé.

« Regarde là-bas!» il cria. Je me suis retourné au commandement et j'ai commencé. À peine à une centaine de mètres se trouvait le kiosque d'un sous-marin au-dessus des vagues. Son sommet était ouvert et une tête d'homme, le visage masqué par d'immenses lunettes, nous faisait face. Alors que je regardais la bouche ouverte, la tête a disparu, le sommet s'est fermé et le kiosque a coulé sous les vagues. J'avais vu « l'homme ».

Cette vue m'a en quelque sorte galvanisé et dynamisé. Maintenant que j'avais vu que l'antagoniste était un être humain et non une puissance surhumaine, je me battrais pour ma vie. J'ai ordonné que la voile soit hissée à travers la cage, en prenant grand soin de ne pas la déranger, et nous sommes retournés lentement vers Folkestone . Quelques heures plus tard, alors que nous approchions du port, j'ai vu un yacht approcher. Sur le pont se trouvaient trois personnages. Il y eut le battement d'une robe blanche à côté de l'homme au volant. En s'approchant, je vis que c'était le yacht que j'avais affrété pour notre chasse dans la Manche. L'homme et la fille sur le pont étaient Tom et Dorothy. Alors qu'ils arrivaient, Tom appela.

"Ce qui s'est passé?"

J'ai levé la tête. "Nous quatre sommes tout ce qui reste", dis-je tristement.

CHAPITRE XVIII

Alors que je franchissais le côté du yacht, Dorothy était au bastingage et, en un instant, elle était dans mes bras. "Dieu merci! Dieu merci! tu es de retour, murmura-t-elle. "Vous êtes de retour et la terrible attente est terminée, mais combien d'épouses et d'amoureux attendront tout le reste de leur vie !"

Tom n'était qu'un instant derrière sa sœur. "Voulez-vous dire que tous les bateaux, sans exception, sont partis ?" » il a interrogé.

« Tout le monde dans mon champ de vision. Entre quatre-vingt et quatre-vingt-dix en tout, répondis-je.

"Bon dieu! Quelle catastrophe, dit Tom, hébété. "Je ne peux pas m'en rendre compte."

Mon petit yacht était toujours à quai et le skipper nous héla. "M. Orrington, monsieur, quelqu'un d'autre pourrait-il prendre notre bateau et pourrions-nous vous accompagner ? Je pense, monsieur, que nous nous sentirions plus à l'aise si nous pouvions vous accompagner.

Il y avait quelque chose à faire. En quelques minutes, un échange avait été effectué et mon équipage se trouvait sur le plus grand yacht. Alors qu'ils franchissaient la rampe, Tom les accueillit en leur demandant discrètement de se taire.

« Ne nous craignez pas », dit mon capitaine. « Nous sommes en vie, c'est tout ce que nous demandons. Nous n'avons aucun appel et ne souhaitons pas en parler. Vraiment, mes amis ? Les autres hommes secouaient la tête bêtement et regagnèrent lentement leur place.

« Qu'est devenue votre hélice ? demanda Tom en revenant vers nous.

"Disparu. Vos valves en caoutchouc ont fermé le trou.

"Puis il a essayé de te couler."

"Sans aucun doute", répondis-je. "C'est ton bateau en bois et ta cage de caema qui m'ont sauvé."

Alors que nous nous dirigions vers Folkestone , nous rencontrâmes d'autres bateaux qui se précipitaient sur la Manche. Tom s'était aventuré plus loin que quiconque . Un à un, ils nous hélèrent, mais notre capitaine ne leur donna aucune nouvelle et poursuivit son chemin.

«J'aurais aimé savoir quoi faire», dis-je avec lassitude. « Je ne peux pas écrire ça. Je me sens abasourdi et brisé. De toute façon, je ne suis pas sûr de ce que je devrais faire. Toute chose ordinaire, voire extraordinaire, est une véritable affaire de journalisme, mais elle est, d'une manière ou d'une autre, trop importante pour un usage individuel. Pourtant, la seule chose à faire est de diffuser la nouvelle au monde le plus tôt possible. »

«Je ne sais pas quoi vous dire », dit Dorothy avec hésitation. « Votre correspondant à Londres ne vous attend-il pas à Folkestone ?

"Oui," dis-je.

«Eh bien, demande-lui. Toi et moi irons à terre, et Tom pourra partir avec le yacht. Les marins n'auront alors aucune chance de dire quoi que ce soit.»

"Très bien," répondis-je. "Je ne semble pas me soucier de ce qui se passe."

Folkestone Pier était une masse noire de gens regardant la mer à notre arrivée, et une foule grandissante s'est dirigée vers nous, alors que Dorothy et moi débarquions, tandis que notre bateau, avec Tom à l'arrière, se dirigeait vers le yacht. Sans trois ou quatre policiers, nous n'aurions pas pu nous frayer un chemin à travers l'embouteillage, mais grâce à leur aide, nous avons réussi à nous en sortir, secouant la tête en réponse aux mille questions. Alors que la marée humaine refluait vers l'extrémité de la jetée, j'ai entendu mon nom et je me suis retourné. C'était Maxwell, notre correspondant à Londres.

"Quoi de neuf?" » a-t-il demandé avec impatience lorsqu'il m'a atteint.

"Je vais vous le dire, si vous parvenez à nous sortir de cette foule", répondis-je.

« J'ai un moteur ici. Allez, dit-il, et nous sommes sortis, sommes montés à bord du moteur et avons démarré lentement. J'ai regardé le chauffeur.

"Courez vers un endroit calme où nous pouvons être seuls, d'accord ?" J'ai dit à Maxwell.

En quelques instants, nous avions quitté la ville et nous étions sur la falaise au-dessus de la mer. Il n'y avait personne autour. "Ça fera l'affaire", dis-je.

Alors que nous descendions, Maxwell regarda Dorothy d'un air interrogateur.

"Voici ma fiancée, Miss Haldane", expliquai-je. «J'ai oublié de vous présenter. Elle connaît toute l'histoire.

Juste à l'endroit où nous nous sommes arrêtés, un siège de fer faisait face à la vaste étendue d'eau bleue et brillante, et pendant un instant, j'ai regardé par-dessus la Manche et j'ai poussé une prière silencieuse de remerciement pour mon évasion, de souvenir pour les hommes qui gisaient sous cette inondation. Puis je me suis retourné et j'ai commencé mon histoire. Avant que j'aie prononcé une douzaine de mots, Maxwell avait sorti son carnet, écrivant rapidement. Tout au long, il a écrit sans poser de questions, sans un mot. Alors que je terminais, il ferma lentement son carnet.

« Ce que nous voulons savoir, M. Maxwell, dit Dorothy avec inquiétude, c'est la bonne chose à faire. Cela devrait-il être publié directement dans le journal, ou devrait-il être adressé d'abord au gouvernement anglais ? Vous voyez, il n'y a probablement aucun homme vivant qui ait vu cela à l'exception de Jim et de ses marins, et nous voulons faire le bien. Nous voulons faire du bien envers les hommes qui sont morts et envers les personnes qui restent.

Sage, capable, réfléchi, un érudit et un gentleman, un grand journaliste, un homme qui comptait parmi ses amis les plus grands hommes de deux pays, aucun homme ne pouvait mieux trancher une telle question que Maxwell. Il regarda Dorothée.

"C'était précisément la question que je me posais en tête, Miss Haldane", répondit-il. « Mais je pense qu'il n'y a qu'une seule réponse. Je crois que nous devrions en parler directement au roi. Il est au palais de Buckingham et je pense que nous devrions lui adresser directement l'histoire. Je l'ai rencontré à plusieurs reprises et je sais que nous pouvons obtenir une audience immédiatement.

"Je suis très content que tu le penses," dis-je. « Et les trains ? »

"Nous pouvons faire mieux dans ma voiture", a-t-il répondu.

Dix minutes pour l'essence et nous sommes partis. À travers des villages tranquilles où se dressaient des fermes rouges encadrées de vert vif, des tours et des manoirs entourés de chênes centenaires, à travers des terres bordées de haies et des rues de la ville, nous avons couru jusqu'à ce que les rangées de villas, chacune modelée sur un type unique, montrent la périphérie de Londres. Puis, à un rythme plus lent, nous avons traversé un brouillard enfumé, traversé la rivière, près de l'abbaye, jusqu'à la longue devanture du palais de Buckingham. Tout au long du trajet, nous sommes restés silencieux sous le lourd fardeau des nouvelles qui ont mis fin à ces longs siècles de puissance britannique invincible. Aucun ennemi qui aurait pu être vaincu s'ils s'étaient rencontrés. Le jour de la paix était venu, et la Grande-Bretagne et l'Allemagne avaient été les plus grandes victimes du changement d'époque.

Après la sentinelle en blouse rouge, nous sommes arrivés à la porte du palais. Quelques mots sur une carte ont amené une secrétaire au visage surpris, et à peine cinq minutes s'étaient écoulées avant que Maxwell soit introduit. Dorothy et moi sommes restés dans la voiture. Alors que Maxwell partait, il remarqua : « Orrington, dans des circonstances ordinaires, je demanderais une audience pour vous, mais maintenant il n'y a pas de temps à perdre. Je peux obtenir seul un entretien immédiat, alors que je ne pourrais pas en obtenir un avec vous.

"C'est bon," dis-je avec apathie, "je suis content de ne pas être obligé de déménager."

Nous avons attendu devant le palais près d'une heure avant que la porte ne s'ouvre et que Maxwell émerge. Tandis qu'il s'approchait de nous, je vis qu'il se mouchait vigoureusement et que ses yeux étaient humides. Il monta dans la voiture sans un mot, mais alors que nous traversions le pont pour entrer dans le parc , Maxwell fit sa première remarque, le regard vide, "J'ai toujours pensé que le roi était l'homme le plus remarquable que l'Angleterre détenait. Maintenant, je le sais.

C'est tout ce que j'ai appris de l'entretien, mais, alors que nous arrivions près de l'abbaye, j'ai entendu un vendeur de journaux crier : « Destruction des flottes », et j'ai regardé Maxwell d'un air interrogateur. Il hocha la tête en réponse : « Nous l'avons publié en premier. J'ai téléphoné aux nouvelles du palais.

Aussi las et triste que j'étais, brisé par l'horreur de la journée, mon objectif était devenu plus fort que jamais. Alors que nous traversions lentement Whitehall et nous dirigeions vers le Savoy, les pensées du passé disparaissaient dans des réflexions sur l'effet que cela aurait sur notre recherche de « l'homme ». Même si tous les cuirassés du monde ont été coulés, mon objectif a tenu bon. Je trouverais le destroyer.

Le lendemain matin, une annonce surprenante est arrivée. Le roi d'Angleterre, le président des États-Unis, le président de la République française, le Mikado du Japon et le tsar de Russie ont immédiatement appelé les représentants de toutes les nations à se réunir à La Haye pour examiner la question du désarmement. Cela, en soi, ne différait guère des autres convocations qui avaient donné lieu à des discussions académiques, mais le paragraphe qui succéda à la convocation était l'un des plus extraordinaires que le monde ait jamais vu. Les cinq dirigeants qui ont lancé cette invitation se sont chacun engagés à faire tout ce qui était en leur pouvoir pour parvenir à un désarmement complet et mettre fin à la guerre dans le monde entier. Compte tenu de l'urgence de la situation, la réunion devait se tenir dans un mois à La Haye.

On apprit bientôt que l'initiative de cette démarche était venue du roi d'Angleterre, que les quatre autres souverains s'étaient volontiers joints à lui dans l'action, lorsqu'on les avait interrogés à ce sujet par radio, et que l'empereur d'Allemagne avait été invité à faire l'un des numéros , mais avait refusé. Cela semblait laisser l'Allemagne comme la pierre d'achoppement sur le chemin. Un désarmement complet était tout à fait possible si toutes les nations étaient d'accord. Si une seule nation puissante refusait de désarmer, cela devenait pratiquement impossible, car aucune nation n'abandonnerait ses défenses, avec un puissant ennemi blindé à ses portes.

J'avais à peine fini de lire le récit dans le journal du matin, qu'un serveur s'approcha avec un message sans fil du bureau. "Prenez trois semaines de vacances, puis partez à La Haye en tant qu'envoyé spécial pour la conférence de paix."

"C'est foutu !" J'ai éjaculé en lisant la missive. «Regarde ça», et j'ai remis le papier à Tom et Dorothy. Le visage de Tom tomba.

" Bien sûr , c'est une bonne chose d'une certaine manière", a déclaré Tom, "mais cela vous éloigne directement de la piste de 'l'homme'."

«Je refuse de sortir de la piste», dis-je chaleureusement. "Je vais leur répondre en refusant cela."

"Oh, je ne ferais pas ça", interrompit Dorothy avec empressement. « Vous avez presque, sinon autant de chances d'avoir des nouvelles de 'l'homme' à la conférence de paix qu'ailleurs. Nous pouvons amener l'appareil de mesure des vagues jusqu'à La Haye et travailler à partir de là. En plus, je veux les trois semaines de vacances.

« Mieux vaut prendre des vacances et les mettre avec moi à Cambridge », remarqua Tom. « Ils effectuent des travaux dans l'une des universités qui pourraient m'aider avec la machine Denckel . J'aimerais le regarder un moment et voir son impact sur l'affaire. Dorothy aurait apprécié ça autrefois, mais maintenant elle est désespérée. Cependant, vous pouvez descendre tous les deux et vous promener pendant trois semaines là-bas, comme partout ailleurs. C'est un pays joyeux et nous passerons un bon moment.

"Eh bien, si vous êtes convaincu que c'est la chose à faire, je le ferai," dis-je avec résignation. « Mais je veux passer trois semaines ici à Londres pour mettre les choses en place. Nous n'avons encore jamais découvert cet indice de Cagent .

"Vous n'allez ni l'un ni l'autre faire une telle chose", remarqua fermement Dorothy. « Je vais vous dire ce que vous allez faire pendant les trois prochaines semaines. Tu vas à Paris avec moi.

"Oh, pshaw!" dit Tom avec dégoût. « Paris est un trou. Je veux aller à Cambridge. Est-ce que tu aimes Paris, Jim ?

"Pas particulièrement", dis-je avec une certaine hésitation, "mais alors..."

«Nous y allons», dit Dorothy.

"Pourquoi?" dit Tom d'un ton argumentatif.

"Eh bien, si tu veux savoir," dit Dorothy en rougissant, "je veux faire du shopping."

Tom éclata de rire et je le regardai avec perplexité. Il s'est penché vers moi.

« Les cartes sont-elles déjà gravées, Jim ? »

Dorothy rougit encore plus. J'ai vu une lumière soudaine.

« Bien sûr que nous allons à Paris », dis-je avec enthousiasme. "C'est le lieu des lieux."

« Et tu resteras assis des heures entières, à attendre dans un petit taxi ou dans une automobile du boulevard Haussmann, pendant que Dorothée dépense son patrimoine à l'intérieur. Y a-t-il un droit spécial sur les trousseaux, Dorothy ? » demanda-t-il avec une affectation de sérieux.

"J'aimerais que tu arrêtes", dit Dorothy avec insistance.

"Très bien," dit Tom. "Seulement, j'ai pensé que je ferais mieux de télégraphier à mon banquier pour voir si mon solde nous laisserait quelque chose sur quoi rentrer à la maison."

Trois semaines à Paris, des heures où je fumais devant les grands et les petits magasins, des après-midi au Bois , des petits dîners à trois dans de grands restaurants, de la vie, de la lumière et de la joie. Trois semaines avec Dorothy, puis l'express de jour pour La Haye, et une semaine à surveiller l'arrivée des envoyés, pendant que Tom, qui avait croisé un vieil assistant de Carl Denckel , installait la machine à mesurer les vagues et passait ses journées à en travaillant sur lui, dans le but d'élargir son champ d'action et de le rapprocher de sa mission toujours présente . Il restait toujours notre principale ressource pour nos recherches.

Aussi désireux que j'étais de revenir à la quête de « l'homme », le travail à La Haye s'est révélé extrêmement fascinant. Mon rapport quotidien faisait état de la venue de représentants de presque toutes les nations et, surtout, des pleins pouvoirs qui leur étaient accordés pour accepter un désarmement complet, à condition qu'il puisse être universel. Jour après jour, dans le mois qui s'était écoulé entre la convocation de la convention et l'ouverture de la réunion, des rapports faisaient état de parlements et de congrès réunis à la hâte pour examiner la question, et de votes favorables empressés. Un par un, ils sont venus, jusqu'à ce que toutes les nations se soient entendues, sauf une. L'Allemagne restait à l'écart. Depuis la disparition des flottes, l'empereur allemand n'avait fait aucun mouvement pour faire avancer la guerre, mais gardait ses armées rassemblées, ses transports ancrés dans les ports. Le Reichstag se réunit et discuta très favorablement de l'appel à La Haye, attendant anxieusement un signe de son maître impérial, mais aucun ne vint. Dans un isolement absolu, dans un château isolé au fond de la Forêt-Noire, il boudait comme Achille sous sa tente.

Le premier jour de réunion s'est déroulé avec toutes les puissances représentées, à l'exception de l'Allemagne. Les deuxième et troisième passèrent sans aucun signe de Berlin. Le quatrième, j'ai commencé à voir des signes de difficulté. Il était évident que le consentement de l'Empire allemand était une condition *sine qua non* . Délégué après délégué, il exprima le désir ardent de son pays de désarmer et d'instaurer la paix universelle, à condition (et l'affirmation était catégorique) que toutes les autres nations fassent de même. Le soir du quatrième jour, un délégué américain se leva et, par un discours puissant, réveilla tellement l'assemblée qu'une délégation fut désignée pour rencontrer l'empereur allemand et lui demander, au nom de la conférence, de se joindre aux autres nations. Une fois la délégation nommée, la réunion a été suspendue pendant trois jours, jusqu'à ce qu'ils puissent revenir.

Le soir du retour des délégués, j'étais à ma place dans la section des correspondants de la salle de la conférence. La réunion fut ouverte, les travaux préliminaires furent terminés et le président se leva pour dire que les délégués avaient tardé à revenir, mais qu'ils avaient télégraphié qu'ils seraient là dans une heure. Il avait à peine fini de parler, qu'une porte s'ouvrit et qu'un maréchal annonça : « La délégation envoyée à Sa Majesté l'Empereur d'Allemagne. »

Fatigués du voyage et fatigués, les cinq hommes remontèrent l'allée jusqu'à l'espace situé à l'avant. « Messieurs, êtes-vous prêts à faire votre rapport ? dit le président de séance.

«Nous le sommes», a déclaré le chef de la délégation. « L'empereur d'Allemagne refusa absolument de nous voir, prétextant une indisposition. Nous n'avons pu obtenir aucune satisfaction.

L'assemblée funéraire s'élevait comme la mer. Les cris, les cris, les demandes de reconnaissance se succédaient en un seul volume bruyant, et le président faisait retentir violemment son marteau. Les Latins, excités, criaient des récriminations. Il semblait que la masse bouillonnante allait se briser dans un désordre complet et que la grande conférence se terminerait sans résultat. Au loin, près de la porte, j'apercevais un maréchal se frayer un chemin dans les allées bondées, implorant, se débattant, combattant. Il atteint la tribune, y monte et parle à l'oreille du président. Au prix d'un effort considérable, il a crié : « Silence pour les nouvelles importantes ». Petit à petit, la foule s'est calmée. D'une voix résonnante, on prononça les mots : « Un envoyé de l'empereur d'Allemagne désire s'adresser à la conférence en personne. »

Un silence s'empara de l'assemblée, un silence si soudain, si profond, que j'entendis le grattement du stylo-plume avec lequel le secrétaire avant le président écrivait ces mots. Les allées se sont dégagées et l'assemblée ordonnée s'est assise silencieusement sur ses sièges. La grande porte s'ouvrit et, précédé d'un corps de maréchaux, l'envoyé du grand Hohenzollern entra. La silhouette raide et inflexible, la tête hautaine, les yeux perçants et la moustache haute et retroussée du feld-maréchal envoyé montraient son imitation de son maître, le seigneur de guerre. Fièrement, comme lors d'un défilé, il s'est dirigé vers l'espace où se tenait le président, qui était descendu à l'étage pour le saluer. Il s'inclina froidement et se tourna.

« Mon maître m'a envoyé ici, dit-il brusquement, pour parler à votre conférence. Voici ses paroles : « J'ai cru que la guerre, que les armées étaient faites pour le meilleur bien de mon État ; Je le crois encore. Je ne crois pas à la paix. Mais je ne peux pas exposer ma marine à la destruction, ni mes marins et mes soldats à la mort. J'accepte donc la paix. Mes armées seront dissoutes, mes fortifications seront démolies, mes cuirassés coulés ou destinés à des fins pacifiques. Mon Reichstag aura déjà confirmé mes paroles . '»

Comme un seul homme, l'assemblée s'est levée et a applaudi. Jamais, dans sa propre ville ou de la part de ses propres troupes, il n'y eut de salutations plus chaleureuses que celles adressées au dernier dirigeant qui défendit la cause de la paix. Le maréchal restait là, tandis que le tumulte faisait rage, les mains posées sur la garde de son épée, toujours aussi droit, toujours impassible. Une fois les acclamations terminées, il s'inclina devant l'assemblée. Se retournant, il s'inclina devant le président, puis, d'un pas martial, il se retira lentement. Les délégués allemands arrivèrent le lendemain avec le pouvoir de désarmer, et la signature des accords et des plans de désarmement se poursuivit si rapidement que la conférence put s'ajourner au bout de quelques jours seulement.

Le jour de la clôture de la conférence, je suis revenu précipitamment du bureau télégraphique au moment où j'avais envoyé le dernier mot de ma dernière dépêche . J'ai trouvé Tom et Dorothy dans le laboratoire. « Voilà, Dieu merci, m'écriai-je avec exultation, c'est fini. Maintenant, je peux retourner à la chasse à « l'homme » la conscience tranquille. Selon vous, quelle devrait être la prochaine étape ? »

"Attends, jusqu'à ce que nous ayons fini ça," dit Tom. "Nous en reparlerons dès que j'aurai reçu ce jeu de vis."

Je l'ai regardé sans rien faire pendant qu'il travaillait. « Qu'est-ce qu'il essaie de faire maintenant ? » J'ai demandé à Dorothy.

Au moment même où je parlais, Tom bougea sa main, le bourdonnement sourd d'une bobine de Ruhmkoff interrompit le silence de la pièce, et la beauté glorieuse du tube de gaz inconnu que nous avions trouvé dans le laboratoire de Heidenmuller illumina l'endroit.

"Eh bien, il y a le tube à gaz", m'écriai-je avec étonnement.

"Oui", dit Dorothy. « De ce tube est né un merveilleux développement de l'appareil Denckel . Tom a pu recevoir avec, mais n'a jamais envoyé. Un jour, il a pensé à placer ce tube de gaz dans le circuit, et maintenant il peut envoyer aussi bien que recevoir. Tom a fait quelque chose de grand. Il peut inverser l'action de la machine, non seulement recevoir un message de n'importe quel endroit, mais aussi renvoyer un message sans fil à travers l'espace et le faire frapper exactement là où il le souhaite. C'est vraiment une évolution merveilleuse, mais je ne vois pas en quoi cela va nous aider à trouver « l'homme », et je ne veux pas abandonner. Voilà, Tom termine. Nous allons en discuter maintenant.

« Si la croisade de « l'homme » n'était pas terminée, elle pourrait être encore plus efficace », remarquai-je pensivement. "Cela aurait été assez étrange si nous l'avions retrouvé grâce au gaz libéré par le métal détruit par son terrible pouvoir."

"Ça l'aurait été", répondit Dorothy.

Je restais à regarder Tom, tandis que, la pipe à la bouche, il mettait la courroie rotative en mouvement et regardait les cylindres en mouvement.

« À quelle force de vague est-il ajusté ? » J'ai demandé.

"Je l'ai mis en haut", a déclaré Tom. « C'est réglé pour les vagues de l'homme. J'ai cependant une nouvelle Dodge, entre autres. Je l'ai fait de manière à pouvoir savoir à tout moment si « l'homme » coulait un navire ou s'il faisait simplement des expériences. C'est si délicat que lorsque ses vagues frappent un navire, la machine peut le reconnaître à la légère perte de puissance. Voyez ici," il alluma l'interrupteur dans sa révolution, "c'est ça." Flash est allé dans le faisceau.

Un gémissement jaillit des lèvres de Dorothy. « Il recommence. Il y a un navire qui a coulé.

Le visage de Tom était horrible. "C'est vrai", dit-il. "Où est-il?"

Cinq minutes de calcul l'ont amené.

"Il est à Tokyo ", dit Dorothy.

Tom hocha la tête. « Quel démon d'avoir en liberté dans le monde. Ici, sa mission est accomplie et la guerre est finie, et il continue. »

Dorothy sauta de sa chaise. « Non, ce n'est pas ça. Je suis sur et certain. Il ne sait pas que la guerre est finie. Ça doit être ça. Il faut lui en parler.

CHAPITRE XIX

"Quelle est ton idée, Dorothy?" » demanda gravement Tom. Cette dernière catastrophe, survenue alors que tout danger venant de l'homme qui avait stoppé toute guerre semblait passé, nous avait tous dégrisés.

"Vous avez dit qu'il y avait un mât avec des câbles à côté de la tourelle du sous-marin, cette fois-là vous avez vu 'l'homme', n'est-ce pas, Jim ?" elle a demandé.

J'ai hoché la tête.

« Eh bien, ce mât était l'antenne d'une radio. Je ne sais pas à quoi il l'utilise, mais apparemment il en a un. Maintenant que nous avons l' appareil Denckel réglé pour envoyer des ondes vers n'importe quel point donné, nous pouvons envoyer des ondes de toutes sortes vers Tokio , l'appelant et le rappelant, jusqu'à ce que nous obtenions une onde que son récepteur prendra. Ensuite, nous pourrons installer ici une station de réception directe et sans fil pour recevoir sa réponse.

« Que vas-tu lui dire ? » a demandé Tom.

« Je dirai simplement : « À l'homme qui a arrêté toute guerre. La guerre est finie. Toutes les nations sont désarmantes. Répondez-nous.

"De toute façon, ça vaut la peine d'essayer", dit Tom d'un air déterminé. « Je vais immédiatement travailler à la mise en place d'une usine de réception. Je peux le faire, d'accord, mais je ne peux pas envoyer du Morse via notre machine.

"Si vous prêtez attention à la construction, je peux envoyer du Morse avec une clé ordinaire", suggérai-je.

"Alors c'est réglé," dit Tom. "Je peux installer un réseau sans fil qui recevra toutes les ondes envoyées du Japon, et je peux installer une copie de la machine de mesure des ondes qui enverra des messages directement à Tokyo , au moyen d'une clé Morse ordinaire. Où ferions-nous mieux de placer notre antenne ?

"Au bord du rivage", dit Dorothy. « Nous voulons éviter l'action perturbatrice des courants qui se propagent dans et autour de la ville. »

"Il y a une chose que vous avez oubliée", intervins-je. "Si 'l'homme' est dans un sous-marin, votre message risque de ne pas lui parvenir sous l'eau."

"Il passera la plupart de son temps en surface", a déclaré Tom. "Avec un sous-marin de première classe, il pourrait passer deux mois sous l'eau d'affilée, mais il ne le voudrait pas."

"Ne passez plus de temps à discuter, les garçons", interrompit Dorothy. « Nous devons l'atteindre le plus tôt possible, avant qu'un autre navire ne coule. En attendant, Jim, tu veux que ça soit publié dans le journal, n'est-ce pas ?

"C'est sûrement le cas", ai-je répondu, et je me suis dépêché de télégraphier au bureau de Londres. J'ai envoyé mon télégramme sur notre ligne privée et j'ai attendu la réponse. Au bout de cinq minutes , c'est revenu.

« Trop tard, cette fois, mon garçon. Un cuirassé japonais de première classe a disparu en plein jour dans le port de Tokyo . Ils l'ont envoyé ici immédiatement, et nous l'avons depuis quelques minutes. Reposez-vous sur vos lauriers. Signé, Maxwell.

«Eh bien», me suis-je dit en rentrant, «je peux me permettre de me reposer sur mes lauriers. Il n'y a pas un pays dans le monde civilisé où mon nom ne soit connu aujourd'hui. Mon courrier était plein de demandes d'interviews, d'articles de magazines, de tournées de conférences. J'étais un homme fait , et tandis que je réfléchissais à ces choses , j'avançais un peu plus fièrement que d'habitude, mais en réfléchissant aux expériences des derniers mois, je voyais de quelle manière extraordinaire la fortune avait joué entre mes mains, je voyais comment Tom Haldane m'avait sauvé la vie grâce à sa clairvoyance et à ses connaissances scientifiques, et voyant surtout combien j'avais profité de l'esprit vif de ma chère fille, je suis devenu beaucoup plus humble. Surtout, je n'avais pas encore accompli la seule chose que j'avais prévu de faire. Je n'avais pas trouvé l'homme qui mettrait fin à toute guerre. Il m'échappait toujours et poursuivait toujours son redoutable travail. Je suis arrivé à notre hôtel avec le sentiment d'être vraiment un mortel très ordinaire, après tout.

Pendant mon absence, les événements s'étaient déroulés rapidement. À quelques kilomètres de La Haye, il y avait une petite auberge sur le rivage, au milieu des dunes, au-delà de Scheveningen, où nous nous étions rendus à deux reprises pendant la conférence. Tout à fait confortable, lieu de rendez-vous privilégié en été pour la colonie d'artistes autour de l'abreuvoir, il était désormais presque entièrement désert, à cause de l'heure tardive de la saison. Nous avons pensé que ce serait un siège idéal pour notre travail et nous nous y sommes rapidement établis. Tom n'était jamais plus dans son élément que lorsqu'il assemblait des appareils ou qu'il contrôlait des hommes. C'était là sa chance de faire les deux. Comme par magie, le grand mât s'est élevé parmi les dunes, tandis que les bobines, les fils et les instruments se sont rapidement mis en place. Agissant principalement comme porteur de fardeaux, j'ai couru d'avant en arrière , tandis que Tom et Dorothy, avec leurs assistants, achevaient les choses. Alors que je revenais d'un dernier séjour dans l'antenne, Tom se tourna vers moi, essuyant la sueur d'un labeur honnête de son visage.

"Tout est prêt, Jim," dit-il. « Si vous démarrez un message sur ce fil, nous l'enverrons via l'éther au moyen de la machine de Denckel et le déposerons directement sur Tokio . Attendez une minute, cependant. Laissez-moi appeler mon assistant sur l'appareil de mesure des vagues et voir s'il a entendu quelque chose.

Il en résulta une conversation rapide au téléphone que nous avions installé. Tom s'est retourné vers moi.

« Pour l'instant, je suis heureux de pouvoir le dire, rien ne s'est produit. « L'homme » a manifestement fait des expériences ce matin, et il le faisait encore cet après-midi. Il est toujours juste à côté de Tokio . Poursuivre."

J'ai appuyé sur la touche et la décharge vibrante a résonné d'un pôle à l'autre. À maintes reprises, j'ai appelé. "A l'homme qui a mis fin à toute guerre." À maintes reprises, j'ai lancé mon message à travers la moitié du monde. Pendant une heure, j'ai répété l'appel, mes yeux et mes oreilles attendant une réponse du sondeur à ma gauche.

« Modifions la force des vagues », dit Tom, et ils procédèrent à une série d'ajustements en toute hâte. Une fois de plus, je repris ma tâche et, à intervalles de cinq minutes , pendant trois heures, j'envoyai mon appel. Encore et encore, nous avons modifié la force de la vague. Nous avons lutté contre le métal insensé jusqu'à ce que nos têtes tournent. Finalement, vers dix heures, nous abandonnâmes la journée. Dorothy et Tom étaient tous deux épuisés et tous deux se rendirent dans leurs chambres. J'avais la tête trop fiévreuse pour dormir, alors je suis sorti boire une dernière pipe le long du rivage, luttant avec le vieux problème qui était le thème de mes pensées depuis si longtemps : qui était « l'homme » et comment pourrais-je trouver ? lui? Régnier me revenait sans cesse à l'esprit tandis que je débattais du pour et du contre de cette question toujours épineuse. Le long du sable, au bord de l'eau noire, sur les dunes et à travers les longues herbes raides des creux, j'ai marché d'un pas lourd, jusqu'à ce que les lumières de Scheveningen soient juste devant moi. Ni la lune ni les étoiles ne brillaient, et mes pieds tombaient sans bruit sur le sable mouvant. Alors que je traversais le sommet d'une dune, je suis tombé sur le corps prostré d'un homme étendu là, face à la mer. Je me suis empressé de présenter mes excuses en français, en anglais et en allemand, mais l'inconnu s'est simplement incliné courtoisement et est reparti dans la direction d'où je venais. « Un contrebandier, je présume », me suis-je dit. " Faute de mieux à faire, autant suivre ses pas. " Mon étranger avançait encore et encore dans l'obscurité, la tête baissée comme s'il réfléchissait profondément. J'ai suivi la plage et la route jusqu'à ce que, à ma grande surprise, alors que nous arrivions à la porte de l'auberge, l'homme qui nous précédait entra sans se retourner une seule fois. Je me suis précipité après lui, mais le seul occupant de la grande salle était le propriétaire. Rassemblant mon meilleur français, je demandai des nouvelles de l'homme qui était entré.

« Un Anglais, dit mon hôte, fou, un peu touché ici ; il posa un doigt expressif près de sa tête. « Il est avec moi depuis deux mois. Il mange et reste toute la journée dans sa chambre. Il y va la nuit et regarde la mer.

Un anglais! Bizarre qu'il ne m'ait pas répondu. Mais des choses plus graves m'oppressaient, et je me couchai, pour passer une nuit troublée, étrangement hanté par ma rencontre fortuite. Toute la nuit, il m'a entraîné dans une folle poursuite, semblant toujours sur le point de se transformer en quelqu'un que je connaissais et que je souhaitais voir, mais toujours au moment de la reconnaissance, alors que j'allais crier son nom, il s'est évanoui, se transformant en un gigantesque , forme nuageuse et inconnue.

Le matin, un messager de la ville nous apporta notre courrier et nous trouvâmes chacun un paquet de lettres à côté de notre assiette au petit-déjeuner. J'en saisis un, oblitéré par la poste de Londres et qui m'était adressé de ma propre main, et l'ouvris avec empressement. C'était de Hamerly . Je lui avais envoyé une photographie de Régnier , que j'avais reçue seulement une semaine auparavant.

« Dorothée, dis-je, voici une lettre de Hamerly à propos de Régnier . Comme vous le savez, je lui ai envoyé cette photo.

« Lisez-le, s'il vous plaît », demanda Dorothy.

J'ai obéi.

« HALF MOON STREET
» , LONDRES , 2 novembre 19—.

« CHER ORRINGTON :— L'homme qui est sorti de la chambre verrouillée du Dr Heidenmuller n'est pas l'homme de votre photo. Tous deux sont grands et sombres, mais là s'arrête la ressemblance. Aucune allocation pour les changements d'une année ne pourrait les rendre identiques. Je suis désolé que l'indice sur lequel vous espériez tant se soit terminé dans une *impasse* . Je vois par les journaux que le détenteur de ce redoutable pouvoir n'a pas cessé son terrible travail. Le pays est dans un état d'excitation et de peur extrême suite au naufrage du cuirassé japonais. J'espère sincèrement que vous pourrez bientôt réussir dans votre quête.

« Bien à vous fraternellement,
« EDGAR HAMERLY . »

«Je le savais», dit Dorothy avec conviction. "Je vous l'ai dit, il n'était pas 'l'homme', dès le début."

"Eh bien", s'écria Tom en remuant vicieusement son chocolat, "je souhaite que ce soit le cas, ou du moins que nous puissions découvrir de qui il s'agit et lui faire comprendre qu'il est un imbécile blâmé." En buvant son chocolat, Tom se leva en disant : « Maintenant, je vais vérifier si l' appareil Denckel a enregistré quelque chose de nouveau pendant la nuit. » Quelques minutes plus tard, il revint avec un hochement de tête négatif. «Rien», dit-il. "Mettons-nous au travail."

Cette journée se passa comme l'après-midi et la soirée précédentes. Douze fois par heure, j'envoyais l'appel. À mesure que chaque heure sonnait, Tom changeait la force de la vague. La matinée passa, la longue après-midi s'acheva et le début de la nuit arriva. De manière monotone, alors que j'appuyais sur la touche, mes pensées s'étendaient dans l'espace, scrutant, cherchant, s'efforçant de trouver un moyen d'atteindre l'homme. Ma seule occupation était de surveiller l'horloge, car Tom et Dorothy travaillaient dur dans la pièce voisine sur des projets visant à modifier la machine à mesurer les vagues de manière à la rendre encore plus efficace.

Directement sous l'horloge murale, une fenêtre donnait sur la mer. Alors que la soirée avançait vers la nuit, une tempête se leva et le vent violent de la fin de l'automne poussa les déferlantes avec un rugissement retentissant sur la longue plage. J'ai marqué l'heure au moment où la tempête atteignait son paroxysme : 9 heures 05. J'ai envoyé mon message, 9h10. Je l'ai renvoyé et, en levant les yeux de ma clé , j'ai regardé par la fenêtre. Là, appuyé contre la vitre, se trouvait le visage d'un homme que nous cherchions depuis longtemps. J'ai bondi sur mes pieds.

« Voilà Régnier ! J'ai pleuré en désignant la fenêtre. Le visage disparut pendant que je parlais, et Tom et Dorothy, sautant de leurs chaises, regardèrent la tempête à travers les vitres. Dans le silence de la nuit, le bruit des déferlantes nous frappait avec insistance.

"Sauvage comme un huard", dit Tom en secouant tristement la tête dans ma direction.

"Où était-il?" » demanda Dorothée.

"Juste devant cette fenêtre!" J'ai crié. "Viens, nous devons le trouver."

Nous partîmes tous prendre l'air, mais avant que nous puissions quitter la pièce, la porte s'ouvrit et Richard Régnier entra. Des troubles mentaux se manifestaient dans son regard inquiet et dans sa main hésitante.

"Eh bien, Dick", commença Tom, mais Dorothy, d'un geste emphatique, ordonna le silence.

— Je vous demande pardon, dit Régnier lentement et avec une difficulté évidente. "Je t'ai vu à travers la fenêtre et j'ai pensé que d'une manière ou d'une autre, je t'aurais peut-être connu une fois et que tu pourrais me dire qui je suis."

Les yeux brillants de pitié, Dorothy parla doucement. «Je suis si heureux de te voir, Richard. Ne vous souvenez-vous pas que vous êtes Richard Regnier et que je suis Dorothy Haldane ? Vous connaissez Tom, ici, mon frère, eh bien, et voici Jim Orrington que vous avez rencontré une nuit à Washington.

À la voix basse de Dorothy, le front assombri s'éclaircit. Le rideau roula sous les yeux sombres et la forme courbée se redressa. "Dieu merci. Je m'appelle Richard Régnier . Mais où suis-je et comment suis-je arrivé ici ? Il a demandé.

"Vous êtes sur la côte hollandaise, près de La Haye", répondit doucement Dorothy. "Je ne sais pas comment tu es arrivé ici."

« Comment êtes-vous arrivé ici ? » demanda Régnier avec empressement.

"Nous sommes venus à La Haye pour le Congrès de la Paix, et nous sommes venus ici pour essayer de trouver l'homme qui a mis fin à toute guerre", répondit Dorothy.

"L'homme qui a détruit l'Alaska et le Dreadnought Numéro 8 ?" demanda Régnier très ému. « Depuis, je ne sais rien. A-t-il fait quelque chose depuis ?

"Beaucoup de choses", dit tristement Dorothy. « Il fait beaucoup de mal maintenant, et c'est pourquoi nous essayons de l'atteindre. Nous ne devrions pas perdre une minute de plus, Jim. Si vous et Tom retournez travailler, je m'assoirai et raconterai à Richard les événements des deux derniers mois.

De retour à notre tâche, tandis que je rédigeais le message, que j'attendais cinq minutes et que je le réécris à nouveau, je pensais à l'étrange soupçon qui pesait sur Régnier . Je l'avais cru l'homme qui avait coulé tous les cuirassés en ce jour fatal. J'étais convaincu qu'il était l'homme que nous recherchions avec tant de diligence depuis des semaines. Et pendant que nous cherchions, il errait sur les sables de la côte hollandaise.

Régnier et Dorothy étaient restés assis pendant peut-être une demi-heure en conversation sérieuse, lorsqu'ils se levèrent et s'approchèrent de nous.

«Tom», dit Dorothy, «Dick a plus d'expérience que vous avec les appareils sans fil. Supposons que vous le laissiez superviser toute l'affaire.

"Assez heureux de l'avoir", répondit Tom. "Il est toujours possible qu'il y ait une erreur quelque part."

Pas à pas, Régnier examinait l'extrémité émettrice de l'appareil, passait de la maison à l'antenne, revenait et parcourait l'extrémité réceptrice dans toutes ses parties. En terminant, il se redressa.

« Si cela ne vous dérange pas, Tom, j'aimerais changer un peu cette cohérence. Je devrais juger que votre émetteur allait bien, mais je me demande si vous pourriez obtenir une réponse de Tokio via le cohéreur, car il est maintenant connecté à ce sondeur.

« Allez-y », dit Tom, et je me levai de mon siège et me dirigeai vers Dorothy, pendant que Régnier travaillait à la masse poudreuse dans le tube de verre. Il prit enfin le tube et le plaça devant la lumière.

« Voilà, essayons ça », dit-il en plaçant le tube dans ses supports, en vissant les bornes. A peine avait-il fait le dernier virage que le sondeur retentit. Clic clac, clac, clac, clac. Les points et les tirets apparaissaient avec la rapidité d'un expéditeur expérimenté . Je les ai rapidement lus lorsqu'ils arrivaient sur mon combiné téléphonique.

«Je suis l'homme qui essaie d'arrêter toute guerre. Votre nouvelle est-elle vraie ? Que veux-tu de moi ? Pourquoi ne réponds-tu pas ?

J'ai sauté sur mon siège à côté de la clé et j'ai envoyé la réponse dans l'éther autour de nous.

« Nous venons tout juste de recevoir votre réponse par le récepteur. Nos nouvelles sont vraies. Toutes les nations désarment. Pourquoi n'arrêtez-vous pas de couler des cuirassés ? Votre objectif est atteint.

J'avais à peine fini que la réponse arriva.

« Quand les nations se sont-elles mises d'accord sur la paix ? Qui es-tu?"

« Il y a dix jours, les nations se sont mises d'accord sur la paix et ont conclu une alliance solennelle selon laquelle elles désarmeraient toutes. Les quatre qui envoient ce message sont le professeur Thomas Haldane et Miss Dorothy Haldane de New York, Richard Regnier de Savannah et James Orrington de New York.

Il y eut cette fois une pause perceptible, avant que le sondeur ne reprenne son mouvement. Puis ça a commencé.

«Je crois ce que tu dis. Les nations respectent-elles leurs accords en matière de désarmement ?

"Complètement", répondis-je. « Chacune des nations respecte l'accord en esprit et en vérité. La plus grande inquiétude que le monde ressent actuellement concerne le naufrage du cuirassé japonais et la peur de votre action future.

Il y eut une longue pause, puis les mots vinrent lentement.

« Comment puis-je apaiser cette peur ?

J'avais rapidement lu mes messages et mes réponses aux trois autres qui regardaient le sondeur avec impatience. Alors que je lisais cette dernière question, Dorothy a pris la parole avec empressement.

« S'il peut communiquer avec nous par radio, pourquoi ne peut-il pas envoyer un message de la même manière dans tous les pays ? »

J'ai transmis la suggestion et lentement, cette réponse est revenue.

«J'enverrai ce message aux dirigeants de chaque pays. Je vous l'envoie en premier, car vous m'avez évité de causer la mort inutilement. « L'homme qui a arrêté toute guerre vous déclare maintenant que puisque la paix est revenue, puisque chaque nation est en train de désarmer, il cessera ses travaux. Les navires des nations peuvent désormais naviguer sur les mers sans lui faire de mal. Les marins seront à l'abri de sa main. C'est ce qu'il fera, si la paix est assurée et le désarmement complet. Mais le jour où une nation violera son serment solennel et armera ses citoyens, ce jour-là, elle se lèvera, et aucun navire, qu'il s'agisse d'un cuirassé ou d'un navire marchand pacifique, portant le drapeau de ce pays, ne sera à l'abri de la destruction.

Le sondeur cessa sa clameur. Tom parlait à voix basse, comme s'il craignait d'être entendu.

« Comment pouvons-nous savoir que c'est l'homme et non quelqu'un d'autre qui joue simplement avec nous ? Nous ne pouvons pas nous permettre de prendre des risques. Demandez-lui, Jim, comment nous pouvons savoir qu'il est réellement l'homme qui a mis fin à toutes les guerres.

Je me suis tourné vers ma clé et j'ai envoyé la question. La réponse est revenue.

"A la première lettre que j'ai effacée et qui a été retrouvée, vous me reconnaîtrez."

"Cela règle les choses dans mon esprit", dis-je. "Cela n'est connu que d'une douzaine de personnes, et aucune d'entre elles n'enverrait ceci."

Tom, pendant ce temps, était entré dans la pièce voisine et parlait doucement à son assistant. Il m'a parlé. « Laisse-le continuer une minute, Jim. Je veux recevoir un message de sa part.

« Y a-t-il autre chose que vous souhaiteriez savoir ? » J'ai demandé à l'homme par radio.

"Rien", a-t-il répondu. "Voulez-vous me dire quelque chose?"

Je pouvais entendre la voix excitée de Tom.

"J'ai compris?"

"Encore une fois, Jim," dit-il.

"Il n'y a plus rien", sort l'antenne.

« Alors je vous remercie de m'en avoir parlé. Vous m'avez épargné et avez beaucoup épargné les autres grâce à votre sagesse. Au revoir."

"Au revoir", ai-je terminé alors que Tom quittait le téléphone, le visage radieux.

« La chose la plus rapide jamais enregistrée, ça. J'ai demandé à mon homme de régler la machine pour les ondes sans fil que "l'homme" utilise, et j'ai obtenu deux disques, tous deux de Tokio . C'est réglé, une fois pour toutes.

La tempête était toujours à son comble. La maison se balançait au gré du vent, mais le gémissement sauvage des brisants, oublié pendant que nous parlions avec l'homme à l'autre bout du monde, rendait désormais manifeste leur présence. La seule lumière intérieure brillait sur un faisceau noirci et des pierres grossièrement taillées , dans des coins sombres mais impeccables, sur des carreaux brillants et un sol sombre et poli. Notre petit groupe en costume moderne, debout autour de la table où étaient posés les instruments, semblait un anachronisme. Nous aurions dû être habillés comme les modèles de Rembrandt, et à la place de la clé, du relais et du cohéreur, il aurait dû y avoir simplement une table massive en chêne.

Tom se tourna vers Régnier . "Sais-tu, Dick, qu'est-il arrivé à ta tête?"

« Chut », dit Dorothy en regardant rapidement Regnier .

Régnier sourit en voyant son mouvement. « Ne t'inquiète pas, Dorothy. Je serai très heureux de vous dire tout ce que je peux. Il se tourna vers Tom. "Je pense que ma blessure à la tête vient de l'homme qui a arrêté toute guerre."

CHAPITRE XX

"Vous ne voulez pas dire cela littéralement", s'est exclamé Tom.

Régnier hocha doucement la tête. «Je veux dire que je crois que ma mémoire m'a été délibérément enlevée par l'homme qui a arrêté toute guerre, lorsqu'il a découvert que j'étais sur la trace de son secret. Mais c'est une assez longue histoire, et c'est déjà le matin. Devons-nous l'avoir maintenant, ou remettre l'histoire à demain ?

"Ce soir, bien sûr", répondit Tom. "C'est-à-dire, à condition que vous vous sentiez à la hauteur."

"Je me sens parfaitement en forme maintenant", a déclaré Regnier , "donc si vous voulez tous l'entendre, je vais revenir au tout début et tout raconter."

Nous nous sommes installés pour écouter. Tom jeta du charbon, d'une main somptueuse, dans le petit pot à feu du grand poêle hollandais.

"Maintenant, c'est confortable . Vas-y, Dick, avec ton fil.

Dorothy à côté de moi sur la grande banquette m'a serré la main et a fait écho aux paroles de Tom. "Vas-y, Dick."

Toutes les lumières avaient été baissées, à l'exception d'une seule lampe à console qui éclairait le visage mélancolique mais expressif de Régnier . Au début, la tempête changea de direction et arriva en force motrice régulière plutôt qu'en grandes rafales.

« Tout a vraiment commencé cette nuit-là, chez Mme Hartnell », dit-il pensivement. « J'ai été extrêmement impressionné par cette deuxième lettre qui sortait de dessous la lettre visible et, malgré tous mes efforts, je ne pouvais pas me débarrasser du sentiment que le message était vrai ; que l'homme qui écrivait possédait un pouvoir étrange et terrible, qui lui permettrait de faire ce qu'il menaçait. Quand je t'ai quitté cette nuit-là, je n'ai pas pu dormir. J'ai examiné le problème sous tous les angles et je l'ai finalement analysé jusqu'à cela. Pour que « l'homme » puisse faire cela, il doit soit être lui-même un grand scientifique, soit avoir obtenu son secret d'un grand scientifique. Je suis allé plus loin. J'ai décidé que le travail le plus probable pour produire un tel agent destructeur s'inscrirait dans le cadre d'expériences radioactives. En conséquence, je me mis directement au travail et, avec l'aide de deux assistants, je passai en revue toute la littérature sur les matières radioactives parue au cours des cinq dernières années et fis un résumé des articles, de leurs sujets et de leurs auteurs. Puis vint le moment de partir pour l'étranger et j'emportai le résumé avec moi. En chemin, je passai la plus grande partie de mon temps à trier systématiquement les hommes qui avaient fait les plus grands progrès et qui seraient les plus susceptibles d'obtenir de grands résultats. J'ai finalement réduit mon choix à cinq. L'un des cinq était Heidenmuller . Il avait publié son dernier article dans le *Zeitschrift fur Physicalische Chemie* le 19 avril et n'avait rien publié depuis. Dès que j'ai atterri, je me suis empressé de récupérer un dossier du magazine et j'ai découvert que dans un article quelque peu technique, il avait parlé de la possibilité qu'un agent radioactif, suffisamment puissant pour donner une résolution ultime à n'importe quel métal, puisse être obtenu. C'en était assez pour moi; Je suis parti directement vers Londres et Heidenmuller . Comme vous le savez, je l'ai trouvé mort, mais j'ai entendu l'histoire de sa mort et je savais à ce moment-là que s'il possédait le secret, il devait l'avoir transmis à quelqu'un d'autre. Alors je suis allé travailler. Je n'ai pas recherché Swenton parce que j'ai découvert que le premier assistant de Heidenmuller , Griegen , était parti comme opérateur sans fil sur l'un des grands yachts de l'époque à Cowes . Alors je suis allé là-bas, j'ai affrété un petit yacht et j'ai passé une semaine à chasser Griegen . Je pense que je t'ai écrit à partir de là », dit-il à Dorothy.

«Vous l'avez fait», répondit-elle.

continua Régnier . « Eh bien, pour faire court, j'ai engagé Griegen pour qu'il revienne à Londres avec moi afin de faire une fouille approfondie des laboratoires d'Heidenmuller , que j'avais embauchés tels quels. Nous avons cherché pendant deux jours sans succès quand, un après-midi, je suis descendu en ville pour faire quelques courses. Je revins à mon logement et y trouva Griegen très excité. Il avait trouvé le panneau secret dans la pièce intérieure fermée à clé que vous avez trouvée vide, mais lorsqu'il l'a découvert, les tiroirs contenaient des brochures et des manuscrits. Il ne les avait pas examinés, car je lui avais donné l'ordre strict de ne pas le faire, et sa formation dans l'armée allemande l'avait préparé à obéir absolument aux ordres de ses supérieurs. Je sentais que j'étais sur le chemin de la victoire, et je souhaitais lire ces journaux seul, alors j'ai dit à Griegen que je devrais y aller immédiatement et qu'il pourrait être libre pour la soirée. Après le dîner, j'ai été retardé d'une heure ou deux et je suis arrivé au laboratoire seulement alors que la nuit tombait. Dans mon excitation, j'ai dû oublier de verrouiller la porte derrière moi. Je me rendis aussitôt dans la chambre intérieure, allumai les lampes à incandescence que j'avais fait installer, trouvai facilement le panneau, appuyai sur le ressort, ouvris la petite porte dont Griegen avait déjà cassé la serrure, et vis devant moi un ensemble de quatre tiroirs. Ils étaient remplis de manuscrits. J'ai commencé par le haut et j'ai lu les titres un par un. Je passai à travers trois tiroirs remplis du dossier de diverses recherches sur la matière et l'énergie radioactives. J'ai ouvert le quatrième. Il y avait ce que je cherchais. Le titre était écrit en écriture allemande grincheuse, sur la première page supérieure de la série. Traduit, il se lisait ainsi : « Une détermination d'un nouveau type d'énergie radioactive qui effectue la décomposition ultime de la matière. » Je saisis les journaux avec empressement et, à genoux, commençai le préambule. J'avais à peine lu une douzaine de mots que les lumières s'éteignirent brusquement. Je me relevai, le manuscrit à la main, mais, en me levant, je fus foudroyé et à moitié abasourdi par un coup à la tête. À mon cerveau hébété, un géant semblait se dresser bien au-dessus de moi, alors que la pièce s'ouvrait sur des distances incommensurables, et j'entendais ce qui semblait être une voix sonore, mais qui était probablement le ton grave de l'homme qui a arrêté toute guerre. « Il n'est pas prudent de garder le secret entre d'autres mains que les miennes. Pour cette mission, j'étais condamné et j'ai senti une odeur étrange, rappelant vaguement certains des anesthésiques qui appartiennent aux ordres supérieurs de la série du méthane. Puis je n'en savais plus.

«Je me suis réveillé ici en Hollande, sans me souvenir de mon nom, sans la moindre idée de l'endroit où j'étais. Je suis resté ici jusqu'à ce que tu viennes me ramener à la vie et à la raison.

Il termina, et comme point culminant approprié à son étrange récit, la lampe s'éteignit, et le long roulement continu de la tempête surgit une fois de plus dans le tatouage féroce de sa pleine fureur.

Nous restâmes silencieux pendant un moment, notre seule lumière étant le bout rouge de nos cigares. Puis Tom parla.

« Quoi qu'il en soit, j'espère sincèrement que tout est fini maintenant. La fin a été accomplie et le monde s'en portera finalement mieux. Pourtant, cela a eu un coût effrayant.

"Oui", a déclaré Regnier , "mais une seule grande guerre aurait entraîné la mort de plusieurs milliers d'autres."

"Une chose que j'aimerais savoir", dit Tom d'un ton réfléchi, "Comment expliquez- vous votre perte de mémoire ?"

"Je n'en suis pas sûr", répondit Régnier , "mais, si vous vous en souvenez, il y a eu un article publié il y a quelque temps par des Allemands, qui discutait des propriétés d'un anesthésique qui produisait une perte de mémoire. C'était l'un des composés d'hydrocarbures, et d'après l'odeur qui m'est parvenue, je pense que ma perte de mémoire peut être venue de là.

"C'est une solution possible", a déclaré Tom. « Au moins, cela suffira, à moins que nous ne trouvions mieux. Mais, diable, nous n'avons pas "l'homme" qui est à l'origine de tout cela.»

"Eh bien, la recherche n'est pas encore terminée", interrompit Dorothy. "Nous pouvons continuer, maintenant."

"Nous allons continuer", interrompis-je. "Mais je pense que nous pouvons faire beaucoup mieux depuis New York pendant un moment."

Tom a ri. «Oui», dit-il. « Il ne fait aucun doute que tant que Dorothy a décidé de se marier à New York, New York est le seul endroit à partir duquel mener la recherche du présent. De toute façon, je ne vais pas à Tokyo . J'imagine que "l'homme" reviendra tout de suite à la maison maintenant.

« Après tout, l' appareil Denckel était le moyen qui a arrêté « l'homme », dis-je d'un ton songeur. "Il a fait tellement de choses que j'espère qu'il fera la dernière chose et découvrira 'l'homme'."

Dorothée se leva. «J'espère que ce sera le cas», a-t-elle fait remarquer. « Quoi qu'il en soit, nous sommes restés assis assez longtemps. Maintenant, ce que je veux savoir, c'est ce que notre hôte a à dire sur la façon dont Dick est venu ici.

C'était la question du lendemain matin, mais l'aubergiste ne pouvait pas nous dire grand-chose. Régnier était arrivé en compagnie d'un Anglais qui avait payé sa pension pour trois mois, leur avait dit de prendre particulièrement soin du malade et lui avait laissé un colis. C'était tout ce qu'il savait. Régnier saisit le paquet qu'on lui avait remis et l'ouvrit avec empressement. Deux enveloppes intérieures arrivèrent ensuite, et de l'intérieure il tira un paquet de billets de cinq livres . Il les a comptés.

« Cet homme n'avait pas l'intention de me faire mourir de faim », a-t-il déclaré. « Voici deux cents livres. Il a dû me les donner, car je n'avais pas cinq livres en poche ce soir-là.

Lorsque le messager arrivait de la ville avec les journaux du matin, nous les lisions avec avidité. « L'homme » avait tenu parole. Chaque gouvernement avait reçu un message radio rédigé pratiquement dans les mêmes mots que celui qu'il nous avait envoyé. Le monde pourrait être tranquille tant que la paix régnerait. Nous nous sommes retrouvés dans la salle sans fil après le petit-déjeuner.

"Autant aller travailler pour démonter cette chose", dit Tom.

Notre travail à La Haye était terminé, nous nous hâtâmes de faire nos bagages et nous préparâmes à retourner à Londres par Hoek van Holland.

Nous sommes allés au Savoy, une compagnie de quatre personnes. Régnier désirait retourner dans le monde et connaître l'état de ses affaires. Nous avions hâte de rentrer à New York par le premier bateau à vapeur que nous pourrions atteindre. J'étais particulièrement inquiet, car Dorothy avait accepté, après de nombreuses pressions, de m'épouser un mois après notre arrivée à New York. Il n'y avait aucun parent à gêner, et Tom, mon bon vieux, semblait presque aussi heureux que nous de notre prochain mariage. Je voulais aussi revenir pour une autre raison. J'étais resté trop longtemps hors du jeu de l'écriture et je sentais que je ne pouvais pas me permettre de perdre l'élan que m'avait donné mon travail sur l'homme qui a mis fin à toutes les guerres. Nous avons donc obtenu un passage sur un bateau quittant Liverpool trois jours après notre arrivée à Londres.

La veille de notre départ, j'ai trouvé dans mon courrier une lettre avec les armes royales. C'était une invitation adressée à James Orrington, Esq., à assister au rassemblement des derniers régiments de l'armée britannique à Hyde Park ce matin-là.

«Nous y allons», dit Dorothy.

Pendant qu'elle parlait, un serveur est venu à mes côtés. "Messieur, je vous verrai, monsieur."

J'ai souri en me levant. "Ce n'est pas un message aussi excitant maintenant, chérie, comme cela a été le cas à tout moment ces derniers mois." Dehors, dans le couloir, se trouvait un monsieur d'apparence plutôt distinguée, que je n'avais jamais vu auparavant.

"M. James Orrington ? dit-il d'un ton interrogateur.

J'ai répondu par l'affirmative.

« Je suis Sir Arthur Braithwaite, l'un des écuyers du roi », dit-il. « Il vous a envoyé ceci par moi », il m'a remis un paquet et s'est retiré. Je me suis détourné pour trouver Tom et Dorothy qui passaient. Je leur ai montré le colis.

"Montez dans mes chambres", dit Dorothy avec empressement. « Nous l'ouvrirons là-bas. C'est comme recevoir des cadeaux de Noël.

Les couches extérieures montraient une boîte carrée blanche. J'ai appuyé sur le ressort. À l'intérieur se trouvait un étui à cigarettes doré. Son sommet contenait une inscription en lettres magnifiquement sculptées. « À James Orrington, écuyer. Il a servi l'État avant lui-même. J'ai soulevé la valise de son lit. Ci-dessous se trouvait une brève note de la main du roi. À côté de l'adresse et de la signature, il portait ces mots : « Je n'ai jamais oublié le service que vous avez rendu à l'Angleterre, au monde et à moi. »

J'ai levé les yeux. Les yeux de Dorothy étaient voilés d'une brume de larmes. Elle est venue vers moi et m'a embrassé. « Cher, je suis si heureux, si fier de chaque reconnaissance. Tu mérites tout, » et Tom me serra la main avec sa vieille poigne engourdissante, criant : « Intimidateur pour toi, vieil homme. C'est le premier meuble de la nouvelle maison.

Nous avions juste le temps d'atteindre Hyde Park avant l'examen, et nous nous sommes tous trois entassés dans un fiacre et sommes partis à toute vitesse. Des milliers de personnes entouraient le champ de révision, et ce n'est qu'avec difficulté que nous nous sommes frayés un chemin. Notre carte d'invitation a cependant fait des merveilles, et avec ce merveilleux contrôle des foules que possède la police de Londres, nous avons finalement réussi à passer et nous nous sommes retrouvés à la tribune de revue, au moment même où l'orchestre annonçait l'arrivée des troupes. Les Foot Guards d'abord, avec cette étrange poussée du pied, vestige du pas de marche d'il y a plusieurs décennies, puis les Écossais, et puis régiment après régiment, jusqu'à ce que tout le champ soit couvert de la fierté des troupes britanniques dans leur plus magnifique panoplie. de guerre. Le roi, en uniforme de maréchal, se tenait au centre . Quelles pensées ont dû lui creuser la tête alors qu'il se tenait là, silencieux, droit, immobile ! Quelles visions de la longue lignée des souverains anglais ! Quels souvenirs des milliers de revues des siècles passés, lorsque les soldats britanniques partaient pour des guerres de conquête, ou revenaient, portant de nouveaux lauriers, offrant de nouvelles terres au grand empire insulaire ! La musique cessa. Comme d'un commun accord, les enseignes des régiments, portant les anciens drapeaux déchirés par les balles et les obus, révélant en rouleaux dorés le record des prouesses britanniques, vinrent au premier plan . Puis, en une longue file, les couleurs avancèrent. Le roi salua, et ils se retournèrent et formèrent sur la droite une masse compacte et brillante. J'ai entendu une question et une réponse chuchotées.

« Que faire des couleurs ? »

"Ils doivent se rendre à l'abbaye pour une chapelle des drapeaux."

J'ai regardé le concours, essoufflé. Un commandement rauque et les troupes empilées les armes ; un autre et la musique a commencé. Fièrement, avec défi, en formation parfaite, les troupes pivotèrent et commencèrent le défilé, leurs mains vides se balançant à leurs côtés. Au passage, le roi saluait la main levée, les épées des officiers montant et descendant à un rythme régulier. En passant devant la masse brillante de couleurs où se dressaient les drapeaux, ils saluèrent une fois de plus. Je pouvais voir les larmes couler des joues rugueuses de nombreux vétérans usés par la guerre, et ma propre gorge se contracta devant ce spectacle. Le roi resta immobile au salut. Comme ils se formaient après la marche et se trouvaient pour la dernière fois dans ces rangs qui avaient si souvent fait face à l'ennemi, le général commandant se retourna et leva son épée. Des acclamations se succédèrent pour le roi, et je me retrouvai avec Tom, bons Américains comme nous l'étions, applaudissant sauvagement, quoique la gorge sèche. Le roi leva la main et le bruit cessa. Il n'a prononcé qu'une seule phrase. « Soldats de l'Empire britannique ! Mes soldats, adieu ! Une fois de plus, les acclamations éclatèrent, mais à travers le son venait la musique, et troupe après troupe, ils tournèrent et s'éloignèrent. Ce n'est que lorsque le dernier homme fut parti que le roi bougea, et quand il se retourna , je vis son visage blanc et tiré par l'agonie de l'heure. Il marcha lourdement jusqu'à sa voiture et s'éloigna, soulevant machinalement son chapeau en réponse aux salutations de la foule.

Ce soir-là , Régnier dîna avec nous. Je ne l'avais jamais vu aussi gai, aussi brillant. Il était plein de projets d'expédition dans les montagnes de l'Oural à la recherche de nouveaux gisements de platine, pour lesquels il avait obtenu une subvention du gouvernement russe. Il était la vie de notre parti et nous nous séparâmes de lui avec regret. Alors qu'il partait, je suis sorti dans la cour avec lui. Il se tourna brusquement.

« Orrington, dit-il, tu as pour épouse la plus belle fille du monde. Tu n'es pas assez bien pour elle. Personne ne l'est, mais je suis sûr que vous la rendrez heureuse. Je l'aime depuis cinq ans. J'ai su dès le début que je n'avais aucune chance. Au revoir, et que Dieu vous bénisse tous les deux.

Je suis resté debout et je l'ai observé jusqu'à ce qu'il franchisse l'arche et se perde dans la marée rugissante du Strand.

«Pauvre gars», dis-je d'un ton songeur en me détournant. "Pauvre gars."

Le voyage de retour s'est déroulé sans incident. Le mois précédant le mariage, nous passâmes principalement à faire des plans pour notre nouvelle maison, qui devait être une maison de campagne. Traîné lentement les jours précédant le mariage, vingt jours, quinze, dix, cinq. Enfin c'est arrivé .

Alors que Tom et moi arrivions à l'église le jour du mariage, la neige gisait sur la pelouse étroite, recouvrant le toit et les avant-toits de cristaux scintillants et transformant le lierre en un nuage doux et collant. La lumière du soleil, transmise par les deux grandes fenêtres de la tour, jetait d'étranges teintes sur la tapisserie et le tapis blancs de la fin de l'hiver. De l'intérieur résonnait le plein diapason de l'orgue, se déversant en rivières et en flots de mélodie tandis que l'organiste répétait son prélude à la marche nuptiale.

Nous avons ouvert la porte pour nous retrouver au milieu d'un groupe d'huissiers, qui se sont précipités sur moi avec une dernière volée de remarques encourageantes et moqueuses alors que je me dépêchais de passer. Je me précipitai vers eux en riant et passai avec Tom dans la petite pièce à côté de l'orgue, où nous devions attendre l'arrivée de Dorothy. Après de longues discussions, il avait été décidé que l'oncle de Dorothy devait la donner, tandis que Tom agirait en tant que témoin.

«Cela me donne une plus grande part aux débats», dit-il, «j'aime toujours avoir quelque chose à faire.»

Le corps de l'église était caché à notre vue, mais juste devant nous se dressait l'autel, éclairé par des candélabres d'airain qui reposaient sur la nappe de l'autel, pendaient en lourds plis et s'étendaient jusqu'à la grande fenêtre à meneaux au-dessus d'où le Christ regarde. dans une bénédiction silencieuse. Pendant que nous attendions, j'ai poussé une prière silencieuse pour que je sois digne, que notre vie ensemble soit consacrée au service aimant, que nous puissions - la voix de Tom s'interrompit dans mes pensées à moitié formulées .

"Vous voyez l'Alpha et l'Omega brodés sur la nappe de l'autel ?"

J'ai hoché la tête.

« Et l'Alpha de tout cela est arrivé ce jour-là à Washington lorsque vous avez lu la lettre de 'l'homme'. Voici une partie de l'Omega. Le commencement et la fin. Comme vous ne pouviez pas rêver à tout ce qui s'est produit lorsque vous avez quitté votre bureau pour rechercher des transports stupides, ou Dorothy l'imagine lorsqu'elle est descendue normaliser ce radium. Mais la fin ne sera jamais complète tant que nous n'aurons pas trouvé « l'homme ». Tant qu'il parcourt la terre avec son secret, le monde n'est jamais totalement sûr. »

Ainsi, le fil qui nous liait Dorothy et moi s'est tissé jusqu'à l'heure de notre mariage. Notre conversation s'arrêta là cependant, car à ce moment une cloche grave tinta, les premières mesures de la marche commencèrent et je partis à la rencontre de ma fiancée.

Tranquillement, respectueusement et joyeusement, Dorothy et moi avons commencé notre vie ensemble. Dorothy n'a jamais été plus belle, jamais plus féminine et douce que lorsqu'elle a dit « oui » de sa voix basse et s'est tournée vers moi avec un regard de confiance aimante.

Nous avons passé deux semaines dans le sud, puis sommes revenus sur demande spéciale à la maison Haldane, sur la côte de Long Island, où Tom avait installé l'appareil de mesure des vagues dans un laboratoire qu'il avait construit sur une falaise juste au-dessus de la plage et dans lequel il travaillait encore sur de nouvelles idées.

Le lendemain de notre arrivée, Dorothy et moi sommes sortis après le petit-déjeuner pour trouver Tom, qui se penchait sur un cylindre intérieur de la machine, tandis que la courroie de métal tournait tranquillement.

« Vous avez tout mis en place, exactement comme avant, n'est-ce pas ? » J'ai dit .

"Oui," dit Tom. "Je suis toujours à la recherche de 'l'homme', et puis aussi, j'ai l'impression que je peux apporter quelques modifications à l'appareil d'enregistrement qui faciliteront les calculs."

"Est-ce que l'homme a fait des expériences ces derniers temps avec ses hautes vagues ?" » demanda Dorothée.

"Oui," répondit Tom. « Je laisse la machine réglée pour eux tous les jours, mais je n'ai eu de ses nouvelles que deux fois. Je garde également toujours deux ou trois réflectoscopes non chargés à portée de main. Un jour, il ira peut-être faire des expériences où je pourrai mettre la main sur quelque chose.

Je regardais paresseusement par la fenêtre. Un grand yacht gisait juste au large, ses flancs blancs scintillant sous le soleil du matin. Il y avait une touche de printemps dans l'air hivernal. Soudain, sous mes yeux horrifiés, le yacht se transforma en un amas confus de planches qui montaient et descendaient au gré de la marée. J'ai entendu un cri de Tom et Dorothy. "L'homme!"

J'ai tourné. Les rubans dorés des réflectoscopes se tenaient à nouveau rigidement séparés et la courroie mobile s'arrêtait. Le faisceau de lumière flottait juste pour se poser presque sur le zéro.

"Là-bas! Juste là-bas ! J'ai crié. "Viens!" et ouvrant la porte, je me précipitai vers la plage, suivi des autres. J'ai montré la masse d'épaves qui montait et descendait au gré de la marée. "Là! là!" J'ai crié. "Il vient de détruire ce yacht."

« Il y a un survivant », s'écria Tom tandis que nous courions en trébuchant sur les rochers et le sable vers une planche qui transportait un homme vivant vers le rivage. Juste au moment où nous arrivions à lui, il a touché le fond et a avancé à tâtons, à quatre pattes, à travers les vagues. Il atteignit le sable sec, se leva et marcha vers nous. J'ai regardé l'homme avec étonnement. Je connaissais ces traits, et pourtant ils étaient si étrangement dessinés et figés, si dominés par le pouvoir effrayant et irrésistible des yeux que je m'arrêtai. Puis ça m'est venu. «John King», m'écriai-je avec étonnement. King avançait régulièrement. Un éclair a illuminé mon cerveau.

"Es-tu l'homme qui a arrêté toute guerre ?" J'ai pleuré avec impatience.

Dorothy s'approcha de moi et s'accrocha à moi tandis que John King avançait à pas hésitants.

"Je le suis," répondit-il lentement.

"Alors pourquoi... alors pourquoi as-tu détruit le yacht ?" cria Tom, balbutiant d'excitation. "Comment... comment as-tu vécu quand les autres ont péri ?"

"L'heure de la fin était venue", dit John d'un ton sourd et solennel. « Moi seul suis immunisé ; Je ne pensais pas que je l'étais. Tandis qu'il parlait, un changement encore plus terrible commença à apparaître sur ses traits. Il chancela, s'arrêta et porta la main à son front. « Je… suis… la… dernière… victime », poursuivit-il d'une voix hésitante. "Je paie le prix final." Les derniers mots furent prononcés dans un souffle épais : « Mon secret est en sécurité. »

En disant cela, il est tombé et lorsque nous l' avons atteint , il gisait mort. L'expression de son visage avait encore changé. La majesté sombre et terrible qui l'avait illuminée avait disparu. Il ressemblait une fois de plus au jeune garçon que j'avais connu et aimé autrefois, et dont le visage exprimait si bien son esprit noble, toujours impatient de l'injustice et du mal. Après cette dure lutte, son âme était de nouveau en équilibre et au repos. Le monde et l'homme qui a mis fin à toutes les guerres étaient tous deux en paix.

LA FIN.

www.ingramcontent.com/pod-product-compliance
Lightning Source LLC
LaVergne TN
LVHW051524170726
843492LV00006B/1616